东方欲晓

翻开万物

Bubble Tea Goes Global

奶茶出海

MILK
TEA

新中式
茶饮品牌的
全球扩张

张璇 著

中国出版集团
东方出版中心

图书在版编目（CIP）数据

奶茶出海：新中式茶饮品牌的全球扩张 / 张璇著.
上海：东方出版中心，2024. 12. -- ISBN 978-7-5473
-2599-5

Ⅰ. F726.93

中国国家版本馆CIP数据核字第20245C446Z号

奶茶出海：新中式茶饮品牌的全球扩张

著　　者　　张　璇
策划/责编　　黄　驰
封面设计　　吾然设计工作室

出 版 人　　陈义望
出版发行　　东方出版中心
地　　址　　上海市仙霞路345号
邮政编码　　200336
电　　话　　021-62417400
印 刷 者　　上海盛通时代印刷有限公司

开　　本　　890mm×1240mm　1/32
印　　张　　11.5
字　　数　　195千字
版　　次　　2025年7月第1版
印　　次　　2025年7月第1次印刷
定　　价　　78.00元

目 录
CONTENTS

第一章
新茶饮崛起 / 001

一、 三年踏小步，五年迈大步 / 003

二、 何为新茶饮，何为新中式 / 011

三、 新中式茶饮激战 / 019

四、 喧哗与骚动的时代 / 053

第二章
出海东南亚 / 095

一、 狮城的奶茶没有"泡沫" / 097

二、 大马的奶茶战争 / 127

三、 越南和印尼的潜规则 / 150

四、 南洋路漫漫 / 168

第三章 / 177
出海欧洲、
中东、澳大利亚、
日韩

一、 一场漫长的远征 / 179

二、 和谐共生的市场 / 185

三、 故乡味和掘金梦 / 209

四、 奶茶走红全球 / 221

第四章 / 243
出海美国

一、 一部奶茶流行简史 / 246

二、 一场奶茶消费景观 / 258

三、 一次由奶茶打响的"战斗" / 279

第五章 / 301
奶茶出海的未来

一、 路径分野的背后 / 303

二、 跨区经营和本土化 / 316

三、 奶茶之外，中式餐饮的
进阶之路 / 331

资料来源 / 345
后记 / 359

第一章

新茶饮崛起

一、三年踏小步，五年迈大步

　　在众多关于奶茶行业研报和相关研究者的观察中，中国奶茶饮行业大致经历了三个发展阶段：从20世纪90年代开始的粉末时代；从千禧年到2010年前后的茶基底时代；从2015年开始新茶饮时代。粉末时代和茶基底时代没有相对明确的时间分界线，因为以粉末冲泡和奶精勾兑的珍珠奶茶在很长一段时间都是市场的主流。而茶基底的分类也相对简单：最初用绿茶、红茶来区分，后续才发展出乌龙茶底等半发酵茶底。不过这一时期给奶茶里加配小料的文化开始出现，在原初的奶、茶、糖和珍珠基本配料配置之外，椰果、仙草等小料开始被不断添加进奶茶中试验。

在奶茶门店如雨后春笋般出现在大街小巷时，奶茶行业的另一条产业线也在迅速启航。2005年前后，奶茶的生产与制作开始进入标准化、规模化的工业加工序列，以"香飘飘"为首的奶茶品牌成为国内杯装奶茶的开拓者。但此时这种杯装奶茶有热水冲泡的必要条件，对饮用场景仍有相当多的限制，无法满足多样化场景和移动便携的需求。在"优乐美"、"统一"等茶饮品牌对工艺的探索中，奶茶开始以瓶装和盒装的包装形式出现，并能够常温保存很久。这一工艺尝新使得奶茶和矿泉水、碳酸饮料一起，打开了线下终端零售的渠道。街边店的奶茶生意仍然很好，但标准化的杯装、瓶装、盒装奶茶也开始走入千家万户与人们的日常消费生活，直到新茶饮时代的到来。

有研究者把"喜茶HEYTEA"（以下简称"喜茶"）最初成立的2012年作为新茶饮开年的标志，笔者更倾向于选择以2015年作为时间分界线。这倒不是因为另一大品牌"奈雪的茶"（以下简称"奈雪"）成立的时间为2015年。更关键的原因在于，2015年是业内公认的新茶饮两大领头者——喜茶和奈雪——在同一市场正面交锋的时刻。2015年12月奈雪在深圳开出第一家线下门店，几乎在同一时期喜茶也从广东江门来到了深圳。两大品牌在一线城市的第一次正面交锋，正式拉开了新茶饮时代的序幕。这是一个对品牌来说需要精准定位消费用户群体、对新消费环境又非常包容的市场。在这种市场氛围下，一场全国范围内的茶饮激战恰逢其时。

用"三年踏小步，五年迈大步"来形容奶茶行业在过去近30年来的发展并不夸张。本章节将回顾奶茶过去近30年的发展历程，以梳理在新茶饮时代到来之前、在奶茶全球化浪潮开启前，中国奶茶行业经历的一系列关键事件和重大变化。

粉末时代的荣光

在海峡两岸暨香港、澳门消费者共同对奶茶的记忆里，珍珠奶茶可能是奶茶的起点。再深究这个起点的开端，是泡沫红茶。

中国台湾的春水堂可能是最早把泡沫红茶的概念带给大众的品牌。其创始人刘汉介早年在日本大阪见证了调制冰咖啡的技巧，于是想要把其引入其品牌。虽然中国茶多以热饮为主，但刘汉介买来了雪克器自己进行了一番调试。他心想如果咖啡能做成冷的，红茶为什么不能？品牌官网这样描述泡沫红茶的发明过程："四摄氏度的茶入口回温，红茶香气入口处穿鼻，喝至最后一口咀嚼冰块，以除甜腻"。此后，春水堂还创造性把"珍珠"*加入奶茶之中，广受食客欢迎。到了1987年，台中地区的冷饮茶店开始林立，冷泡茶、冷饮茶的

---

*　本书中提及的"珍珠"均为奶茶中的一种佐料，即一种木薯圆子的加工品。

出现开始成为新的饮茶趋势，这也揭开了珍珠奶茶（也是此后的新中式奶茶）全球化的开端。

随着泡沫红茶车的兴起，更多珍珠奶茶店开始出现在中国台湾。1996年诞生于中国台湾奶茶品牌快可立是早期奶茶连锁的开拓者。该品牌于1998年探索加盟连锁策略，约在1996年进入中国香港市场，次年便进入上海市场。

"快可立"进入上海市场的这一年，另一奶茶品牌"仙踪林"已经抢滩上海，90后的上海囡囡青春期的记忆里可能都有仙踪林门店门前那把氛围感十足的秋千座椅。还是在这一年，"CoCo都可"（以下简称"CoCo"）在中国台湾诞生，并开始品牌的扩张之路。

1998年，上海避风塘茶楼有限公司在江宁路99号开出了一家专营点心、简餐的专门店。此时，茶餐厅模式的菜单中已经配备了咖啡、红茶和奶茶等饮品，奶茶开始在各大餐饮店中流行。

1999年，距离上海千里之外的广州迎来了90后的奶茶专属记忆。来自中国台湾的奶茶品牌"大卡司DAKASI"在这里生根发芽。该品牌此后在深圳中学旁边开了一家门店，销量极好，成为放学后学生聊天聚会的聚集地。

这一时期，奶茶集中在学校周边、商业街点等位置开店。门店形态也从奶茶车逐渐向街边不足10平方米的小面积门店过渡。在制作方式和原料成分上，品牌多用所谓的奶茶粉冲泡。价格也基本上在5元人民币以下，大多在2元到4元的区间内。自动封口机的出现让奶茶的可携带性变强，进而发展成街边人手一杯的存在。

街边店崛起

奶茶便携性的增强直接让人手一杯的奶茶产生了自发传播的效果。也是这个时期，来自浙江湖州的蒋建琪原本在南浔的厂房里生产糕点，却于2004年前后在街上闲逛时发现了奶茶门店的火爆，并萌生了创业奶茶的念头。由于已经具备食品生产的经验，蒋建琪很快想到珍珠工艺的难点，一番思考后，他决定将奶茶粉和椰果料（代替珍珠）相结合，这样消费者就能随时冲泡饮用了。2005年，横空出世的香飘飘成为开创中国杯装奶茶的品牌，并且花重金在电视收视高峰时段猛砸广告。"一年卖出10亿杯，杯子连起来可绕地球3圈"的洗脑广告词自此灌进一代人的记忆。

自动封口机对奶茶制作带来的变化是，奶茶行业的出杯速度明显提升。在和多名从业者的交谈中，他们提到2001—2006年，奶茶行业很少有机械化的设备，自动封口机几乎是他们印象中奶茶业出现的最早辅助设备。奶茶的流行伴随着制作效率的提升，为品牌连锁经营提供了基础。2005—2006年，以"地下铁"、"街客"为代表的奶茶品牌开始一南一北迅速

图1.1　当时关于"街客"调价的新闻

扩张。

街客的大本营在上海。当地第一家街客门店开业于2004年。根据作者顾筝、韩小妮在《上海奶茶简史》中查阅旧时报纸的记录，当时街客还曾经历过一次集体价格上调，但彼时街客在上海地区的门店数量已经达到200家。

而主要阵地在南方的地下铁，首家门店于2004年在湖北武汉市开出，当时菜单上产品的价格带在1.5元到2元。品牌之后在武汉华中师范大学附近开出第二家门店，根据百度百科的记录，这家面积不到10平方米的小店，在开业一周之后的单日营业额就能够稳定保持在5 000元以上，自此地下铁靓饮速递开始扩张之路。2006年10月，品牌地下铁在广西柳州市解放南路首店开业，一度出现排队长龙，大受食客好评。品牌见状在2007年将总部搬迁至柳州。此后，地下铁迅速在广西各地级市落地，并随后扩张至广东、贵州、四川、重庆等多个省市。

另一边，已经成立近10年的CoCo做了一件让奶茶业同行惊叹的事情——品牌决定进驻购物中心来彰显自身的定位和身价。到2009年该品牌在华北的拓展计划已经初具成效，门店数量高达350家。另一个背景是，2007年开始奶茶行业的迅猛发展让更多玩家涌入这一市场，但这也造成了行业草创时代的蛮荒与混乱。红茶粉、奶精和水快速调配，已经成为制成一杯奶茶的默认良方。全国各家媒体跟进报道奶茶行业的暴利，甚至指出单杯奶茶的成本不过在五六毛钱左右，这直接导致了消费者对奶茶行业产生负面的印象，同时也让CoCo、仙踪林等品牌开始思考如何转型。

2006年，一家名为"快乐柠檬（Happy Lemon）"（以下简称"快乐柠檬"）的品牌在上海成立。这其实是品牌仙踪林的创始人在茶饮市场的又一次创业。品牌希望以现制茶饮、鲜打柠檬等理念引爆奶茶市场潮流。值得一提的是，快乐柠檬的确做到了。2009年，品牌把咸味芝士加入奶油并悬浮在奶茶上方，这种咸味奶盖茶被命名为"岩盐芝士"，这是奶茶品类创新上的重大突破。

到2010年前后，塑化剂丑闻曝光，奶茶业牵涉其中，导致全球范围内的奶茶店都面临着倒闭、关店的困境。当时美国的奶茶门店业绩滑入低谷，德国的奶茶品牌陷入了长期的自证泥潭，而在中国，接连遭遇金融危机波及和身陷食品安全争议的奶茶店，也面临严峻考验。

破局者是一点点奶茶（以下简称"一点点"）和"贡茶"（GONG CHA）。2011年，一点点用"泡鲜煮茶"的概念为整个低迷的奶茶行业闯出一条生路，而贡茶推出的各类奶盖茶产品也获得一路好评并持续走红。

随后的2012年，喜茶的前身皇茶在广东江门悄然诞生。谁都没想到，奶茶行业因其又一波革新即将到来。

二、何为新茶饮，何为新中式

新茶饮时代到来

喜茶诞生的初期，创始人聂云宸肯定没有料想过，十年后他一手打造的品牌，可以把门店开到纽约百老汇的街头，进驻大英博物馆附近的街区。

这位年轻的90后可能是中国新茶饮赛道中最受瞩目的"明星"创始人。在其职业生涯早期，他做过科技博客"爱范儿"的主笔，由此也培养出对全球科技前沿趋势的敏锐嗅觉。乔布斯在这一时期成为他的偶像，并为后来他创始喜茶提供了精神支柱。

2012年，聂云宸用创业手机店赚到的人生第一桶金，开始了奶茶创业之旅。他在广东江门九中街开出了一家名为"皇茶ROYALTEA"的门店，面积不大，20平方米左右，却足以承载他的梦想。

多篇媒体报道曾记录过聂云宸当初创业的窘境，比如某天店铺的营业额只有20元，比如他得身兼数职，从点单收银到摇奶茶，甚至连装修都需要管。但努力终于迎来回报，在多次调制配方后，品牌推出的"芝士奶盖水果茶"开始成为江门人人排队品尝的"爆品"，生意爆火，门店随即扩张至广东中山、东莞等地。

2015年是新茶饮时代正式到来的年份。笔者更倾向于选择这一年作为时间分界线的原因是，此前中国大陆的奶茶市场基本是台资奶茶品牌在领跑，本土成长起来的奶茶品牌还尚未成规模。等到了2015年前后，本土品牌已经基本从一个跌跌撞撞地摸索、吸收台企经验的状态到了可以独当一面的程度。此外，喜茶和奈雪于2015年在一线城市正面交锋，两者也共同开创了新茶饮时代的显著特征——"现制、鲜果、芝士奶盖"。这些新特征极大提高了国内消费者对于奶茶品质的要求。因此以2015年作为新茶饮时代正式到来的时间点，似乎更为妥帖。

还是在2015年，从知名企业辞职的彭心，终于遇到了与她灵魂共振的事业伙伴。自2012年辞职后，她草拟了一份商业计划书到处寻找志同道合的奶茶店合伙人，自己又同时学习了烘焙、饮品制作等课程，在遇到赵林的这一刻，创业的梦想和努力的现实碰撞出了巨大的花火。

两人在2014年共同注册"奈雪的茶"这一商标，并花费一年多时间进行选址筹备。2015年年底，奈雪深圳首店在卓越世纪开店，随后欢乐海岸城和华强北店也陆续开业。根据媒体投资界微博（pedaily.cn）的描述，为了开店的资金充裕，两人还将房子抵押给了银行。

后续的故事是大众最为熟悉的部分。奈雪一路成为资本的宠儿。2017年1月，奈雪获得天图资本A轮7 000万融资；2017年8月获得天图和曹明慧2 200万A+轮融资。短短一年之后，2018年9月获得天图3亿元B1轮融资。2020年4月，品牌获得SCGC资本2亿元B2轮融资。等到2020年年底，太盟投资集团的1亿美元C轮融资。这中间还有弘晖资本在B2轮和C轮给到的共计1 000万美元融资。而到2021年，奈雪已经成为中国新茶饮品牌中的"上市第一股"。

喜茶发家的故事也有类似的情节。资本对其品牌的青睐不用赘述。2016年喜茶获得IDG资本熊晓鸽和投资人何伯权的过亿元人民币A轮融资。2018年4月，喜茶获得由黑蚁资本以及美团旗下产业基金美团龙珠投资的4亿元B轮融资。2019年7月，喜茶获得腾讯、红杉资本的B+轮融资，投后估值达到90亿元。2020年3月，喜茶再获高瓴资本和Coatue

Management联合领投的C轮融资，投后估值达160亿元。再之后，就是2021年7月的4亿元融资和600亿元估值。

在新茶饮时代，更多玩家开始涌现——茶颜悦色、霸王茶姬、茶百道、茶话弄、沪上阿姨、7分甜、蜜雪冰城、甜啦啦、书亦烧仙草、益禾堂等。各品牌都将在新茶饮激战中经历无数次煎熬，也会在煎熬中翻越过一座座山丘。

从1996年快可立开始扩张之路算起，奶茶在中国饮品界的势头远远超过咖啡，除了现制奶茶，还诞生了瓶装奶茶、盒装奶茶等标准化奶茶品类。随着新茶饮时代的到来，这个行业显然更为广阔且潜力无限。

细分品类还是一锅乱炖：水果茶、芝士奶盖奶茶和融合奶茶

新茶饮时代和奶茶粉末时代、街边店大战时期的本质不同在于原料与工艺。原料端的质量提升无须多言，头部品牌基本抛弃了果酱、奶精的使用，并大量加入新鲜短保的季节性水果，并把茶和奶的品质提升到新鲜现泡、鲜奶冷藏的级别。工艺制作上，奶茶彻底脱离了半成品冲泡时代，以门店员工的锤砸打敲、冷萃鲜泡等手作现制茶为主。

除了原料品质和制作工艺上的升级，新茶饮在品牌打造和门店选址方面也迎来了重大变革。新茶饮时代的品牌多注

重 IP（Intellectual Property）打造，对品牌长期运营的重视程度呈指数级提高。这方面以喜茶、奈雪为代表的空间美学和品牌联名合作上就可窥一二。此外，头部品牌开始发力门店选址，高端购物中心和人流量庞大的写字楼成为品牌偏爱的新势能场。

在行业研究者对新茶饮行业的长期观察中，奶茶大类下的现制饮品在细分赛道上也有长足发展。以一杯奶茶通常涵盖的茶基底、奶基底、水果、添加小料为准，新茶饮基本可以分为几个大类。

首先是水果茶。水果茶基本和茶基底搭配，此时茶基底可以分为花香茶和传统的发酵茶两个方向：花香茶采用茉莉花和栀子花；发酵茶可根据发酵的高低选择绿茶、乌龙茶和红茶等。水果茶按照是否添加芝士奶盖细分为芝士奶盖水果茶和普通水果茶，奈雪和喜茶早期流行的品类基本集中在"芝士奶盖水果茶"类目下。此外，水果茶这个品类中还跑出了芒果类饮品、柠檬茶和椰子类饮品等细分赛道。

随后是乳茶。乳茶涵盖的范围极为广泛，基本新茶饮的选手都会上新乳茶系列产品。以黑糖鲜奶走红的老虎堂、鹿角巷和幸福堂等，都是这个赛道的代表性选手。近些年由于消费者对健康因素的重视，含有奶制品的乳茶又逐渐细分出一个轻乳茶赛道，比如使用低脂奶或者植物奶，以及配合零卡代糖来降低整杯奶茶的卡路里。

　　原叶鲜奶茶这个赛道是随着霸王茶姬、茶颜悦色和茉莉奶白等品牌的走红而分化出来的一个概念。这些品牌强调茶和奶的搭配，致力于探索更多具有国风特色、风味独特的茶基底，并尝试把某种风味的茶基底做成爆品。比如茉莉奶白以茉莉花茶底为特色；霸王茶姬爆品之一的"伯牙绝弦"的销售在其总产品中占比超30%。

　　而我们通常所说的新中式，更多的是品牌调性中对"中国元素"的强调。比如从陕西起家的茶话弄强调东方茶与西方制茶方式的融合、国粹文化和年轻创意的碰撞，其位于西安的赛格长安庭院旗舰店，空间设计试图重现唐长安的盛景，可谓是传统古代中式审美的风格再现。而从长沙走红全国的茶颜悦色，得益于创始人在广告文案上的琢磨与设计，品牌在产品名称、字体选择、装修和海报，甚至杯身、餐巾纸和小票上，都蕴藏着中式古风意蕴；产品名称中的"声声乌龙"、"幽兰拿铁"、"人间烟火"、"烟花易冷"和"筝筝纸鸢"等都彰显出强烈的中国古典风格。从贵州走出来的"去茶山"，以纯茶饮为基点，逐渐成长为包含了乳茶、咖啡、果茶等多条产品线的新茶饮品牌。而市场中还有一些主打中医药养生和食疗的中式茶饮品牌。种种对古代中式元素的挖掘、借鉴、化用和强调，都可以被归纳在新中式茶饮的类目下。从这些角度来总结，新茶饮是一个更广泛的概念，而新中式是一个品牌向公众传递的标签。为方便描述，下文提及具体的品牌时不再做区分。

另外需要补充说明的是，茶饮用的历史跨越千年，咖啡也在全球化的传播中成为全球性饮品，而无论游牧和农耕文明都或多或少接触过奶，因此以茶、咖啡和奶作为主原料来划分饮品种类，算是一种最基础的分类方式。

但奶茶是结合茶和奶二者发展出的二级品类，因此奶茶和茶、奶和咖啡并不能属于同一层级。本研究中只把奶茶原料工业化后，在奶茶基础上添加其他原料或者提升原先原料品质的方式视为在奶茶这个品类下的升级创新。添加原料很好理解，芝士奶盖茶就属于这种原料从无到有的创新；而品质升级就是奶茶中添加的乳品、茶叶和水果的品质都有所升级，具体落点是在乳品是否更为醇厚、水果是不是新鲜切片、茶叶是否抛弃了之前的碎茶、散茶或者廉价茶粉。因此，水果茶、芝士奶盖茶、厚乳茶、轻乳茶、原叶鲜奶茶等这些归属于奶茶赛道上的细分品类，都在新茶饮的讨论范畴之中。

随着以奶、茶和咖啡三者为主原料的饮品细分和创新程度的深入，以及制作工艺之间的互相借鉴，"茶+奶"，"茶+咖啡"，"咖啡+奶"组合的产品开始以各式各样的名字出现。尽管有部分产品名称存在歧义，但稳定的原料和工艺仍属于"新茶饮"和"新中式"的讨论范畴。举例而言，2022年前后走红的"茶拿铁"，是在制茶过程中借鉴了咖啡的制作工艺，用萃茶机提炼出所谓的"teaexpresso"（该词和咖啡机打出的

"expresso"，中文中的浓缩咖啡一词对应），本质上茶拿铁还是奶与茶的融合。所以尽管这类产品在名字接近咖啡，但应该属于奶茶范畴。

不过，如今在一、二线城市兴起的颇受年轻世代欢迎的"新型茶馆"并未纳入讨论范围，因为大部分新型茶馆菜单上提供的产品，不是从奶茶品类这个分支上发展出来的，而是从更上一层级中的茶、奶品类中发展出来的。因此，相对没有太多融合和添加的"纯茶"，尽管空间审美和社交属性上也贴合了新茶饮发展过程中的某些重要特征，但为了整体性的考量，并未纳入讨论范畴。

三、新中式茶饮激战

从2015年算起，新茶饮已经走过了快10个年头。激战最明显的特征是，夸张地说，在过去10年里，1年内就可能涌现出100个品牌。但下一句就是，1年内也可能有100个品牌倒下去。

行业当然曾经历过最高光耀眼的时刻。资本热钱的疯狂涌入，让数个品牌在成立之初都有全国扩张、放眼世界的雄心。但在多番集体降价、点位之争、营销出位的内卷商战中，品牌们逐渐明白，这是一场持久战。在激战的结局到来之前，活下去才是当下最重要的事情。

我们将记录头部品牌撕到台前的明争，中端品牌跑马圈地力求上市的暗斗，以及部分区域品牌勇闯一线城市的雄心，部分品牌死守近距离阵地的脉络，加之下沉市场的县域奶茶的欢腾，本书试图描摹出一个新茶饮激战的全图景。

头部品牌的明争

2024年，尽管奈雪似乎没有之前那么风光，但不可否认的是，其曾经和喜茶一样，开创了所谓的中国新茶饮时代。

两者都是起家于广东，一个在广东江门徘徊了许久，一个起家于年轻氛围满满的深圳，两者都从广东走出，随即勇闯上海、北京一线城市；两者最早都凭借水果茶与芝士奶盖茶出圈，成为新消费时代下茶饮行业最新锐的品牌。2015—2018年，奈雪完成亿元融资成为资本舞台上的宠儿，喜茶凭借超高火爆的人气成为水果茶领域的明星，从产品上新到空间美学再到营销传播，头部品牌之间的撕咬像极了任何一个新兴行业形成初期的盛景。谁不想坐上头把交椅呢？毕竟没有人会记得第二名是谁。

双方的矛盾第一次公开化，是2018年年底双方创始人在微信朋友圈的"公开掐架"。奈雪创始人彭心首先在朋友圈提出质疑，隔空喊话喜茶创始人聂云宸为何品牌要多次抄袭奈雪的"霸气系列"。聂云宸很快在个人网络社交平台上对此予以否认，并就市场竞争、抄袭和创新发表了自己的见解。

当晚，两大头部品牌在微信朋友圈的隔空喊话被曝光后迅速成为微博热搜话题，并顺带引来网友对一众奶茶品牌的讨论。除了两边品牌各自坚定的死忠粉外，还炸出了一批其他奶茶品牌的支持者、爱好者。

其实在这场矛盾公开化之前，两大品牌的确在各种维度上"贴身肉搏"了很久。2012—2017年，喜茶从广东江门市进行着积极地小范围扩张，从东莞、中山、佛山、惠州一路进军广州。2015年前后，大众提起一线城市的时候还是默认北上广，深圳是后来才进入一线城市的名单。喜茶抢位广州之后，2015年奈雪在深圳成立，并创造性地打造了"茶+欧包[*]"的形式。彭心在很多早期采访中提到，她更多是从女性消费者的角度出发，希望给城市年轻女性提供一个可以自由聚会聊天、喝下午茶的温馨场所。因此在品牌成立初期，奈雪在细节上尤为注重服务品质。直到2015年12月喜茶在深圳海岸城开出首店，等于是来到了奈雪的大本营。两大品牌之间迟早会面临的一战终于到来。

表1.1　喜茶、奈雪2018年之前重要发展节点

时　间	重要发展节点
2012年5月	喜茶第一家门店开业于广东江门

---

* 欧包，欧式软面包的简称，更注重谷物的天然原香，面包体积比较大，分量较重，低糖、低脂。

时　　间	重要发展节点
2013 年	喜茶进入东莞、中山
2014 年	喜茶进入佛山
2015 年	奈雪以"欧包＋茶"打出差异化路线
2015 年 12 月	喜茶进入奈雪大本营深圳，海岸城首店开业
2016 年 7 月	喜茶进入广西
2017 年 2 月	喜茶进入上海，华东市场锚点
2017 年 8 月	喜茶进入北京，两店齐开
2017 年 12 月	奈雪进入上海、北京，全国一线城市覆盖完成

注：根据公开资料整理。

　　2016—2017 年，喜茶从广东扩张到广西，并在 2017 年上半年往北直指上海。喜茶在上海的首家门店位于上海核心商圈——人民广场，并在开店初期创下了"排队神话"。2017 年下半年喜茶势头持续上扬，先是 6 月在北京举办媒体见面会，随后 8 月在北京核心商圈三里屯、朝阳大悦城开出两家门店。而奈雪直到 2017 年年底才进入上海、北京这两个一线城市。值得一提的是，喜茶还在当年发布了品牌第一家"茶＋欧包"的模式店，名为"喜茶热麦"。总结而言：2017 年，双方进入一线城市，并开始推出同类型的"茶＋欧包"的组合售卖模式，再加上众多口味、原料相似的产品，众多相似之处带来的竞争，使得矛盾终于在2018年迎来了一次大爆发。

创始人开撕的背后，显露出奶茶头部品牌在高速扩张时期的共同焦虑。奶茶这一行业的同质性竞争激烈，卷门店数量和位置，卷产品口味和创新，还要卷营销和传播，头部品牌之间的矛盾，只是奶茶行业一路狂奔后掀起的巨浪一角。

奈雪和喜茶都未曾掩饰过对争夺上海市场的野心。作为众多新消费品牌的首发诞生地，上海对各类新消费品牌都有无限的包容，年轻消费者每天都会乐此不疲地在网红街区探索新出的产品和新锐的品牌。在安福路，曾经出现过美妆品牌"话梅"、生活方式品牌多抓鱼、服饰品牌BM（Brandy Melville）等多个新锐品牌集体进驻。它们在此紧密捆绑扎堆，又促进了上海成为其他新消费品牌的流量池。

对于茶饮行业来说，拿下上海这个市场可能对品牌征服整个华东市场有着极强的示范和带领效应，就好像为品牌打下了一剂强心针。从全国范围内来说，华东市场是整个国内高消费力人群的聚集地，而上海又是这一盘棋中的重中之重。

奈雪在上海的表现似乎一直被喜茶压过半头，就好像喜茶在进入深圳时一直备受奈雪的追逼一样。2022年3月在奈雪的投资人关系大会上，品牌还曾委婉地描述过品牌在上海困局："上海有一些友商的先天优势在，以及上海更喜欢咖啡文化，也有更多小众品牌供消费者选择。"因此，奈雪在上海的表现一直处于还不错，但尚未冲到头部的境地。当时有媒体报道指出，奈雪尝试过很多方式来提升品牌在上海市场的竞争力：比如在投资1.8亿元在上海闵行区建立全国第二总部，比如进行内部调整来增加一些面向华东市场的岗位，但这些改变都没有彻底改变品牌在上海市场中的竞争排位。

　　而2017年让喜茶和奈雪共同忌惮的是，上海市场已经诞生了属于本土的明星玩家——乐乐茶。在品牌强势时期，一度曾与喜茶进行过点位之战，也和奈雪进行过营销"battle"（对决较量）。但后期该品牌由于盲目开店，在供应链管理上的缺失逐渐显现。2022年12月，奈雪宣布签署对乐乐茶主体公司上海茶田餐饮管理有限公司的投资协议，将以5.25亿元收购乐乐茶高达43.64%的股份，成为乐乐茶第一大股东。当然这是后话了。这个起步于上海，曾经和奈雪、喜茶并称"新茶饮三巨头"的玩家，终于以卖给奈雪的方式，结束了三家头部品牌类似三国杀的混战。而奈雪，也终于有一个机会来弥补整个上海市场甚至华东市场的短板。毕竟大本营位于上海的乐乐茶，品牌旗下超过四成的门店和用户都集中在上海。

　　在以北京为锚点的华北市场，两者的竞争也相当焦灼。当2017年下半年喜茶抢先在北京三里屯、朝阳大悦城开出两家门店时，从明面上来看其已经比奈雪抢先半步完成了所谓"全国一线城市覆盖，从华南进军华东华北"的布局。奈雪在当年年底进入北京并在西单大悦城开出首店，虽然慢了一步但幸好门店位置也是北京的黄金地带。

但两家头部品牌之间，也不是没有共同取暖的时刻。2020—2021年，喜茶和奈雪为缓解线下门店的销售压力，同时为应对国内众多饮料品牌下场做茶饮的竞争，双方都开始在零售端做起了瓶装饮料。这是头部品牌在另一条产品线上第二次正面"battle"。只不过这次两者开始惺惺相惜，因为他们都拥有了共同的对手。

2020年6月，喜茶旗下子品牌喜小茶宣布推出"喜小茶瓶装厂"，同时推出首款便携式瓶装饮料NFC（Not From Concentrate）果汁*。此后，喜茶再次官宣一条新的汽水产品线，并锚准当时市场上流行"0糖、0脂、0卡＋膳食纤维"的趋势。如今，喜茶在瓶装饮品上已覆盖气泡水、果汁茶、轻乳茶、爆柠茶等细分品类，并同时入驻线上线下等零售渠道。2023年，喜茶的果汁茶系列已经进入北美线下商超和亚裔电商等平台。

就在喜茶风风火火地闯入瓶装饮料赛道的同时，和其处于同一梯队的奈雪也在悄悄布局。2020年10月，奈雪通过其微信官方公众号表示计划推出奈雪气泡水并上线天猫旗舰店。首批气泡水口味有白桃和意大利柠檬。随后在2022年，奈雪又推出柑橘、蜜柚等口味。这些产品和喜茶的瓶装饮料一样，

---

* NFC果汁，非浓缩还原汁。

同样进入了线下的便利店、商超等零售渠道。

在喜茶、奈雪都先后闯入的瓶装饮料赛道，竞争并不比奶茶轻松。早已在这一赛道站稳的玩家如农夫山泉、三得利、娃哈哈和可口可乐等，它们的渠道之战到如今都值得反复咀嚼。而2020年前后的瓶装水市场，以"元气森林"为代表一系列新锐品牌也正在快速崛起，气泡水、果汁茶正在成为消费者的新宠，尽管线下的渠道之战未必有新茶饮品牌想象得那么简单，但只要能作为另一条盈利增长曲线，品牌没有放弃的理由。

中端品牌的暗斗

2017—2024年，从价格带来划分，新茶饮玩家们基本已经形成三梯队。第一梯队是15元以上的品牌，主要玩家有喜茶、奈雪、乐乐茶和霸王茶姬；第二梯队是10元到15元的品牌，价格相对中端，主要玩家有古茗、茶百道、沪上阿姨、书亦烧仙草和茶颜悦色等；第三梯队是价格单品价格普遍在10元以下的品牌，蜜雪冰城和甜啦啦是主要代表。而位于第二梯队的中端价格带可能是队伍最为庞大的，这里聚集了当前市场上大多数玩家。在头部品牌始终牵动着资本和大众目光的那几年，位于第二梯队中端价格的品牌并没有闲着，它们也在跑马圈地，开始对"万店目标"发起冲刺。

表1.2　新茶饮品牌价格带大致分布图

价格区间	代表茶饮品牌
10元以下	蜜雪冰城、甜啦啦
10—15元	古茗、茶百道、沪上阿姨、书亦烧仙草、益禾堂
15元以上	喜茶、奈雪、乐乐茶、霸王茶姬

注：综合多家品牌菜单统计。

在庞大的中端价格带玩家中，如果按照门店规模来分，内部还有千家以上的规模差距。最接近万店规模的选手有三家：古茗、茶百道和沪上阿姨。

古茗2010年起家于浙江，一度向江西、福建、湖北、江苏和广东等地扩张，是中端茶饮市场中市场占有率具备显著优势的玩家。根据其招股书数据，截至2023年年底品牌总门店数量超过9 000家，全年销售高达12亿杯。其中重点省份如浙江、湖北、湖南、安徽、江西、福建和江苏等，门店数量都超越500家。根据窄门餐饮截至2024年10月7日的统计数据，目前古茗现有门店数量已经达到9 580家，覆盖19个省份214个城市。其中浙江省门店数量以2 114家居首，其次是福建省1 145家以及广东省1 027家。

茶百道同样不可小觑。品牌于2008年在成都温江开出第一家门店，随后拓展至全国及海外市场韩国。根据窄门餐饮截至2024年10月7日的统计数据，茶百道在全国348个城市拥有 8 398 家门店。值得注意的是，茶百道起源于四川省，认养了大熊猫"娇毅"，其以熊猫为主要元素进行品牌传播，让该品牌具备极其深刻的记忆点，在韩国市场也具有广泛的品牌认知度。

此外，成立于上海的沪上阿姨是 90 后一代上海人的青春期记忆。品牌最初以血糯米奶茶在长三角市场打响名声，此后提出五谷茶饮的概念并开创五谷水果茶系列。截至 2024 年 10 月 7 日，品牌全国门店数量达到 8 435 家，和茶百道体量接近，也是第二梯队名副其实的实力玩家。

古茗、茶百道和沪上阿姨之后，门店数量规模在 3 000— 5 000 家、位于中端价格带的选手还有亦烧仙草、益禾堂、CoCo、一点点等选手，其中益禾堂和书亦烧仙草的门店规模都在 5 000 家以上。而快乐番薯、吾饮良品等同样位于中端价格带的玩家门店规模在 1 700 家左右。

表 1.3　各奶茶品牌在中国大陆的门店数量

奶茶品牌	门店数量	奶茶品牌	门店数量
蜜雪冰城	32 567 家	益禾堂	5 519 家
古茗	9 580 家	霸王茶姬	5 439 家
沪上阿姨	8 435 家	喜茶	4 417 家
茶百道	8 398 家	CoCo	3 931 家
书亦烧仙草	5 585 家	一点点	2 984 家

续　表

奶茶品牌	门店数量	奶茶品牌	门店数量
一鸣真鲜奶吧	2 273家	吾饮良品	1 706家
奈雪	1 926家	LINLEE 林里	1 655家
柠季	1 782家	悸动烧仙草	1 527家
快乐番薯	1 772家	阿水大杯茶	1 479家

数据来源：窄门餐饮2024年10月7日统计数据。

可能让大众感知层面稍显意外的是，位于15元以上价格带玩家的喜茶、奈雪和霸王茶姬等在门店数量方面并不是特别突出，甚至奈雪目前只有不到2 000家。一个值得玩味的点在于，中端价格带玩家相比起定价高端的头部品牌似乎活得更为滋润。一方面，它们没有走奈雪、喜茶的打造高端品牌路线，主要采取加盟而非直营模式，所以也没有繁重的人力成本和大店模式导致的高房租成本，这反而加速了品牌的扩张。而当品牌在前端的门店形成更大规模，这种势能会反向给上游在供应链上更大的议价权和更高效的配给，因此品牌能够形成更大的势能。

加盟模式中的另一个显著特征在于，为了高效完成门店的物料配送和保证产品风味、成分的一致性，品牌往往不会选择自建工厂，而是直接从上游食品加工商那里采购。根据奶茶原料供应商佳禾食品有限公司的招股说明书，沪上阿姨、古茗、益禾堂、CoCo 等知名奶茶品牌都是上游食品加工商的主要客户，其中蜜雪冰城和古茗在 2020 年 1 月到 9 月的订单金额在佳禾食品当期销售占比为 7.29% 和 5.94%，是当期订单金额排名第一和第二的客户。

但这种模式也存在弊端。当众多玩家都选择从同样的食品加工商那里采购奶茶原料时，这意味着奶茶品牌只能在加工商研发成熟的产品列表中进行选择。如果短期内食品加工商没有创新性的产品出现，下游奶茶品牌的前端门店也就很难出现创新性的调味产品或者小料添加，继而品牌在产品研发和创新上的优势会随之缩减，消费者也有会各品牌产品同质化的感知。在这种背景下，中端品牌很难像头部品牌一样让消费者有锐意创新的印象，因此卷门店规模就成了其证明实力的最好方式。

这个方式的终点指向上市。这也解释了为什么在奈雪、茶百道成为"新茶饮第一股和第二股"之后，其他中端品牌坐不住了。于是 2024 年一开局，古茗、蜜雪冰城、沪上阿姨等中端玩家开始前赴后继地向港交所递交招股书。

有观点认为，从 2018 年新茶饮开始高频寻求融资并获得资本青睐算起，到 2024 年，6 年过去了，早期入局的资本在现阶段产生一定的投资回报想法也不足为奇。一方面，中端品牌在此时寻求上市可以部分回应资方对于早期投入后的利润回报诉求。另一方面，无论是奶茶品牌还是资本市场或许都明白这个道理，再不上市或许就永远没法上市了。一旦错过一个合适的时机，就没法上船了。

资本对新茶饮耐心的逐渐透支有一个过程，起初所有人都是充满信心的状态。2021年6月30日，奈雪以19.8港元/股的价格在香港联交所主板上市，但上市当天就出现开盘破发、股价持续走低的表现，其中股票跌破发行价（当天报收17.12港元，较发行价跌13.54%），这着实给新茶饮行业泼了一盆冷水。

2021—2023年，尽管各品牌在上新速度、品牌营销方面铆足了劲，但卷生卷死的中端品牌之间很难形成根本性的差别，消费者忠诚度始终难以拉上高点。这让从业者普遍产生焦虑意识：一旦这个市场上出现一个新的、强有力的竞争者，谁都有可能被甩在身后。

资本和热钱对市场动向当然更为敏锐，早日上市寻求利润自然是当前最好的选择。彭博社早在2023年7月报道中指出，当时至少有六家中国奶茶品牌正酝酿在港股和美股上市。在这些奶茶品牌中，有在全国拥有上万家门店的蜜雪冰城，也有规模较小、门店数量大约为千家的"新时沏"，还有后期发力、如今门店规模5 000家以上的霸王茶姬，其他三家是当前已经提交招股书的沪上阿姨、茶百道和古茗茶饮。彼时，上述品牌选择远赴美股和港股上市，主要是它们很难满足在内地主板上市的要求，而港股审核周期短，准入门槛没有那么高，相对而言是这些品牌快速回笼资金的良好港湾。截至2024年10月，根据港交所上市规则的指引，若递交招股书后六个月内未通过聆讯，则招股书失效，这意味包括蜜雪冰城、古茗和沪上阿姨在内这几家奶茶品牌均未能如期IPO。

也有其他品牌在探索境外上市的可能。2024年6月，界面新闻根据天眼查平台检索，发现茶颜悦色关联的公司湖南茶悦文化产业发展集团有限公司发生了信息变更，包括天图资本、元生资本、源码资本、顺为资本和五源资本旗下基金等在内多家投资机构退出了股东行列，公司资本也随之减少。尽管茶颜悦色没有第一时间回应消息，但有众多分析认为这可能是品牌寻求境外上市，老股东"正常搭红筹"的退出行为。

无论如何，当新茶饮在快速发展中各品牌产品同质化竞争愈加严重，当有的品牌难以形成能够抵御他者攻势的护城河时，卷生卷死卷地规模化并为IPO铺路，就是它们不得不为之的选择。这条路径看似艰难，但也相对轻松，比起花费漫长的数十年去打磨品牌、沉淀品牌价值，维护好供应链这吃力不讨好的活儿去维护产品品质，上市之路多少算是一条捷径了。

区域品牌勇闯一线

新茶饮行业养活了很多人和很多品牌。在这个行业爆发性增长的几年里，头部品牌在一线城市的核心点位拼得你死我活，中端品牌在二、三、四线城市疯狂卷规模。通常来说，这些头部品牌、中端品牌有着相对完善的管理体系、品牌营销以及供应链系统，这也让被这两股势力夹击的其他品牌感受到了巨大压力，区域品牌就是夹缝生存的代表。

这批区域奶茶品牌在发展路径上基本可以分为两类：一类积极进入一线城市并以此撬动更大的资源为品牌造势；一类相对克制保守，牢牢守住本地市场并小范围地向周边省份扩张。前一类以霸王茶姬为代表，从云南一路扩张到成都、上海，并在海外市场马来西亚大放异彩；后一类以茶颜悦色为旗帜，将品牌标签鲜明化并充分融入当地居民的生活，即使在全国范围内打响了一定的知名度，但扩张步伐依旧谨慎。

霸王茶姬在2024年的上海发布会上，彻底证明了地方茶饮品牌拥有在一线城市站稳脚跟并角逐一线的实力。而茶颜悦色也在过去几年的扩张中展现出一个地方性品牌打透重点区域并占据绝对主导性地位的可能。它们一个用扩店速度和门店规模给投资人证明了一个近乎完美的商业模型落地的可能，而另一个用恒心、耐性和品质讲述一个充满温情的品牌发展故事。

往上走，去一线城市厮杀，还是留在当地深耕本土市场，这并不是一个非黑即白的命题。只是在新茶饮激战的当下，品牌必须考虑的问题是，区域性茶饮品牌中还有可能跑出下一个霸王茶姬吗？而那些在本土市场上和众多中端品牌，甚至和低价品牌短兵相接的区域性奶茶品牌，又要如何面对包括头部品牌在内的所有玩家持续覆盖下沉市场的压力？

　　时间和实践会给出答案。现如今，区域性奶茶品牌已经在形成自己的奶茶江湖，各个省市也在逐渐形成属于自己的"省茶"。在大众点评、小红书和微博等网络社交媒体上，有大量以"为一杯奶茶奔赴一座城市"、"来××城市不能错过的奶茶品牌"为标题的视频和帖子，这些都将风格鲜明的区域性奶茶品牌和某个特定城市或地区紧密捆绑，由此可能会成为这个区域制造新的消费热点，也可能会为这个城市增添新的形象标签。这些品牌会与这些城市的人和事、文化和生活捆绑在一起，生动鲜明地留存在全国游客的记忆中。

　　从时间脉络上来看，区域性奶茶品牌进入一线城市的布局是有快慢之分的。2021年之前进发一线城市这种情况还相对个例，2022年之后各品牌普遍动作加快。

　　2019年，霸王茶姬还没有进驻成都、茉莉奶白还没有成立、一家同样主打中国风的奶茶品牌"霓裳茶舞"诞生在茶颜悦色的大本营长沙。喜茶、奈雪等头部品牌在华东、华北市场的胜负还未见分晓。此时一家在长沙打响名号的豆乳茶品牌"半仙豆夫"就来到了上海五角场。

　　一年之后，在广西起家的奶茶品牌"阿嬷手作"在广西的南宁、桂林等城市大火后，冲入了深圳当地的高端购物中心万象天地。2021年来自西北的奶茶品牌"放哈"沿着丝绸之路持续进发，在甘肃的兰州、天水等城市站稳脚后，品牌带着招牌产品甜醅子奶茶打入上海。而来自山东青岛的养生药茶品牌"荷田水铺"，也在这几年往南直下广东，往北向北京扩张。

　　更大的变化发生在2022年。这一年，阿嬷手作酝酿了一个新的计划。其来到快消品牌扎堆的沸腾之地上海新天地，在这里开出了上海首店。开业当天线下的排队时间长达八个小时。而在线上，上海当地食客甚至在网上总结了抢购攻略：找到有企业级Wi-Fi的地方，把其他占据内存的手机应用关掉，提前把要选购的产品加入购物车，并在后台打开支付软件；此外，微信小程序线上点单时间为10点，则要定好早上9点55分的闹钟提前进入抢购页面，不然就算提前一两分钟进入小程序也打不开了。开业当天阿嬷手作的线上点单程序一度宕机，由于需求量过高，品牌只好提前关闭了线上点单渠道。而在当地线下社群里黄牛的代购双杯产品的价格一度被炒至接近三位数。

　　阿嬷手作菜单中的招牌米麻薯系列，单价已经达到29元左右，这个价位已经相当接近喜茶、奈雪曾经的最贵产品定价，但市场仍处于供不应求的状态。此外，品牌还带火了来自广西的水牛奶。由于品牌在部分奶茶产品中将基底奶换成了这种具有独特风味、更为醇厚的水牛奶，搭配上上海当地食客更为接受的糯叽叽小料（比如麻薯、芋泥等），这让品牌在上海迅速走红，并在随后几年中把上海门店数量拓展到10家左右，同时始终占据着当地各核心商圈中高端购物中心的点位。

阿嬷手作的成功不仅证明了上海消费市场对于高价格带奶茶品牌的高承托力，也代表了具备地方特色和原料的区域性奶茶品牌，在一线城市以及远离原先核心客群的省份，也有着突破发展的可能。在此之后，一系列区域品牌开始了勇闯一线的进击之路。

2023年，起家于深圳的茉莉奶白决定北上。深秋9月品牌在新中关村开出了北京首店，并迅速凭借"东方茉莉香"的口号在当地市场吸引到一批死忠粉。短短一年之内，品牌在包括朝阳大悦城、朝阳合生汇、北京APM、西单大悦城、蓝色港湾、三里屯、南锣鼓巷在内的北京购物中心及核心商圈、旅游景点开出了将近10家门店。

北京当然是蕴含商机的热土，消费者也愿意掏出"真金白银"。2024年，来自武汉的新茶饮品牌"爷爷不泡茶"也决定全面进军北京市场。它们在当地一些商圈的围挡上打上了"你好，北京"的口号，并打算一口气开出近10家门店。对所有诞生于非一线城市、但试图进入一线城市的区域性奶茶品牌来说，诸如爷爷不泡茶这样高调姿态的还是少见的，但这至少体现了品牌的决心和信心。

这一年的上海奶茶市场也依旧热闹。早在2019年就在广东揭阳开出首店的奶茶品牌"英歌魂"，从潮汕地区奔赴长江口的上海，还带来了非遗歌舞表演；而来自贵州的茶饮品牌去茶山进驻上海苏河湾，并推出了招牌产品贵州刺梨茉莉花茶和干酪普洱鲜奶茶。

有观点认为，众多区域性茶饮品牌在2022年之后普遍加快在一线城市的布局，主要原因不外乎两点。其一，无论头部、中端还是平价奶茶品牌都在地方范围内疯狂扩张内卷，部分卷不了规模的区域性奶茶品牌，总想去一线城市试一试深浅，一方面试水当地市场，另一方面为品牌价值赋予增量。

有从业者提及，这种想为品牌增量背后的心理状态也很有趣。区域性品牌勇闯一线，和喜茶、奈雪等头部品牌漂洋过海有类似之处，尤其对于部分地方品牌的管理团队和创始人来说，他们盘踞于一方多年的默默耕耘，如果有一天能在经济更发达消费能力更强的市场获得认可，多少也是一种荣耀。还有一点就是，投资人大多都定居在北上广一线城，他们巡店不可能跑到几千公里之外的县级市。品牌把门店开到一线城市，也是给投资人交作业，这像是一种模版打样，一位业内分析师这样解释。

在中国品牌这些年的成长历程中，品牌大多经历过这样的心路历程。在"没有产品只有品牌"的早期摸索阶段，品牌运营和管理对于中国本土品牌来说还是一个相对模糊的概念。中国品牌早期开拓者拼命想要向发展相对成熟的欧美、日韩奢牌公司靠拢，去习得它们关于一个品牌生命全周期需要积累的必要技能和经验。而这些欧美、日韩品牌是直接冲击消费大众视觉来传递、灌输品牌价值理念的——在一线的城市选择最好的商圈开店展示。它们往往进驻当地最高端的购物商场选择一处租金最贵的点位，配以特定化的专业服务，通过橱窗展示自身产品以试图引领潮流美学，这让当时消费选择匮乏的中国消费者在最短内时间就建构了一个对于"领先的、成熟的、优异的"品牌的想象。由此，在这些欧美、日韩品牌的美学熏陶下，一个在消费大众认知层面中的好品牌，就必须要集齐这些奢牌当初进入中国市场的要素：门店装修、服务细节、产品包装、价格定位，这些全都不能少。喜茶、奈雪最初打响名声时也遵循了这一路数，比如产品包装要潮流，门店装修要讲究，价格定位要走高端。因此，区域品牌想要通过同样的路径建立大众对品牌的认知，也在意料之中。

事实上，区域性奶茶品牌早期在进驻一线城市时在门店选址上压力很大，即使对霸王茶姬这种后起之秀也是如此。2022年4月左右，霸王茶姬在上海的门店数量还很少。其中一家位于远郊奉贤，是地铁5号线延伸路段才能到达的地方，从市中心出发单程超过1个小时；另一家路虽位于市中心，但邻近店铺部分是一些服务周边居民日常饮食的拉面、包子和便利店等平价店铺，这种门店很难为品牌建立高端形象和声誉。而来自青岛的养生药茶荷田水铺也面临同样的困境，其上海首店的位置在静安国际中心的地下二层美食街里，当时大众点评软件中对品牌门店描述的位置是在"某食堂"旁边，地下二层加上模糊的位置描述，自然让到店客流都少了很多，更别提品牌形象的打造了。即使是后来在江浙一带大火的奶茶品牌"马伍旺饮料厂"，在进入上海时也很难争取到核心商圈的位置，除了打浦桥日月光中心的门店，多数门店均位于南桥、松江、嘉定新城等远郊区。

这的确是区域茶饮品牌勇闯一线城市时普遍面临的选址困境。涌向核心商圈，单店收入能否覆盖人力成本和店租是个问题，去向远郊区或是非核心商圈，钱是花了，但在一线城市消费者心中建立品牌认知就难了。

更何况，这些区域性品牌的特色产品在消费者认知端也需要花费很长时间去进行市场教育。以"放哈"为例，其有西北特色的甜醅子奶茶大众还相对容易接受，但杏皮水这类和老北京豆汁儿口味相类似的地方特色产品，在陌生市场的接受度就是个未知数。截至2024年10月，放哈位于上海美罗城的门店已经暂停营业。而来自北京长春堂的奶茶品牌"顺时而饮"，在上海地区推出的驴打滚奶茶也同样需要时间来让当地消费者接纳。

因此，在一线城市这种高度竞争的茶饮市场，若区域性茶饮品牌能够撕开一丝裂缝，除了取决于选址、产品、营销等诸多因素，更多的还有运气的成分。并非每个品牌都有诸如霸王茶姬这样的幸运，如果不是品牌在海外市场名声大噪，而2023年之后大部分投资机构的重点又转向了具备出海能力的品牌，霸王茶姬也不会在国内短时获得资本和加盟商的一致认可，从而实现了从西南向华东、华北的全国性扩张。

在到底要不要去一线城市，以茶颜悦色为代表的其他地方特色奶茶品牌，也有自己的考量。它们当中有相当多的玩家把精力集中在品牌诞生之地的省份，并克制、谨慎地以该省份为大本营，少范围地向周边城市扩张。这其中也出现了一大批黑马选手。

从山东济南起家的当地特色奶茶品牌"阿水大杯茶"，截至2024年10月门店数量高达1 479家，覆盖山东、河北、江苏、河南和辽宁等省份，但山东省内门店数量为1 313家，占比其全国门店总量近九成。在山东省内部分门店的位置甚至下沉至村镇，威海荣成成山镇、日照巨峰镇和泰安新泰羊流镇等地都有阿水大杯茶的门店。

往南走至江西南昌，一个名为"洪都大拇指奶茶厂"的品牌在江西省已经覆盖上饶、宜春、南昌、九江、萍乡、吉安、鹰潭、抚州等多个地级市，门店数量累计超过200家。品牌名字中或许来源于滕王阁序中的"豫章故郡，洪都新府"，因此在大众点评、小红书等网络平台，这家奶茶已经成为具有江西特色的奶茶。

表1.4　各省分区域一些代表性茶饮品牌

省区市	区域代表性茶饮品牌
安徽	卡旺卡、甜啦啦
云南	霸王茶姬、麒麟大口茶
湖北	吾饮良品、爷爷不泡茶
广东	本宫的茶、英歌魂、茶救星球
广西	阿嬷手作、煲珠公
湖南	茶颜悦色、柠季
河南	眷茶
河北	双美
江西	鲲茶、洪都大拇指
浙江	哈茶福、新时沏
江苏	马伍旺饮料厂、七分甜、伏见桃山
山东	阿水大杯茶、冰雪时光
甘肃	放哈
青海	宝葫芦、德禄酸奶
陕西	茶话弄、陕拾叁
北京	隆延茶铺、长春堂顺时而饮

续　表

省区市	区域代表性茶饮品牌
新疆	阿凡提奶茶
西藏	阿刁
辽宁	700CC、茗战
四川	茶百道
重庆	一只酸奶牛

来源：大众点评公开数据，各省份奶茶品牌不完全统计。

综合大众点评、窄门餐饮等多家平台数据显示，目前多个省份都跑出了多家区域特色茶饮品牌。这些品牌能够在头部品牌和中端品牌的缝隙中占据一席之地，往往都有着过人之处。

它们或者和当地文旅紧密互动并成为一张鲜明的地方文化名片，或者能够就近采用当地人民最熟悉和最新鲜的原料，抑或定位、打造第三空间成为当地人民热衷社交和文化交流的场所，又或者采用平价策略力图让当地每个消费者购得甜蜜饮品。

当然，如果提到诞生于地方的出色的奶茶品牌，可能很难绕过茶颜悦色和霸王茶姬这两者。这两个均因国风元素走红的奶茶品牌，又因为品牌的核心基因和创始团队的风格差异，目前看来似乎是走向了截然相反的发展路径。

霸王茶姬从诞生之初，创始人张俊杰就定下了要成为中国星巴克的远大目标。在品牌高速扩张时期，他就大胆招募来自互联网、咨询和审计行业的高端人才组建团队，力图把团队打造成一支猛、准、狠的队伍。品牌扩张策略也很创新，先到海外市场避开国内激战锋芒，等到品牌势能一到位，迅速折返攻占国内市场。

但茶颜悦色扩张步伐则相对缓慢。从2013年品牌在长沙开出首店，到首次走出湖南扩张至湖北，品牌花了整整七年。在出省之前，茶颜悦色连在湖南省内的扩张都十分谨慎，选择省内的扩张地常德和株洲都是湖南省内GDP排名靠前的城市。即使已经对接了资本，2021—2024年，品牌也才缓慢进入重庆、南京、无锡和苏州等市场。截至2024年6月，茶颜悦色尚未进军上海、北京等一线城市。创始人吕良在很多场合表示对盲目扩大规模的担忧，类似"扩大规模也是死，不扩大也是死，只是后一种显得比较有尊严"的说法也曾在业内流传。

如果打开茶颜悦色的官网，最先映入眼帘的可能是一则严正声明。品牌到2024年还在坚持直营模式，是新茶饮玩家中少有的。出于盈利和规模化的考虑，喜茶和奈雪也曾于2022年和2023年开放过加盟。霸王茶姬更是通过加盟模式迅速跻身头部品牌，而中端价格带的众多玩家更是依靠加盟模式生存了多年。

　　吕良可能是个很爱惜自身羽毛的创始人，这是业内对其的一种评价。创始人的个人调性也可能是品牌坚持直营的深层原因。创始团队担心无序的扩张，会让品牌陷入更多争议。因此，茶颜悦色在各种细节上做到了极致，顾客对产品不满意可以随时重做，店内的口播服务声音整齐划一，产品取名借用了各种古诗词里的意象，连结账小票上都要塞上一封致消费者信。这些努力都让茶颜悦色早期赢得消费者诸多好感。即使后期品牌卷入过相关负面舆论，消费者也对其多抱有宽容心态。在茶颜悦色的微信公众号上，经常会发布包含"道歉"字眼的品牌公开信，以及用户留下的"不怕，只要你改正就行"的言论。

　　过度内卷和盲目扩张的确会导致行业陷入同质化竞争的险境。头部品牌并非没有提前预警。2025年2月，界面新闻报道称喜茶通过全员内部邮件宣称品牌即将暂停接受事业合伙的申请，并将回归用户与品牌。这代表了这个行业中站第一梯队的玩家已经感受到了门店盲目扩张和消费者体验同质化对品牌的潜在危害，一旦用户对茶饮品牌失去热情和信任，动摇的将是整个行业的根基。

　　不过也有另一种声音。行业的另一种观点是，在新茶饮行业高速膨胀的时期，品牌一旦错过这个节点，可能再也没有做大的可能了。这也意味着，茶颜悦色可能在短时间内被曾经的对手霸王茶姬赶超。此外，还有声音质疑过创始团队的管理能力和战略选择，如果一个品牌长时间无法做好跨区经营和管理，在品牌成长初期或许可以被原谅，但长期来看或许是管理团队的能力没有与品牌和行业的发展速度匹配上。这种差距对于一个品牌来说也很致命。

去不去一线城市，说到底还是区域性品牌自己的选择。创始团队和投资人的意见可能从中发挥了重要作用，但最终能否在一线城市占据一席之地可能还是要看天时地利人和。毕竟，一线城市之外也有广阔的市场。如果区域性品牌能够把一个相对集中的市场打透，能够长期守住自己的一亩三分地，那也是一种能力。在新茶饮行业竞争最激烈的时局中，任何能撑过这一周期的选手，都值得敬重。

下沉市场暗潮汹涌

2018—2023年，笔者走访了国内超过30个三线以下的城市，深刻感受到奶茶品牌在进军一线城市之后的商业方向折返。更多的消费者和更大的市场在一线城市之外，这绝对不是一句空话。如果从横向去比照其他餐饮连锁品牌的发展路径，诸如肯德基、华莱士和德克士的品牌，早在2010年之前就完成了门店下沉的任务。所以提起中国最大的餐饮连锁是华莱士，在一线城市的消费者可能会感到吃惊，但对三、四线城市的消费者可能绝不会意外——当然，如果算上街头随处可见的"沙县小吃"和"兰州拉面"，华莱士的门店数量排名可能还要往后靠。

因此，当蜜雪冰城以两万多家的门店数量站上中国新茶饮门店排行榜的顶端时，大众感知上并不惊讶，因为在消费者基数更庞大的下沉市场，大家对这个品牌都已经相当熟悉。反而是集中在一线城市的投资者和消费者，听惯了太多PPT中花哨的名头和悬浮的故事，看到了太多商业模型和投资理论，更容易被定位高购买力人群的品牌而打动，却很难为一个在乡镇市场出现的品牌而驻足。

但扎根下沉市场的品牌，可能才是将这场新茶饮浪潮推向巅峰的主要力量。平价品牌将门店开到县域乡村，给村镇居民和县域青年带来了"消费平权"后的盛景。只要愿意出4块钱，人人都可以享受一杯冰鲜柠檬水。只要出5块钱，人人也都有资格喝上一口香甜的奶茶。

有个概念需要提前厘清，本书中小镇青年并不是贬义词，这群人也并不是"没有购买力"的群体。事实上，网络上流行的词语"小镇（县城）贵妇"和咨询公司研报中提及的"乡镇乐活小家"和"乡镇传统大家"也属于小镇青年的范畴。和一、二线城市一样，县域和村镇同样存在对生活品质有要求的消费客群，他们是构成下沉市场消费的中坚力量。

数据已经证明了当前资本和品牌态度的转变。2022—2024年，新茶饮品牌加速下沉，积极在三、四、五线城市加快门店网络布局。"平价之光"蜜雪冰城曾在招股书中披露，截至2023年9月30日，品牌门店网络已经遍布1 700个县城和3 100个乡镇，覆盖所有县级城市。据窄门餐饮数据，截至2024年10月，蜜雪冰城有约57%的门店集中在三线及以下城市，其中三线城市占比最多，达到24.51%；四线城市和五线城市分别占比19.61%和12.02%。其中乡镇门店总计9 540家，占比全部门店约29.3%，对比之下商场店只有2 068家，占比6.35%。

表1.5 蜜雪冰城在各城市层级的门店占比

城市层级	门店占比
一线	5.12%
新一线	19.09%
二线	18.79%
三线	24.51%
四线	19.61%
五线	12.02%
其他	0.85%

注：蜜雪冰城截至2024年10月门店城市分布概况，数据来源于窄门餐饮。

除了蜜雪冰城，喜茶、奈雪等头部品牌也开始调整战略，它们用下调部分产品价格或开放二、三线城市加盟两种方式来杀入下沉市场。以奈雪为例，根据品牌提供给界面新闻的资料，奈雪2024年2月起，将"单个加盟店投资金额调整至58万元起（不含租金和转让费），2024年6月30日前完成签约的门店，还可享受单店6万元营销补贴"。而其他部分中端价格带品牌如古茗和沪上阿姨等，三线及以下城市的门店占比也达到了50%左右。

在非一、二线城市的下沉市场，奶茶品牌的竞争往往更为直接和朴素。

道理很简单，在县城，门店位置就是奶茶品牌的生死线。县城的市中心覆盖面积有限，要在其中选定一个自然人流量最佳的位置，才能保证每日一定的自然订单量以及营收。笔者曾经在2023年5月到广西壮族自治区钦州市下辖的浦北县调研当地的奶茶和咖啡品牌竞争的情况。当地一位中间商分析起浦北县的几个优质商圈，指出一家名为"奥园广场"的购物中心是当地奶茶店和咖啡店老板非常心仪的位置。浦北县当地有一家瑞幸咖啡就开在这里。该购物中心还进驻了麦当劳、名创优品等品牌，属于县城内的潮品集合区，同时背靠部分学校、公园和住宅区保障了基本人流，因此成了当地奶茶店的高流量场。而当地的另一个高人流量点是咖啡品牌幸运咖在浦北县老区中抢到的"一个拥有五个分岔路口的环岛道路"的迎街门店。当地的实验小学就在门店旁，门店往北是县妇幼保健院和部分行政单位，往南是浦北中学和教育局。且一个补充的重要信息是，这个区位附近还有公园和广场，晚上会有散步消食或者聚会的人群，可以说是整个县城人流量最集中、商业最繁华的地方。

这位中间商还介绍了一个关于人流量计算方法，看上去过程简单，但和咨询公司给出的长篇分析报告，本质上逻辑是一样的。举个例子：浦北县当年城镇人口23.65万，乡村人口45.05万，以幸运咖所在的区位，背靠的浦北实验小学和浦北中学来计算的话，浦北实验小学一年级招收9个班，比浦北县的其他小学（如金浦小学、第一小学）招收的班级要多（前提条件是每个班的计划招收人数都是55人）。因此，幸运咖的总人流量至少肯定会高于瑞幸附近的金浦小学能贡献的人流数。同时，瑞幸附近的金浦中学，通常招生人数也会低于幸运咖附近的浦北中学，以浦北县2022年秋季学期普通高中的招生计划来看，金浦中学的招生人数是1 100人，浦北中学为1 350人，这些都是所谓的客流量差距。这位中间服务商提到，县城的咖啡奶茶店老板并不傻，在前期调研时，会对人流量精准计算来得到每日的自然人流量订单，这样就可以预估出单日和单月营收，扣除人力成本、房租水电和原料成本，能赚多少钱也就一目了然了。

当然，下沉市场并非仅仅依靠价格策略或者营销策略，更多的还有人情世故。尤其在县城，在整个县域居民亲缘关系交错而形成的熟人社会中，奶茶品牌单日的自然流量订单可能相对有限，更多收入来自婚礼、会议、聚会等商业或社交场景下产生的"大单"。

在江苏、浙江下辖的部分县域城市，奶茶已经进入了年轻世代的婚宴之席。一家位于江苏某县城奶茶店的负责人提及，当地常住人口包括城镇居民和农村居民在内共计80万左右，但由于年轻人口外在务工的潮流，实际的常住人口总量可能还要小于80万这个数字。但当地人之间流行社交宴请，婚礼、升学、满月，甚至是中秋、国庆、端午等节假日都会出现高频的宴请以及聚餐需求。如果奶茶店一周能够接到2—3个大单，基本上一周的营业额就能够覆盖一个月的成本了。

但这种订单并不全靠所谓的"品牌力"来获得，更多的情况是熟人订单。准确来说，奶茶门店的经营者需要通过在县城的人脉通达程度来实现这一目标。而在县城要成为社交网络中的核心环节，基本上的职业属性也属于医生、教师或者其他体制内岗位，又或者是县城购物中心背后的地产商。当地奶茶经营者说："总而言之，如果你在这个县城既没有钱也没有人脉，这个店想要赚大钱很难，如果是自己的店铺不需要房租看店打发时间，倒还可以。"

在这种情况下，县城的奶茶、咖啡业往往是更深层次的内卷。在大城市奶茶店的打工人还可以在晚上10点之前下班，但县城的奶茶店、咖啡店营业时间往往持续到深夜。在广东揭阳，连瑞幸咖啡的歇业时间都到夜里11点，甚至有独立咖啡店和日咖夜酒馆的营业时间到凌晨两点，这让更多奶茶店被迫将营业时间不断推迟。一位店主说"如果关门早年轻人下次就不来了"。这也和当地热闹的夜生活有关。在揭阳，进安街大排档和卢记大排档可能到凌晨三五点才收摊，比起这些餐厅的打烊时间，奶茶店的关门时间还算是早的。

当我们明确了下沉市场潜力巨大这个事实时，才会更深入地剖析这个市场爆发出的众多可能。如果能用平视的态度观察这一切，你会发现下沉市场也并不意味着客群消费力不够优良或者市场环境缺乏活力。相反，如果区域内已经形成了品牌层级分化并有头部品牌出现，反而会刺激市场更积极、良性的角逐。

大本营在广西南宁的阿嬷手作，可能就是个很好的例子。当区域中已经成名的品牌开始角逐北上广等一线城市时，区域内的其他品牌也开始纷纷跟进这场"热血战事"，当地包括"萃茶师"、"煲珠公"和"邕城茶事"在内的20多个本土品牌都开始了原料创新和品质升级的探索。

这当然有地域农业资源便利的因素，毕竟广西是中国水果产量大省。多样而稳定的水果供应为奶茶品牌的各类单品尝新提供了可能，这和发家于广东的喜茶、奈雪能够发掘各种来自潮汕、茂名的小众水果并将之融入奶茶有异曲同工之妙。因此，除了阿嬷手作这种定价偏高的品牌选手，主打平价产品的奶茶品牌也能很好地适应和消化当地各层级的消费客群，并最终形成彼此良性竞争的态势。

　　而另一个奶茶品牌县域竞争的良好范本出自广西平南县。笔者在此前的调研中发现，当地贵港市平南县单杯奶茶的价格通常在10元以下，诸如茶百道、"佐敦道"这样的品牌在当地都算是中端定位了，更别提单杯定价在30元左右的阿嬷手作了。当地人经营奶茶店的历史悠久，部分通过亲戚和熟人帮带的方式，形成了街边奶茶店琳琅满目的景况。而当地还成立了广西平南奶茶协会，通过资源共享的方式让上游供应商和下游奶茶企业直接匹配，直接提升匹配效率；同时由协会出面通过一个"不收取特许经营费并给奶茶新手经营者提供小额收费培训"的方式，让很多家庭能够找到一个至少是短期过渡的谋生方式。根据平南县委宣传部的数据，从2017年协会成立到2019年，平南县奶茶协会的企业从最初的几家发展到50多家，奶茶品牌发展到数百个，门店数量超过万间。

　　尽管很难准确预言未来几年内新茶饮市场竞争会发生哪些具体的变化，但一个更立体、更全方位的消费图景已然清晰：不同层级的城市中分布着多元化需求的消费者，他们的存在使得品牌必然要致力于实现差异化与创新。当新茶饮市场从早期的填补需求空缺，到中期的寻找增量，以及发展到如今的存量争夺时，品牌关于盈利和曝光的焦虑是完全可以被理解的。在短期内，三线及以下城市的奶茶市场增速可能会高于一、二线城市的，但从更长的时间周期看，存量之战也会在一段时间后回归均值水平，市场终将归于更良性的竞争状态。

四、喧哗与骚动的时代

在这场存量之战中，无论是剑指海外的头部品牌还是体量庞大的中端品牌，抑或是盘踞一方的区域品牌以及深入村镇的平价品牌，它们都在这场战争中开始了从产品创新、空间美学、品牌营销等各个维度进行全方位的竞争，谁能成为最终的胜者还很难说，但它们都拥有一个共同的名字——中国新茶饮，或者说新中式茶饮。它们的存在，让中国的一众消费品行业看到自身换血和重塑的机会，也让更多新锐消费品牌看到自己崛起和成长的可能，这是所有品牌、从业者和消费者都共同喧哗与骚动的时代。

疯狂挖掘小众水果

在喜茶发布的《茶势喜人 灵感永驻 喜茶2020年度报告》里，提到了一个关于产品上新的重要数据：当年喜茶平均每1.2周就会推出一个新品。而在当年的媒体报道和公开访谈中，奈雪2020年共计推出超过100个新品，平均每周都有新品上新。

产品上新的压力直接传导到品牌研发端。

设计年度和季度新品开发日历和产品储备规划不是一件容易的事情。一个5—10人的研发团队，研发总监或专家往往在品牌整体策略上背负着巨大的压力。为了达成相应的新品上市数量，做产品规划时必须提前为供应链端预留时间（比如一些水果、茶叶需要提前向果园预定才能如期采摘），还要为门店制茶师去熟悉新品的操作工艺留出时间，还要考虑新品的原料成本和毛利率不能拉低公司现有产品线的利润水平，否则在内部过会时就遇到其他部门的质疑。

而研发专员往往需要具备食品科学和工程等专业知识。他们会结合门店老顾客的反馈和当下市场需求的热点，对经典配方进行深度分析和改良，并编写关于新产品的操作手册表（如SOP[*]、

---

[*] SOP是作业标准书（Standard Operating Procedure）的缩写。作业标准书

BOM*等）。而研发助理则需要每天关注和收集竞品动向，并每周参加行业展会分析行业动态。有从业者分享过一个例子，由于其所在的品牌有一个高度关注竞品，竞品突然上新一款业内从未使用的水果原料引起市场热烈反响，整个团队便被公司要求在两周内把这款产品的配方和操作手册编写完毕，因为下个月就需要向市场投放同类产品。

在这种状态下，2020年，在头部品牌中工作的茶饮研发团队，很多都是处于"焦虑头秃"的状态，他们每天的工作时间超过10个小时，但薪水待遇并没有随着新茶饮的沸腾而"水涨船高"。2024年10月，笔者在"BOSS直聘"上以"茶饮研发"为关键字搜索，相关的岗位"茶饮研发"、"茶饮研发专员"、"茶饮研发经理"、"茶饮研发工程师"等岗位可以看出，即使在行业已经发展相对成熟的2024年，茶饮研发专员在二、三线城市的月收入仍然在5 000元到8 000元，一线城市如深圳、二线城市如杭州等地才能保证月入过万。

开发新品不能纸上谈兵，这意味着需要根据当年市场反馈和门店产品销量统计来分析消费者对酸甜度、奶味、果味和茶味的偏好。奶和茶在产品配方改良后，供应端的响应速

---

* BOM是物料清单（Bill of Materials）的缩写，它是一个详细列出产品组成部分及其相应数量、规格、材料和其他重要信息的清单。BOM在产品的整个生命周期中都扮演着关键角色，包括产品设计、生产、采购和服务等环节。

度还算及时，但原料中相对新鲜、短保的水果是一个很棘手的问题，基本上需要提前一年或者半年来寻找新鲜的水果原料并进行风味测试。

一个背景是，2020年起受疫情影响，部分原料的采集和运输很大程度上被限制在更靠近品牌门店的地方，这就意味着更多新茶饮品牌需要凭借就近原则来寻找下一个可能成为爆品的原料。

来自广东潮汕的油柑成为最早被选中的小众水果。油柑又名余甘子，别名油金子、牛甘果，入口虽然苦涩但回味甘甜，和茶底搭配有着独特风味。2021年3月，奈雪一推出霸气玉油柑系列就快速走红，不仅在深圳、广州、佛山、厦门等地销量良好，在北京、上海、南京等城市也表现出色。品牌宣称"66颗潮汕甜种油柑才能榨出一瓶油柑茶"，油柑系列的火爆使其在所有产品中销量占比快速跃升至20%，甚至一度超过了奈雪长期霸榜的霸气芝士草莓。

2021年5月，在奈雪推出霸气油柑系列后两个月后，喜茶一口气上新了包括双榨杨桃油柑、王榨油柑、超浓王榨油柑和双榨橄榄油柑在内的四款油柑饮品，算是以最快的速度赶上了市场这波油柑热潮。此外，乐乐茶、桂源铺、CoCo等品牌也顺势推出了油柑类饮品。

在油柑上没有能够抢占市场先机的喜茶，显然想要扳回一局。在油柑推出后的1个月，喜茶加推新品黄皮仙露，把同

图1.2 清朝康熙年间关于余甘子的记录

来源：《古今图书集成》，是清朝康熙时期由福建侯官人陈梦雷所编大型类书

样来自广东的小众水果"黄皮"*带到了大众面前。和油柑相似的是，黄皮也不是消费者第一口就能完全接受的水果，其风味酸甜度差异很大，一般在广东、广西和海南地区会被盐

---

* 黄皮原产于中国南方热带亚热带地区，世界热带及亚热带地区有引种。在中国分布于南方各省区，以广东、广西、福建等地栽培较广。黄皮汁液丰富，是色、香、味俱佳的水果。

渍或者鲜果搭配盐水饮用，是当地人的解暑消渴神品。

奈雪刮起的油柑热和喜茶掀起的黄皮热，无疑在当时给同类茶饮品牌启发了思路。2021年8月，茶百道也发掘了一种同样来自广东的小众水果佛手柑，并搭配香水柠檬、泰国香茅和滇南大叶红茶打造了一款风味独特的佛手柠檬茶，同样引起了市场广泛关注。

从油柑到黄皮再到佛手柑，2021年的小众水果茶"PK赛"几乎把广东的小众水果都尝试了一遍，也同样开启了新茶饮品牌对小众水果的疯狂挖掘。

2022年刚开年，沪上阿姨就带着推出了三款刺梨饮品直接站到了聚光灯下，几乎是在同时，6 000斤刺梨原液被装进集装箱，开始漂洋过海运往迪拜，它们的终点是当地一家新中式茶饮品牌"鹊茶"的门店仓库。

刺梨流行之后芭乐随即登场。喜茶在当年2月推出满瓶芭乐葡和满瓶芭乐养乐多等饮品，乐乐茶、奈雪也随后跟进推出了用芭乐为基底的水果茶。芭乐在中国两广地区、海南和福建等多有栽培，但广东省仍然是绝对的主要产区，其中广州、茂名、云浮和中山等地均有大面积种植。此外，芭乐的脂肪含量较低，被称为代餐型水果，符合当时消费者对茶饮低卡健康的需求，而红心芭乐颜值较高也使其快速在网络社交媒体走红。

2020—2022年，新茶饮对小众水果的疯狂发掘几乎让广东地区的所有水果走到了台前。先有潮汕油柑后有云浮黄皮，香水柠檬才走红几年，刺梨芭乐继续接棒。根据郑晓慧在2022年7月对2022年上半年喜茶、奈雪、乐乐茶和沪上阿姨等重点品牌使用过的水果类型统计，黄油桃、三华李、青芒、山楂、小红杏、枇杷等小众水果也曾进入过新茶饮品牌的产品名单。

小众水果的走红直接将热度传播到了供应端。2021年，油柑原本从市场价10元一斤左右上涨至高峰点的40元一斤，而甜种油柑的超大果甚至可以卖到每斤50元以上。在油柑大火之前，当地果园农民并不认为其是一个需求量巨大、能够赚钱的品种，因此每年油柑自采摘之后，除了早就被预定要进行二次生产的果品，其余果品的去向基本是各级农贸市场，且大多是个体批发商向散户收购的模式，连到承销商手中的机会都很少。当2021年6月起，各大茶饮品牌来到广东各地抢着收购油柑时，农民的反应都很懵。

资本和品牌所谓的效率刚落地到田埂之时，直接导致的就是市场混乱。有采购商提及，2021年之后的油柑收购市场就是"一天一个价，一小时一个电话"。即使前几天谈好了的价格，第二天去提货时也会遭遇撕毁合同的情况。果农短时间内接收到的信息太多，得到的报价也很混乱，他们并不知道到底情况是什么样，对他们来说只是这种果子涨价了。在这种情况下，油柑只能被短期内报价最高的采购商收走。

等到了当年7月，一些拥有大面积种植园的承包商已经开始酝酿新的想法。油柑单价的强势上涨给了他们极大的信心，即使是来自上海、杭州的茶饮品牌来询价或者预定货源，他们也没有一口答应。果农、承包商和农业合作社的成员开始坐在一起商量，来年的价格应该怎么定，要不要扩建油柑种植的面积。

这是一个极为关键的信号。当敏锐的果农开始考虑扩建时，油柑树苗的价格也开始水涨船高。原先5元以下的小树苗，在短时间内被炒到10元以上，即使这样也有源头种植基地立马打款预定。他们都明白，错过了这个产季，绝不能错过下个产季。

更多当地果园的散户、农业种植合作社、油柑精深加工企业和当地政府联合起来，他们在脑海中形成了一个更为宏大的规划，除了扩建油柑种植园，也可以促成油柑精深加工方向产品的创新，把油柑加工的方向从油柑浓缩汁拓宽到油柑酒、油柑皂等各类产品。此外，一个关于油柑为主导，其他品类为辅助的产业生态园也开始浮现雏形。如果能够结合当地的文旅特色做宣传，让果子有销路、游客有去处，那当地居民的收入水平可能会有更大的提升。

2022年6月，在油柑走红的一年后，汕尾市陆河县油柑产业园入选广东省当年省级现代农业产业园建设名单，这是广东省内首个以油柑为主导产业的特色产业园。根据当地委宣传部释放的公开信息，陆河县当地一个田墩村的村落，其油柑产业园在2022年现有规划下，已经开始了育苗基地、主题公园，以及配套设施如凉亭、池塘、停车场等的全面提升，无论是村民还是合作社的负责人，都希望努力打造出一个国家级的油柑主题森林公园，让当地农民的收入更加稳定。

不只是油柑。在小众水果赛道，2020—2022年，香水柠檬的价格也是一路飙涨。其从每斤5—7元持续走高至25元，高峰期的A级大果甚至突破过30元，且由于广东地区极端天气的影响，单斤价格甚至飙涨至35元以上。黄皮也是如此，在供不应求的时候，单价突破25元大关已经见怪不怪。

但时间来到2023年之后，情况开始有所变化。无论是油柑黄皮还是芭乐莲雾，价格都迎来了部分回落。当然，由于椰子、柠檬等细分品类已经跑出一条相对宽敞的赛道，香水柠檬的需求量相对稳定，因此上游收购价虽有所下滑但整体波动不大，但油柑和黄皮在茶饮店已经不是一线主推的新品，它们也不再是茶饮公司眼中的"香饽饽"了。

笔者曾经在2021年10月到12月集中调研过油柑、阳光玫瑰和香水柠檬走红之后对产业端上游环节的影响，当这些小众水果被品牌和资本快速选中后，它们必然会迎来一阵短暂的高光期，甚至迎来疯抢的热潮。在供不应求时，上游供应端多少可以通过囤货来获得部分议价权，但其隐藏的风险是，一旦市场上小众水果的热度褪去，下游重点茶饮公司的需求量减少，最上游的农业种植端其实根本来不及反应。最坏的结果是，这些果农付出心血和汗水的农产品，还没有被送到消费者面前，就已经烂在了地里。

这种一年前和一年后天差地别的反应，并不是每个个体都能够承受的。部分规模化、大面积的果园承包商资金链条相对充裕，它们的销售通路更为多样化，除了茶饮公司的订单外，更多的包销产品实际上流向了食品加工厂。但个体，尤其是农业合作社的散户果农，往往需要承担巨大的压力。在一年的种植时间中，他们需要承担包括苗种费、肥料费、虫害治理费、人工采摘费、包装费等一系列成本开支，如果果子最后不能卖个好价钱，后果往往是灾难性的。

散户的脆弱、个体的压力在这条巨大的产业链上往往容易被忽略。事实上，在很多小众水果刚掀起热潮的最初几个月里，农户只是沉浸在价格上升的喜悦中，然后用比往年均价稍高一点点的价格卖给了收购者，但这些利润相当微薄。在这场因茶饮品牌竞争而争夺水果赛的初期，真正赚钱的是各级代理商，他们一方面在市场上释放混乱的信息，让散户难以判断市场真正的供需关系，另一方面又和急需采购水果的奶茶品牌大客户们拍着胸脯保证"产量的庞大和供应的稳定"，即使有大客户想要绕过中间商直接联系农户家或者生产基地也很麻烦，因为这两者之间平时并不直接沟通，短期内建立信任关系是一件相对困难的事情。因此，形势的发展往往是，大客户焦虑地寻找果子，散户只能赚到很少的钱，等到大客户的耐心到第二年耗尽，市场对果子的需求减退进而价格下降，散户又不得不低价甚至亏本出售。这个链条上在供需两端端口的人们都耗尽心力，但结果往往并不完美。

有行业分析认为，奶茶品牌在2020—2022年对小众水果的疯狂挖掘，是这个时代新茶饮玩家焦虑的侧写。尽管他们都想要提前下注下一季的流行水果，但是这往往就是一场赌博，谁知道消费者的心之所向呢？

消费者没有忠诚度是个伪命题，实质上消费者也被裹挟在五花八门的选择中向前。当他们每每路过茶饮店面对着更新鲜、花哨的产品名称，却不知道产品的原料成分是什么时；当他们想要喝一杯简单好喝的饮品，却在一众同质化产品中不知如何选择时，最终的结果就是：渴了谁家都能买一杯尝尝，只要价格便宜就好。继而，各家品牌纷纷调低价格线，这场内卷竞赛更加没有尽头了。

农产品更适合在长周期发展的商业模式中盈利，短平快的模式反而会带来严重的供需失衡。小众水果可以选择，但能够长期停留在茶饮菜单中的产品，才可能是具备深度挖掘潜力的品类。这一点，从椰子、柠檬能够穿越各周期在奶茶业中屹立不倒，就可以看出明证。

2020年以来，柠檬茶品类迎来快速爆发，以至于柠檬茶系列从奶茶菜单中独立了出来，形成了真正的"柠檬专门店"。按照时间脉络追随的话，2017年成立的挞柠是开局者，从综合茶饮店转型的LINLEE·林里是引爆人，当泰绿柠檬茶、鸭屎香柠檬茶开始大规模走入消费者视线后，柠檬茶这个细分品类中香水柠檬系列产品的走红，展现了一个做长周期的农产品成熟后在产业链各个环节爆发出的强大潜能。

首先，香水柠檬具备供应稳定的特征。在温度、湿度相对适应的环境下，香水柠檬能够一年多次抽梢、开花、结果，因此可以达到茶饮门店一年四季的稳定供应。喜茶创始人聂云宸曾在公开采访中提及，当初在打造爆款产品"多肉葡萄"时，也曾考虑到主原料的这种水果一年四季的稳定供应，最终才在众多水果中选定了葡萄。

事实上，我国柠檬的主要产区位于四川省安岳县，国内柠檬产量的80%都源自这里，因此当地也被冠上"中国柠檬之都"的美誉。但黄柠檬的口感、出汁率更适合柠檬干片、预制茶等产品，现制柠檬茶对风味、口感的高标准促使行业必须寻找更优良的替代品。

香水柠檬在这一刻被选中。其个头比一般的黄柠檬偏大，外形更为细长饱满，入口汁水也更为香甜并伴有独特的香气。学者蒋运宁、邓崇岭等于2016—2019年在广西桂林，对从中国农科院柑橘研究所引入的13种柠檬进行品牌筛选实验，发现香水柠檬的果汁率和可食率以51.17%和74.19%位于所有

表1.6　13个柠檬品种果实理化性状分析

品种	采样时间	单果重(g)	纵径(cm)	横径(cm)	果形指数	种子数(粒)	果汁率(%)	果皮厚度(cm)	固形物(%)	可食率(%)	Vc(mg/100 mL)	酸(%)	固酸比
北京柠檬	20191211	186.5	8.12	6.43	1.26	4.5	55.23	0.35	8.2	75.34	12.00	4.80	1.71
无核里斯本柠檬	20191211	157.8	8.49	6.25	1.36	0.0	46.26	0.51	8.0	68.40	27.00	5.90	1.36
阿伦尤力克柠檬	20191211	155.2	8.58	6.28	1.37	5.0	44.56	0.52	8.4	61.61	31.00	6.24	1.35
费诺柠檬	20191211	192.8	8.09	6.95	1.16	3.0	46.89	0.48	8.2	66.34	26.40	6.18	1.33
尤力克柠檬	20191212	196.5	8.38	6.97	1.20	17.8	45.26	0.53	8.6	64.46	34.25	6.19	1.39
劳德鲁萨柠檬	20191211	573.4	10.48	10.68	0.98	56.3	43.15	1.06	10.2	63.72	22.00	3.22	3.17
费米耐芬柠檬	20191211	178.8	8.34	6.84	1.22	16.5	43.75	0.51	9.0	64.30	34.00	6.37	1.41
维尔纳柠檬	20191211	196.0	10.42	6.96	1.50	3.4	41.86	0.53	7.8	59.42	31.00	6.03	1.29
红肉柠檬	20171219	79.4	6.21	5.04	1.23	5.4	31.53	0.31	10.8	73.48	34.00	7.59	1.42
土柠檬	20191211	242.4	8.49	7.72	1.10	9.3	49.26	0.42	7.8	76.57	13.75	3.92	1.99
HX柠檬	20191024	201.5	9.40	6.58	1.43	0.0	31.57	0.71	7.0	44.00	11.28	5.34	1.31
WX柠檬	20191029	148.6	8.30	6.07	1.37	0.0	33.32	0.64	6.8	60.99	11.28	5.31	1.28
台湾香水柠檬	20191024	168.6	10.39	5.60	1.86	0.0	51.17	0.50	6.2	74.19	16.33	5.54	1.12

来源蒋运宁、邓崇岭、陈传武等:《13个柠檬品种在广西桂林的引种和研究初报》，载于《南方园艺》2020年第3期，第40—45页。

品种的高位，且后期有研究者发现香水柠檬成熟时味道清甜，苦涩味几乎很淡甚至难以察觉，作为手打柠檬茶的主要原料，在口味上占据极大优势。

在被新茶饮选中之前，对于专家学者和农民对香水柠檬的引入栽培和品牌改良付出的巨大心血，大众基本上一无所知。学者林秀香和王美盛等人在合著的《台湾香水柠檬》中曾提到，2010年福建省热带作物科学研究所曾经引进过以平和酸柚为砧木的香水柠檬嫁接苗试种，这部分珍贵的香水柠檬苗种，来自福建罗源松山农场，也是所谓的台湾选育的"四季香水柠檬"。

两年之后，福建南安市成功引种香水柠檬。《福建日报》当年的报道中提到在翔云镇翔山村，坐落着整整400亩的香水柠檬果园。从几株苗种到400亩，意味着香水柠檬从"实验意义"上的研究所进入"量产种植"的田垄之间，这是一个巨大的技术飞跃。

而在后期的农业研究里，农业专家也不断探索香水柠檬的单果重量区间、外形特征和四季结果特性。林秀香后来成为福建省热带作物科学研究所的教授级高级农艺师，在一项关于"柠檬种质资源鉴定评价与利用"的研究中，她和团队发现了香水柠檬四季成花过程中内源激素变化规律和成花诱导机理，也明确了柠檬烘干和贮藏的褐变关键参数。

农民和学者可能很难想象，当他们亲手把苗种栽入土壤时，这颗散发着香气的柠檬会在未来爆发出如此强大的潜力。从罗源松山农场的小小几株到白云帽峰山下如今的绵延不绝，香水柠檬的故事已经走过了14年。而它在新中式茶饮全球化的征途中引领的风潮还将继续上演。

纷纷发力咖啡副牌

在饮品领域，茶饮文化流传千年，咖啡饮用全球传播，奶品更是人类呱呱坠地时记忆里的味道，而将这三种饮品混合搭配，如奶与茶、咖啡与奶，便又直接促成了新品类的诞生，而且也变得愈渐流行。

在新茶饮商战难解难分时，奶茶品牌纷纷下场做咖啡，这其中当然有盈利焦虑的考量。奶茶市场发展到瓶颈，必然要转向新的品类去开发增量或者深度挖掘存量市场。另一方面，茶、咖啡和奶三者的界限可开始互融，创新度更高的饮品是饮品市场未来的消费风向。

在2017年时，茶饮和咖啡之间的边界线已经被大胆创新者打破。蜜雪冰城在那一年悄悄成立了子品牌幸运咖，不过并未在线下布局门店。2018年年底，奈雪在当年推出过一款茶和咖啡融合的饮品"冻顶鸳鸯"，此后也上新过创意果咖产品"大咖橙子"、"大咖牛油果"等。到了2019年3月，喜茶也开始上新"喜茶咖啡"系列产品了。而2020年奈雪PRO门店甚至将多款精品咖啡当成常设菜单，并配合烘焙产品，试图覆盖城市白领、学生的早餐和下午茶等场景。

头部品牌对市场风向的嗅觉相当敏锐，也在为未来可能的商战提前准备着。事实上，茶饮和咖啡玩家都开始在对方的领域里探底。就在奈雪、喜茶都开始上线咖啡产品后，2019年4月，彼时还没被浑水做空的瑞幸上线了"小鹿茶"来试水，并在几个月之后将小鹿茶当成一个独立品牌来运营。

咖啡玩家想要抢奶茶的生意，奶茶选手自然也不甘示弱。彼此对对方探索的野心都浮出水面，只不过咖啡品牌开始率先蹚河。2020—2022年，咖啡市场迎来了前所未有的爆发，一大批定位精品咖啡的连锁品牌崛起，便利店、早餐店，甚至加油站都开始做起了咖啡的生意。中国消费者对美式咖啡的接受程度不高，所以咖啡玩家很早就开始把厚乳、椰奶等元素添加至产品中，通过提升乳品含量来降低咖啡本身的酸苦，进而抢夺一部分偏好茶味的奶茶客群。

尽管咖啡品牌抢先将咖啡与奶融合，但2022年之后，奶茶品牌也纷纷开始下场发展咖啡业务作为第二增长曲线，主要方式集中在投资其他独立咖啡品牌或者一个新的咖啡子品牌两种方式。

蜜雪冰城旗下成立于2017年的幸运咖是其中的典型代表。2022年之前，品牌门店数量徘徊在200—300家且并未开放加盟，彼时陆正耀还没带着库迪咖啡杀回商场，瑞幸也正在经历被做空之后的用户信任重建，幸运咖抓住这一时机迅速扩张。根据窄门餐饮的统计数据，2022年和2023年是幸运咖门店猛增的年份，截至2024年10月，品牌门店数量已经达到3 018家。和母品牌蜜雪冰城一样，幸运咖定位平价市场，一眼看过去菜单上的单品定价基本在10元以下，其中果咖系列单价基本在6元到7元，经典咖啡系列在6元到10元。

同样主打下沉市场的奶茶品牌甜啦啦，也在2022年夏天推出了专注咖啡的子品牌"卡小逗"。卡小逗从甜啦啦最深耕的安徽市场起家，最贵单品为15元的草莓厚乳果咖，最便宜单品是6元的小逗美式，其他产品咖啡类产品如生椰拿铁、凤梨泡泡果咖、香草拿铁等，价格基本在12元到14元。这些定价区间比瑞幸稍微低2元到3元，但比幸运咖稍高2元到3元，算是避开了和两大成熟咖啡品牌的正面交锋。

还是在2022年，来自苏州的水果茶品牌七分甜成立品牌旗下的咖啡品牌"轻醒咖啡"。首家门店于当年10月在当地网红商圈十全街开业，并凭借品牌鲜明的熊猫标识在国庆假期期间迅速走红。

七分甜早期创始人之一的吴彬彬也在2022年于苏州推出了另一咖啡品牌"比星咖啡"。轻醒咖啡和比星咖啡两者产品定位和价格带均有所差异，前者聚焦果咖，主打年轻人市场，后者强调咖啡风味，针对已经对精品咖啡形成消费习惯的城市白领等。

在苏州千里之外的长沙，这一年茶颜悦色也开始打破既往的低调。2022年8月，新中式茶饮茶颜悦色旗下的咖啡子品牌"鸳央咖啡"，以五店齐开的形式在长沙亮相；而另一奶茶大户书亦烧仙草，也投资了同样来自长沙的咖啡品牌"D.O. C"；甚至连长沙当地跑出来的另一柠檬茶品牌"柠季"，也入股了一家名为"RUU"的咖啡品牌。

头部奶茶品牌如奈雪和喜茶等在这段时期对咖啡市场的进攻姿态，多以持股新锐咖啡品牌的方式出现。2021年喜茶领投来自上海的Seesaw精品咖啡连锁A+轮融资时，品牌创始人聂云宸还以个人注资的方式支持了分别来自长沙和深圳的区域咖啡品牌"乌鸦"和"KUDDO"；而奈雪也在2022年和2023年分别投资了两个新锐咖啡品牌"AOKKA"和"怪物困了"。

蜜雪冰城、甜啦啦、茶颜悦色、喜茶和奈雪等各大奶茶品牌开始押注咖啡赛道，并与传统咖啡品牌展开正面交锋。

2023年4月，古茗在小程序点单中上线了"闪萃咖啡"系列，主打两款果味生椰拿铁，正式进军咖啡市场。2023年9月，沪上阿姨旗下的"沪咖"门店数量已经高达1 964家，随后又以"沪咖·东方拿铁"的名字加快扩张。2023年11月，喜茶成立了自身的咖啡子品牌"喜鹊咖"，以乌紫单从等茶底为突破口聚焦中式茶咖。到了2023年12月，茶百道旗下首个咖啡子品牌"咖灰"的首店也落地西南成都。

　　奶茶品牌下场做咖啡有天然的优势。首先就体现在门店经营管理上。通常而言奶茶行业相比咖啡需要保存和管理的短保产品种类和数量更多，因此仓储物流上具有经验。其次，已经形成规模的奶茶品牌在原料采购上往往拥有更高话语权，咖啡配方中所需的主要原料之一"奶品"已经在奶茶连锁的采购名单之中，提升采购量并非难事，并且还可以获得部分议价优惠。

　　更大的优势体现在奶茶品牌有能力打造符合当前消费者偏好趋势的咖啡品类，比如果咖。新茶饮浪潮的初期典型特征之一，就是奶茶品牌将鲜果类原料引入产品组合：奈雪做火了车厘子和草莓；喜茶把葡萄做出了"花"；七分甜用芒果、西柚"打天下"；"茉酸奶"靠牛油果"下南洋"。因此，这些品牌都在水果类饮品的产品研发端积累了长期优势。

　　这种优势具体而言就是对水果风味的解构和重组，以及与其他原料的搭配使用。新茶饮研发师往往对各类水果的酸甜度、氧化程度有着敏锐细微的理解。他们的日常工作就是在实验室里探索各种水果切片、水果泥的稳定性以及其与其他茶饮、咖啡或其他原料风味搭配的可能。当消费者饮咖趋势开始向果味靠拢时，奶茶品牌长期招募和培训的这批茶饮研发师就发挥了重要作用。

　　一个背景是，其实中国消费者整体对美式咖啡的接纳程度较低，尤其是在更广阔的下沉市场。中国的消费者初尝的第一杯咖啡产品往往是奶咖，因为咖啡和茶相似的苦涩性，同样搭配奶饮用，味道差异不会特别明显。随着咖啡品牌对市场消费者教育灌输的周期拉长和深度的拓展，消费者对咖啡产品的接纳程度随之走高，此时消费者的选择往往会呈现出从奶咖或者果咖到美式咖啡的一个转变。因此，短时间内用果咖、奶咖来灌输消费者并获得盈利是一个可行路径，但风险暗藏。

2023年下半年到2024年上半年，果咖品牌一度遇冷。本来要火遍全国的主打果咖的咖啡店开始了闭店狂潮。成立于广州的"卡瓦尼·咖啡鲜果茶叶"也关闭了所有门店；沪上阿姨旗下的"沪咖·鲜果咖啡"，似乎改名为"沪咖·东方拿铁"。种种迹象都表明果咖这一品类下吸引的消费者，似乎很难撑起一个细分赛道。

这也不难理解。相对于拿铁、浓缩等意式经典咖啡，果咖更像是培养消费者咖啡消费习惯的入门级产品，因此吸引而来的消费者在初期就有可能是一些对咖啡没有强烈渴求的"轻量级消费者"。他们当中一部分人在咖啡品牌的长期灌输中转型为更成熟的咖啡消费者进而将兴趣转向精品咖啡，另一部分人可能仍然徘徊在对咖啡"感兴趣但没有依赖性需求"的队列中，因此消费者忠诚度不高，也就很难达成长期稳定的消费。传统的咖啡玩家在菜单中增加了果咖产品，大型奶茶连锁又有能力打造包含果咖系列的咖啡子品牌，只专注于果咖的咖啡品牌被两头夹击，自然很难生存。

　　饮品商战走到如今，尽管消费者画像稍有区别，但咖啡玩家和奶茶品牌都不想错过任何一个有消费能力的用户。他们大刀阔斧地深入对方的腹地时，有可能是为了展示品牌具有多产线、多子品的护城河实力，也有可能是为了在更多细分市场上加强用户对品牌的感知从而提升品牌号召力，但终极目的就是盈利。谁能够在竞争激烈的茶饮、咖啡市场中吸引更多的消费者，维持稳定的利润，谁才有可能去谈未来的战略或扩张计划，毕竟明天很有可能就是倒闭或关店。

空间美学、品牌联名和文创IP

　　在新茶饮一派喧哗与骚动之际，同样热闹的还有中国品牌的全面崛起。这一时期中国品牌的自我表达和内在构建发生了极为深刻的变化。一方面，互联网技术驱动了品牌传播和营销渠道的突变，另一方面品牌在多角度、全方位地探索和消费者建立联结的方式，比如通过线下展演空间、品牌联名和文创IP构建等来深入消费者的心智。

　　这不仅是新茶饮品牌的独家专利，也是新一代消费品牌的惯性表达。品牌对线下空间的重视程度逐渐提升，通过引入文化叙事和展陈美学的方式，把和消费者的沟通置于了线下实体门店中。在一个凝聚品牌文化的空间里，消费者可以进一步了解品牌气质和调性，也可以和品牌深度缔结情感忠诚。

过去几年各类生活方式、时尚零售和食品饮料品牌在一线城市的线下门店开启品牌美学之战皆是源于此。当互联网电商过去十年发展到一个高点，便捷性的红利被透支完毕后，消费者对实际体验的需求才会均值回归。这时，消费者会转向线下，走入充满活力的商业空间，这就造就了又一轮线下消费的盛景。

茶饮品牌对空间的强调和重视有历史原因。被众多玩家视为榜样的星巴克，在进入中国市场之初就极为重视线下空间的打造。其"第三空间"的社交属性成为最初新茶饮入局者所追求的。奈雪试图打造一个给年轻女性"下午茶社交聚会的空间"就是该理念的实践。

等到购物中心开始打破传统封闭的"硬盒子"，逐渐走向一个更开放、更活跃的零售布局模式时，奶茶品牌也开始试图在这种开放空间中与消费者产生更多的交流对话。从零售橱窗的设计布局，到门店内部用于网络社交媒介的打卡点和装饰艺术，以及整个空间的品牌叙事，都在无形中加深了消费者对品牌的认知。

在设计师作品集聚的谷德设计网上，输入关键词喜茶，你可以找到约180个提及喜茶门店的设计作品，这个数字超过了几乎所有同类茶饮品牌可查询门店的设计作品数量。细细查看每个门店的设计概念，你会发现喜茶门店的空间设计有一套完整的美学体系和设计原则，尽管单个门店的设计细节有显著不同，但彼此之间又有贯穿始终的连续性。在多个门店项目需要对接差异化设计方和施工方的背景下，如何保证品牌美学体系的统一和品牌理念的贯穿，对处于高速扩张时期的品牌在管理层面上提出了更多挑战。

喜茶的解决方案是把一些中小型门店交给新锐、独立的设计师团队，又把一些大型门店和关键点位交于国际型的大型设计事务所，达成系列化的设计，来充分保证门店整体理念的统一。

"白日梦计划"是喜茶从早期就开始概念策划并在后期执行落地极好的例子。2017年10月起，品牌推出喜茶DP店，即源于白日梦计划（Day Dreamer Project）。这项计划的最主要理念是喜茶与来自全球不同领域的独立设计师进行跨界合作，在不违背喜茶品牌理念的前提下，以现代简约风格为基础，适当加入文化、社交元素等，创意性地打造出更多文化空间。

2018年早期执行白日梦项目时，品牌对一些国际型设计事务所有明显偏好。比如，与荷兰注册建筑师晏俊杰创办的AAN建筑设计事务所，完成了深圳壹方城门店、深圳深业上城、广州凯华广场等喜茶DP的前三家门店，并在设计概念中对"新时代语境下的社交关系"进行了深度探索，巧妙呼应了喜茶作为一个新茶饮品牌，倡导新型社交关系的理念。

从目前公开的图片可以看出，喜茶在通过门店空间升级

表1.7　喜茶DP门店的概念策划

整体概念：引用美国社会学家欧文·戈夫曼（Erving Goffman）提及的概念，"相遇是公共场合人们之间的持续性的注意"。几家店的座椅设计反映了从"一人小憩"到"二人时光"以及"多人相聚"的多种社交互动方式。

喜茶DP门店名称	空间主题	中式元素和灵感	概念解析
深圳壹方城门店	相信，就会相遇	绿植、中式园林	把19种不同尺寸的小桌子拼成一张大桌，人群的互动方式可以根据群组人数、社交目的从而自由变幻组合。
深圳深业上城	山溪涧	曲水流觞图	餐桌采用流线型设计，仿佛曲水流觞的"溪流"，古代流水席品宴，现在流觞席饮茶。
广州凯华广场	山外山	宋代画家米芾的《春山瑞松图》	长桌之上运用山丘起伏来区隔不同群组的客人。桌面起伏与天花板曲线互为呼应，构成"层峦叠嶂"的意境。

注：根据AAN建筑事务所以及喜茶公开资料整理。

达成品牌叙事的场景延伸时，所做出的创新已经远远超过动线创新、功能区创新的维度，更多的是一些文化维度上的创新。白日梦系列的门店不仅在设计理念上有思考和积累，在实际落地时也有更多互动创新。位于天津大悦城的喜茶DP店也是这一时期的代表，门店设计以"云"为意象，在茶空间中设置可以移动的云朵装置，顾客可以把云朵片当成桌子或者座椅使用，极大提升了空间的灵活性。

白日梦计划后续的发展中，喜茶在空间叙事上的又一特征开始凸显：在地化。一个典型代表是与MOC设计事务所合作的喜茶首家海外门店——新加坡克拉码头店。喜茶在门店中设置了20根灯柱，其灵感来源于当地码头和海上常见的灯塔。有趣的是，灯柱会随着时间的流逝缓慢变暗又逐渐亮起，用来复现和演绎福康宁山上灯塔闪烁的周期，这也复现了当地跑船者的旧时记忆。

2021年，喜茶与UND设计事务所合作打造无锡南长街门店时，也达成了再现历史感和自我表达之间的平衡。设计方邀请了当地有经验的手艺人和老工匠来修缮部分木质构件，从而让门店的屋檐、穿廊和窗框保持了旧时模样。至于南长街普遍存在的采光差问题，则是巧妙打通了第二、第三层靠窗楼板，将光线引入室内（无锡传统民居也有一个蟹眼天井的说法）。作为一个对功能区有强烈需求的商业空间，南长街门店能够基本保留旧建筑的主要结构和外观十分难得。如今漫步在南长街，你会发现喜茶的门店吸睛但并不突兀，基本融于一片江南水乡中，品牌对在地文化的理解和创新，明显不是停留在表层。

和香港郑中设计事务所合作的深圳南头古城店，也足以成为喜茶门店空间设计发展过程的一大代表作。设计师没有一味追求简约的风格，而是试图向大众展现岭南文化的当下表达。设计中部分保留了原建筑的屋檐，并使用砖红色水磨石、做旧肌理漆等材料来还原历史痕迹。当到访者步入这个空间时，他们不仅作为"闯入者"的身份出现，也可以扮演"对话者"的角色，来与这个空间中存在过的历史、当下场景中发生的人和事发生有机反应，而品牌影响力也能在这个互动的活动中悄然渗透消费者心中。

无论是无锡南长街门店还是深圳南头古城门店，品牌始终在围绕着一个命题，一个充分融合在地文化的空间场所，讲求如何平衡商业效率和文化内涵，讲求如何成为一个更生动长久的城市文化景观。

喜茶显然有自己的方法论。根据公开信息不完全统计，品牌至少已经与DAS Lab、立品设计、绽放设计、墨刻设计、梅兰室内设计、AAN建筑事务所、Nota建筑设计工作室、香港郑中设计事务所等近20家设计方合作。品牌先是在一系列购物中心门店的项目中建立了品牌美学以引领潮流，而后在部分城市的特色文化街区的门店中主打在地化，后续持续以科幻、梦幻等元素打造特色门店，从而实现品牌在空间、文化与美学上的持续突破。

并非只有头部品牌拥有打造潮流空间的能力，部分有实力的区域品牌也开始在空间设计上发力，来彰显品牌的文化竞争力。

成长于河南本土的茶饮品牌"眷茶"，在2021年曾经打造过一家位于"只有河南·戏剧幻城"的窑洞门店。门店以五个"洞天"为主要构成，大洞下挖50厘米深来构建冥想区域，吧台处的设计以活字印刷术为灵感，用活字雕刻撰写眷茶的品牌发展故事。空间中同时使用胡桃木、老青砖、绢布和老榆木等材料来强化质感。品牌在空间打造上的能力延续到2024年眷茶再度升级——位于郑州正弘城的眷茶甄选门店，门前配有"回首马"*，进店立柱百家姓，吊顶高悬琵琶，走廊敦煌壁画，充分将中原文化和河南茶饮相结合。该门店正式营业后迅速走红网络社交媒体，并成为奶茶品牌的现象级门店。

诞生于江苏苏州的奶茶品牌"拾柴手作"，在当地核心商圈观前街打造了一个以"制茶手艺人的舞台"为造景概念的空间。门店中间有一个巨大的火炉型舞台，既呼应"拾柴"的品牌名称，又暗示了以围绕火炉、篝火而成的茶饮社交功能，同时火炉也是一个制茶操作平台，食客可以全方位观看每一位制茶师制作奶茶的过程，品牌强调茶品制作过程中的匠心匠意这一理念也能充分地传达给消费者。

2024年的GFE展会**上，从广州走向全国的国风茶饮品牌茶理宜世在自己的主场向大众展现了品牌的全新概念门店"岭南绿院"。概念门店中悬吊一张长达8米的长桌陈列与岭南文化相

---

* 回首马，一种艺术造型，描绘的是一匹马在奔跑中突然回首的情景。这种形象最早可以追溯到商周时期的青铜器上。

** GFE展会，即广州国际餐饮连锁加盟展览会。

关的历史物品来讲述品牌故事。四周围合的游廊在设计中还使用了压花玻璃、木质手工帘等质感材料打造国风茶饮和传统文化的对话感。从设计角度来看，该概念店对岭南文化把握的程度在于对当地气候环境的理解——岭南潮湿炎热，居民普遍偏好户外的社交聚会方式，门店采用舒展的百叶帘代替厚重的实体墙壁，百叶窗开合之间既可形成封闭私密空间，又可与外界形成开放互动关系。这充分显示了品牌设计方对于当地民居建筑设计背后的深度理解，表达了对在地化文化的尊重程度。

笔者和多位展陈设计师、零售空间设计师讨论过这一时期茶饮品牌在空间美学上的巨大跃步。他们中多数人为同行的设计作品感到骄傲。一位设计师提出了这样的观点：对于已经具备规模化的茶饮品牌来说，从标准化和盈利角度而言，使用设计准则一致、风格相对统一的图纸并指定经过筛选的施工方，是门店落地细节高度还原品牌设计初衷的保障，同时经过筛选的施工方如果足够熟悉装修风格并多次施工过相似门店，工作效率也得到提升，这对品牌来说有利无害。这也是为什么部分接受加盟的品牌能够快速扩张并向加盟商收取设计费的原因。因此对于能够实现单店风格特色化、并邀请其他设计方参与门店设计的品牌来说，它们在实际沟通过程中付出的人力、物力成本，明显更高。但也正是这种"吃力不讨好"的做法，让它们在空间叙事上有了更多的自我表达，消费者也能够看到这种真诚进而建立对品牌的深度好感。

除了空间设计外，众多茶饮品牌在联名和文创IP方面的发力也让众多品牌长时停留在网络社交媒体的热议话题榜单上——这主要是因为比起打造差异化的产品，差异化的联名活动和文创产品更加具备话题度。

品牌一定会算这笔账。比起耗时耗力深入村镇提前考察、买断当地当季优质水果等茶饮原料来助力新品研发，周期性短的品牌联名、文创产品在操盘层面更为可控。且品牌联名和文创IP打造可玩出更多花样，单次联名和系列联名的文创产品可涉及的领域也广，因此往往能够辐射更大圈层的消费者。

通过对各大茶饮品牌官方微信公众号的不完全统计，截至2023年12月，主流茶饮品牌累计联名活动频次超过150次，平均每周就有2—3次茶饮品牌推出联名。而联名对象从博物馆、美术馆等合作方到时尚、美妆、动漫、游戏等领域，涉猎范围之广让人惊叹。在《南方都市报》的年终盘点中，分析师这样总结："16个头部品牌中，2023年以来，截至12月25日，共联名了144次，这意味着，在统计时段中，平均约2.5天，就会有一个品牌发起联名。最热衷于进行品牌联名的是奈雪，截至12月25日，其一共进行了30次联名，这30次联名以卡通动漫为主，此外也有影视作品、潮玩、食品等。受统计的16个头部品牌最热衷于与卡通动漫这类二次元IP进行联名，其次是游戏IP，紧接着是影视综艺作品，此外文创类、博物馆、艺术家、餐饮等也受到欢迎。"

茶饮圈的品牌联名最早就由奈雪和喜茶两个头部品牌领跑，前期主要集中在食品和美妆领域：前者合作过欧缇丽、雪肌精等护肤品牌，后者也合作过诸如美宝莲、"3CE"和"Girlcult"之类的彩妆品牌。美妆品牌的用户多为女性，此用户群体对年轻品牌和新产品有强烈探索欲，也愿意为品牌附加价值买单，这正是茶饮品牌想要的用户池。与食品品牌联名的优势也在于此，相似的用户画像和高重叠度的圈层往往能将对方品牌的既定受众转化为自身品牌的忠诚用户，对于短期扩充用户基数和提升品牌声量大有裨益。但一个值得注意的点在于，与食品类品牌合作（如奈雪和冰淇淋品牌"可爱多"、喜茶和燕麦奶品牌"野生植物"）的适配性和高用户重叠度反而导致影响了破圈的效果，说白了大家都在同一个池子里捞鱼，很难达成更大范围的破圈效应。

二次元用户由此进入茶饮品牌的视野，这也是一众消费品牌试图争抢的群体。很长一段时间内，二次元用户在付费意愿、频次和能力上的表现都远高于市场预期，这也使得茶饮品牌与部分游戏、动漫IP合作时能创造出巨大的传播声量。

乙女游戏*IP是这段时期茶饮品牌联名的主要选择。梳理从2022年12月到2024年6月主流茶饮品牌与乙女游戏的联名案例，你会发现这两个领域合作的深度和广超远超大众想象，

---

* 即少女游戏（日文：乙女ゲーム），一般指以少女群体为目标受众的恋爱模拟类游戏。

包括沪上阿姨、茶百道、CoCo、喜茶和古茗等多个茶饮品牌都和乙女游戏有过联名合作，其中部分大热IP还和多个茶饮品牌进行过联动。

茶饮品牌热衷联名倒是在意料之中，乙女游戏IP对与茶饮品牌的跨界联动表现出高参与度和意愿的主要原因在于，茶饮品牌的线下空间、产品和服务将长期虚拟存在于线上的亲密关系和人物互动带到了线下，这对乙女游戏IP的线下塑造是一个重大助力。

这是一个深度构建IP并放大IP辐射力的典型场景。对游戏玩家来说，除了游戏本身的体验，其他围绕IP和游戏内人物角色的体验基本要通过视频切片、线下漫展获得，但这些线下活动的频次尚不足以满足玩家对线下体验的渴望，而遍布各地、高频推出营销活动的茶饮品牌正好弥补了这个不足。玩家可以通过到门店购买茶饮产品获得额外的情绪价值，以及配套的周边产品，一方面提升了对游戏IP的认同感和群体间的联结感，另一方面这群愿意到店参与活动的玩家已经是筛选过后的拥有强烈付费意愿和玩家，对于茶饮品牌来说也是用户池中的有效补充。

从时间线上来看，2023年和2024年是双方合作的高点。这其中最具代表性的就是《光与夜之恋》*和喜茶的联名。活

---

* 《光与夜之恋》，一款女性恋爱手游。

动上线当日，社交媒体上粉丝自发上传的照片显示，上海、北京、成都等地门店排队4—8小时不等，大量玩家涌向门店打卡拍照。官方数据也显示当日累计送出超过138万份联名主题喜证，"光启市"*的设计师们全城出动，想要和自己的"恋人"来一次亲密接触。

表1.8　乙女游戏与各奶茶品牌的联名

时　间	茶饮品牌	乙女游戏
2022年12月	沪上阿姨	《光与夜之恋》
2023年4月	童涵春堂·二十四节气茶	《恋与制作人》
2023年7月	茶百道	《未定事件簿》
2023年12月	CoCo	《恋与制作人》
2024年3月	喜茶	《光与夜之恋》
2024年6月	古茗	《恋与深空》

此前《光与夜之恋》和另一奶茶品牌沪上阿姨合作时曾引发过负面舆论。由于对线下门店员工培训不到位，员工和客服在与线下到店的粉丝沟通不到位，产生了负面影响。网络流传最广的一张图就是称《光与夜之恋》为"寡妇诈骗游戏"。这导致一场声势浩大的联名活动在上线当天就被迫

---

* 光启市，为游戏《光与夜之恋》中的一个虚拟城市。

停止。

　　前人之鉴在此，喜茶明显在与游戏联名活动中投注了很多心血，也在细节上下了功夫。比如，品牌提前给门店员工进行了一些基本问答内容的培训，还贴心地给出了可以做和禁止做的行为准则和要点提示。这极大提升了线下玩家到店时的购买体验。

　　某种程度上，这暴露出各奶茶品牌在管理能力、运营能力之间的差异。喜茶此前高频展开联名，和美妆类、食品类、潮流服饰类、游戏类和影视类等IP合作不下百次，平均每年的联名频次在20次左右。长期在品牌跨界、联名中摸索出的经验，让喜茶在联名时总能跟紧热点并在话题深度上挖掘更深，尤其是在一线门店员工面对游戏玩家的询问时。这种对细节品质的要求也展现品牌高度的落地能力。一句话总结，大家都会卖奶茶，但是有些玩家不只会卖奶茶。

　　很长一段时间内，行业高度关注这一波茶饮品牌在空间叙事、品牌联名和文创IP打造上对众多新消费品牌的引领作用和示范效应，也把其视为中国新茶饮品牌的一个重要特色。但值得深入讨论的问题是，为什么是这一代茶饮品牌在空间美学上开始崛起，且支撑它们崛起的品牌势能是什么呢？

　　事实上，早一代奶茶品牌创业者和管理团队很难在跨越10年乃至20年的品牌塑造上下功夫，毕竟先活下去才是正理。并且，改革开放初期国外的快消品牌以及奢侈品牌进入中国时，对线下零售空间的打造影响了一代消费大众对于消费品品牌的认知。国内的消费者在此意识到品牌和产品不仅具备可以买回来使用的实用功能，还具备在线下陈列展示并被赋予文化符号的情感功能。

这种情感功能以及带给品牌的附加价值在新消费品品牌集体成长时期愈加凸显。品牌逐渐意识到，把产品做好只是第一步，这是对一个品牌"从0到1"的基本要求，能够把品牌做起来，才是品牌得以跨越各个市场周期的恒久保障。

空间叙事在此成为一个品牌势能推演和升级的集中体现。起初茶饮品牌的门店空间是为满足消费者的社交性功能需求而存在的，而后逐渐发展为消费者与品牌对话的衍生场所。在这个场所中，品牌使出浑身解数调动消费者的听觉、视觉、触觉、味觉和嗅觉，而消费者也在此场景中充分感受品牌倾尽全力的表达。尤其步入一个与在地文化高度结合的门店时，这个消费场景巧妙地隐匿了消费色彩，凸显强调了文化色彩，更能够削弱消费者购买决策过程中的防御本能与理性权衡。

品牌联名和文创IP打造也是品牌势能长期积累的重要过程。联名对象的选择、联名活动中的落地细节、对潜在风险的提前预警、对市场预期的评估，以及长效维护IP过程中的创新和迭代，都是能够体现出品牌超维度能力的重要方面。

这决定了品牌的上限。

因此，对这一代品牌来说，资本和热钱的入场，以及消费者需求的叠加和升级，开始让品牌不得不在短期内迅速提升各个维度的能力，品牌在其他维度诸如空间美学、文创联名上的能力也同样被归纳为品牌势能的评判标准之一。而当品牌超越产品之外的这些"能力"被看见时，消费者才会为此买单。

回溯过去20多年，商业空间的发展与文化符号的相互融合在中国其实经历过一个从被否定到被接纳，甚至于之后被鼓励的过程。回想2007年星巴克入驻故宫时引发的舆论，到今也不过不到20年的光景。但这期间，中国品牌和消费者共同成长的部分是对民族文化、地方文化的自信和尊重，以及如何恰到好处地把文化与商业相融合的能力。这种能力既反映出一个品牌统筹时的操盘能力，也能体现出品牌执行时的落地能力。这些都是中国品牌在面对众多外来品牌涌入的20多年来的重要成长。

出海也许必然？

2018年，乐乐茶进入北京市场，喜茶在上海已经名声大噪，奈雪成为资本市场的座上宾。这三家品牌几乎是最早把价格线划在单杯25元以上的品牌。用黄金时代形容当时的新茶饮市场一点也不为过，被卷入行业的所有人，都陶醉在中国消费市场快速升级和规模膨胀的欢欣里。这种兴奋背后还有另一层潜台词：如果奶茶都可以卖到30元一杯，那么其他消费品品类都等于有了一次焕然新生的机会。

转折发生在2022年，奶茶行业出现首次降价潮。喜茶率先行动，让奶茶头部品牌终结了单品超过30元的时代。而以低价著称的蜜雪冰城毫无疑问成了奶茶行业第一，紧随其后的则是古茗、茶百道等，它们的产品集中在15元左右。根据华安证券的调研数据，2020年，客单价在20元以上的茶饮品牌占比约为三分之一，到2023年则降到了4%；相应，10元以下的消费占比则从7%涨到30%。

表1.9　现制茶饮品牌人均消费分布

	2020年	2021年	2022年	2023年
人均<10元	7%	10%	24%	30%
10元≤人均<15元	33%	40%	52%	51%
15元≤人均<20元	27%	31%	19%	15%
20元≤人均<25元	13%	8%	4%	3%
人均≥25元	20%	11%	1%	1%

来源华安证券：《现制茶饮投资探讨：拥抱极致性价比与下沉时代》。

尽管行业内对2022年头部品牌集体降价的观点众多，但主要还是集中在全球新冠疫情大流行期间线下成本不堪重负，品牌急需回流现金流的讨论上。另一个不可忽视的因素是，经过2018—2022年市场的调整后，头部品牌与其他品牌之间的供应链差距逐渐缩小甚至被后者追平，当后者能够部分还原出头部品牌经典单品的味道甚至还能够有所创新时，头部品牌不可避免地面临客流分流的压力，尤其是当双方门店处于同一商圈内或者临近位置时，这种压力会空前增大。

喜茶在2022年的调价策略放到如今来看的确有可取之处。经典单品的价格保持在25元到29元区间来维持品牌高端定位，但选择性地将一些乳茶和纯茶的价格下调来应对中端品牌的竞争，甚至还有定价9元的单品来对标平价品牌。

这样的价格战维持了2年左右。到2024年夏天，行业第二次降价潮拉开序幕，奶茶价格开始进入个位数时代。2024年7月，古茗宣布其原叶鲜奶茶进入9.9元时代，并在万亩茶园开始了一场关于轻乳茶升级的直播。用户通过邀请好友等互动方式有机会获得9.9元、6.9元等畅饮券，其中最低可以0.9元就可喝到一杯奶茶。随后，茶百道、益禾堂、书亦烧仙草也开始推出9.9元产品，奶茶似乎在一夜之间重回10元时代。

中端茶饮品牌的价格战有更为明确的目标，就是占据用户心智。此前诸如古茗、益禾堂和沪上阿姨等中端品牌在用户认知上一直没有凸显出自身供应链的能力，消费者也因此存在一个认知误区，"如果中端品牌拥有相似的供货源，那么他们的产品味道也相差不大"，这也是中端品牌奶茶用户流动性高的原因之一。而古茗的一场直播，展现的不仅是万亩茶园，更是供应端可溯源茶叶和冷链牛乳的实力，也意味着产品风味创新的实力和底气，某种程度上微妙拉开了和同类品牌的差距，这也是打造品牌形象，占据用户心智的重要一环。

在"9.9元奶茶"引发关注之前，古茗已经用柠檬茶做过一次文章。2025年，品牌部分地区开始推出为期三个月的柠檬水折扣活动，原价10元的柠檬水打折后消费者实付4元左右，这个定价和蜜雪冰城招牌单品柠檬水定价同档。之后，书亦烧仙草的金桔柠檬水通过网络渠道券后价格也在4元左右。在这场价格激战中，成为焦点的柠檬水和柠檬茶有更强的指向性——谁都知道蜜雪冰城是柠檬水这一经典单品的开创者。

中端品牌的态度很坚定，它们就是要和下沉市场的王者蜜雪冰城抢夺地盘。第一次的焦点在柠檬水，第二次的焦点转移到轻乳茶。这两者相比果茶类产品成本更为可控，自然也能成为引流的一大利器。

有分析认为，这波降价的主要原因在于消费者价格敏感性的提升。一个背景是，在茶、奶和咖啡相对融合的背景下，奶茶的竞争对手不仅局限于奶茶同类赛道，还有瑞幸、库迪等以果味咖啡、奶味咖啡融合饮品为代表的咖啡玩家。

2023年6月，咖啡业以一场"9.9元"的商战拉开了行业生死战的序幕。明眼人知道，库迪挑起这场战争原因是"被判出局"的陆正耀野心还在。尽管瑞幸的应对非常及时，一个9.9元狂欢活动也算是提前展现了这场商战的残酷。

行业发展的高度成熟的标志之一，就是各类层级的市场、各类需求都能被精准、充盈地满足。在咖啡市场，9.9元的价格线上，已经开始挤满玩家。放在几年前，这几乎是个不可能的定价数字。最多是咖啡馆打新引流，做点人气，同行相视一笑也就过去了，没有人真的下场，做这种可能被指责坏了规矩的事儿。但"9.9元"，如今却成为行业新一次冲刺的号角。

和奶茶一样，咖啡不是没打过价格战。行业第一次价格战就是由瑞幸发起。彼时，"连咖啡"还在外卖咖啡中还拥有姓名。2018年，连咖啡曾经对外卖咖啡的盈利基线做过计算，除去产品原料、店租人力、配送物流等主要成本，单杯要到25元左右才有盈利空间。但瑞幸把这个价格基线下调到10元到15元，甚至抛出1—3折的补贴券，叠加各种优惠，曾经把单杯价格拉低至7元。彼时有瑞幸员工向媒体透露过，制作一杯咖啡的成本是13.5元，照此来算，绝大部分都不赚钱。首先外卖肯定是赔钱的，杯子、纸袋、底托一套成本是3块多，再加上半杯多牛奶，一杯咖啡卖7块，肯定赔钱。

瑞幸如此激进的做法让行业持续承压。被卷入这场价格战的连咖啡，不得不选择调价的做法，把单杯25块下调至15

块，又为了和瑞幸做出差异化，上调了设备和原料标志，导致成本增加，此后便陷入了从盈转亏的泥淖。那一次价格战中，死掉的还有一批独立咖啡馆。它们原先在日均不到百杯的量级上不温不火地活着，但瑞幸掀起的价格浪潮，直接断了它们的生路。后来的故事就是浑水做空瑞幸了。

这边暂且按下秒表，2023年上半年，9.9元不知何时成了咖啡行业的新气象。幸运咖几乎是把九成产品的价格压缩到10元以下，库迪9.9元的打新引流在前，瑞幸万店齐庆的9.9元在后，是它们把9.9元的价格战氛围拉到了最高点。在南通，甚至成立了一家名为"9.9 COFFEE HOUSE"的品牌。

2023年咖啡行业在9.9元价格线上持续扩散，某种程度上的确给奶茶行业带来了巨大压力。当9.9元开始消费者心中种下种子时，奶茶行业只能选择接受。它们必须在一个有形的游戏规则下，尽可能地扩大自身的市场占有和营业额，才有可能不被踢下牌桌。

头部品牌困扰于快速扩张后出品的稳定性，中端品牌在焦虑两头挤压的生存困境，下沉品牌在担忧县域乡镇最后的堡垒被击破，新茶饮玩家共同面临一个更加复杂的市场环境：一方面它们不得不一致对外，从咖啡那里抢夺消费者；另一方面又不得不应对内部更为激烈的厮杀缠斗。

根据窄门餐饮2024年12月的公开数据，目前中国奶茶行业门店总数410 618家，平均每十万人拥有门店29.07家，

2024年近一年内新开127 752家门店，但净增长为负数，减少17 777家。很明显，现制茶饮已经整体处于相对饱和的状态，这不仅意味着新茶饮的内卷可能还会继续下去，也意味新茶饮漂洋过海的大航海时代势必将正式到来。

第二章

出海东南亚

一、狮城的奶茶没有"泡沫"

奶茶火了三次

1992年5月27日，新加坡《海峡时报》当天的第八版有一豆腐块大的版面刊登了"新的珍珠（奶茶）在年轻人中流行起来"的报道。

一家名为"珍珠奶茶花园"（Bubble Tea Garden）的奶茶店在狮城当时最大最繁华的购物中心滨海广场开门营业，面积大约5平方米。店里提供珍珠奶茶和以山药奶昔和蜂蜜蛋黄等为配方的新奇饮料。25岁的音乐家普赛尔·巴哈里（Saipul Bahari）周围的朋友一直在谈论奶茶这种饮料的独特性，他们听说珍珠奶茶花园开门营业，就立即推荐他去店里尝鲜。

不仅是音乐家的社交圈对此热议，穿校服、讲中文的学生群体也经常在下午或者傍晚放学后成群结伴前往那里。墙面上的留言板似乎扮演了"纸质广播"的角色，青涩的少男少女会用马克笔在上面写下浪漫的情人节和生日祝福。《海峡时报》1993年的报道显示，留言板上甚至还有一条指定给明星刘德华的讯息，留言者称自己没能在新加坡机场遇到刘德华，这听起来似乎很遗憾。

不仅是年轻人，珍珠奶茶的产品名称也吸引了一部分中老年顾客。珍珠奶茶花园的店主周安（Ann Chew）发现，每当点"波霸奶茶"时，年长的顾客语带羞涩。波霸的名字源自20世纪风靡港澳台的女星叶子媚——她十分性感，外号"波霸"。据说是台南海安路一家叫"草蜢"的小贩，1988年时把店里的小波波奶茶和此位性感女星的外号做了结合。

新加坡的商人早就伺机而动。街边店开始成为新加坡早期奶茶店的雏形。当时奶茶店的面积从4.65平方米开始起建，后来变得更小。它们一般会蜷缩于菜市场或者居民楼的角落，甚至会干脆在蛋糕店、鞋店租下一个角落营业。每杯奶茶的价格在1新元到3新元。

一批奶茶品牌如甜言蜜语（Sweet Talk）、快可立等在这场街边店风潮中脱颖而出——部分品牌的巅峰时期在新加坡的门店数量可以高达45家。成立于1996年的快乐杯（Happy

Cup），就是这批千禧年之前诞生的老牌玩家的代表。

新加坡奶茶市场的热度在2002年达到高点。当年媒体报道显示，市面上奶茶店的数量已经达到5 000多家，且店铺每天的销量稳定在800—1 000杯。杰弗里·钟（Jeffrey Chung）曾是"飞飞珍珠奶茶店"的老板，他提到当时奶茶店的竞争激烈到甚至会雇用模特四处走动来吸引顾客。

奶茶店的产品和服务的相似，让奶茶店在快速涌现的同时出现了"低价"的恶性竞争。奶茶在狮城遭遇的第一场寒冬很快降临。从2002年年底到2004年，新加坡各处的奶茶店陆续倒闭。创立于1999年的大型奶茶连锁品牌"Each-A-Cup"虽然顶住了压力，但门店数量也从2001年8月的51家减少到2003年底的15家，亏损巨大。

之后的几年，奶茶市场转为沉寂，当地媒体将此称为"新加坡奶茶的第一次泡沫期"，直到2010年前后才迎来第二次流行。从互联网搜索引擎的数据趋势可以看出，奶茶作为关键词出现的搜索在2010年前后的确出现了一个高峰。2006—2010年的短短四年里，可宜（KOI）（以下简称"KOI"）、贡茶和"歇脚亭"（Sharetea）等奶茶品牌不仅扛住了亚洲金融海啸余波对其的影响，还对奶茶在新加坡的再次走红发挥了重要作用。

2006年，奶茶老牌选手五十岚集团（一点点的母公司）创立了一个新奶茶品牌——KOI，并于2007年正式进入新加

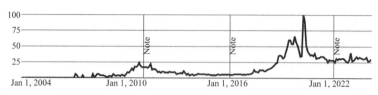

图2.1 2004年1月至2024年3月以奶茶为关键词，互联网搜索引擎趋势截图

坡市场"厮杀"。年轻的女企业家科勒·马（Khloe Ma）接管了家族拥有的五十岚部分区域的特许经营权。热爱旅行的她决定把奶茶带到更远的地方。靠近中国台湾的新加坡成为KOI全球计划的第一个站点。大巴窑*（Toa Payoh）门店是KOI的新加坡首店。短短三年之内，KOI迅速在宏茂桥、碧山、牛车水、马林百列和武吉士等新加坡各热门地点开出分店。

两年之后，在电信通信行业工作多年的工程师郑振良（另有说法是郑惠元，英文名Rodney Tang）决定辞职去开珍珠奶茶店。在和贡茶的母公司协商过后，他成为把贡茶带入新加坡的第一人。2009—2017年，贡茶在新加坡的门店数量高达80家，几乎成为新加坡奶茶市场名副其实的"顶流"。

归属于联发集团旗下的奶茶品牌歇脚亭在千禧年之前就试图"下南洋"。1999年该品牌曾到访马来西亚考察当地市场。品牌虽然稍有犹豫，但对这片热土所具有的市场潜力很笃定。彼时能做的就是等待时机。

---

* 大巴窑，作为新加坡最早的公共居民区之一，经过多年的发展，形成了其独特的风格。

2010年，经历过经济危机的东南亚社会已经展现出经济全面复苏的势头。《纽约时报》在当年的一篇亚洲特别报道中赞叹东南亚的经济表现出人意料。在2010年开年的第一季度，马来西亚GDP的同比增长达到10.1%，泰国的高达12%，菲律宾的则是7.3%，而新加坡的则以15%的速度，让全世界知晓了东南亚经济是真的复苏了。

在此背景下，歇脚亭决定在2010年全面进军东南亚市场。2010年，该品牌的新加坡首店进驻了乌节路。到2011年冬天歇脚亭已经在新加坡铺开七家门店，并于两年后拓展到马来西亚、菲律宾、文莱等东南亚市场。同年，另一家奶茶老牌选手快乐柠檬也将新加坡首店选在了乌节路。

奶茶第二次走红狮城的过程中迎来了关于原料品质的第一次升级。一些可食用色素被剔除，木薯圆子的保质期限也开始缩短。一众连锁品牌希望用更加优质的食材来征服消费者的味蕾，这让原先单价在1新元到3新元的珍珠奶茶开始出现了第一波涨价，5新元到6新元的奶茶开始进入市场并且被消费者所接受。

等到2018年，当喜茶和奈雪相继把出海首站敲定于新加坡时，狮城的奶茶热浪再一次沸腾起来。这一次，这两个在中国新茶饮浪潮中脱颖而出的佼佼者，决定在南洋掀起一场茶饮版的"海啸"。

新加坡的确是令人心动的市场。根据新加坡贸易与工业部此前公布的数据，预计2023年新加坡GDP为95 455新元，相当于7万多美元。就这一指标而言，新加坡的富裕程度远高于文莱、马来西亚、印度尼西亚（以下简称"印尼"）、泰国等一众东南亚国家，甚至高于传统的亚洲发达国家日本（根据日本内阁府公布的国民经济计算的年度推算，日本2022年人均名义GDP为3.4064万美元）。在经济发达的背景下，营商环境的优越性、地缘文化的优势、居民的消费力，决定了新加坡成为中国奶茶品牌进入东南亚地区的首要门户。

2018年11月10日，喜茶新加坡首店在乌节路的爱雍·乌节（ION Orchard，以下简称"ION"）购物中心亮相。前三天的日均销量稳定在2 000杯左右，排队购买也要一小时起步。短短一个月后，奈雪就在当地另一家著名商场怡丰城（Vivo City）开业，首店延续了其一贯的大面积风格，牢牢占据一楼人流量汇聚的入口处。

在奈雪进入新加坡之前，与奈雪同属品道集团的另一平价奶茶品牌"台盖"已经在9月初进驻了当地的Nex购物中心。有观点认为，奈雪早期的布局，是想在一个陌生的海外市场同时测试，到底是小店更快跑通，还是长期坚持的大店模式对品牌渗透更有意义。

但2018年的新加坡奶茶市场实际已经很饱和了。就在喜茶开业前的一周，以"黑糖虎纹"奶茶出名的奶茶品牌"老虎堂"在新加坡市政厅站附近的史丹福路上开出了新加坡的首家门店。而在2018年6月，成立于2005年的奶茶品牌"茶汤会"也进驻了新加坡樟宜机场2号航站楼。同样还是在2018年,"巡茶"声称自家是新加坡首家出售黑糖波霸牛奶的品牌。而这场黑糖波霸牛奶的热潮,早就始于2018年2月。

老虎堂开业一年后,更多奶茶品牌持续涌入新加坡。2019年5月,奶茶品牌"鹿角巷"在樟宜机场开设概念店。几乎在同时,以茶底品质闻名的奶茶品牌"吃茶三千"入驻"313@Somerset"购物中心,以开放式厨房的门店风格开启了其在新加坡的第一家旗舰店。

喜茶选择在竞争如此激烈的时段进军新加坡市场,展露了自己的野心。作为中国头部的新茶饮品牌,出海第一战的目标可能不仅在于利润高低,更在于品牌尊严。2018—2022年的四年间,喜茶陆续在新加坡开出数家门店,均位于市中心的核心点,初步完成了在新加坡的品牌理念和形象渗透。

表2.1　喜茶曾在新加坡开设的门店

时　　间	选　　址	门店类型
2018年11月	ION	新加坡首家门店
2019年1月	克拉码头	海外首家DP*店,主题"灯塔"

＊　DP为英文Display Point的缩写,是商场中用于商品展示和视觉营销的重要区域。通过设计,结合商品所处的环境,直观展示商品的特质,从而引导消费者并刺激其消费欲望。

续　表

时　间	选　址	门店类型
2019年9月	Westgate购物中心	新加坡第二家DP店，主题"传统中国手卷"
2019年12月	滨海湾金沙	
2021年1月	怡丰城	新加坡首家"灵感便利店"
2021年11月	乌节中央城	

去乌节路厮杀

对喜茶来说，首店选择乌节路的ION是一个神来之笔。

如果是1830年前，当步入新加坡这片土地时，大概会在空气中嗅到豆蔻、水果的香甜芬芳和胡椒的清冽辛辣。而到了1958年，浓厚的商业氛围取代了热带植物散发的气味。新加坡商人董俊竞（C. K. Tang）创立了乌节路上的首家百货公司——诗家董（TANGS）。新加坡旅游局在官方介绍中对这家百货公司如此描述——"诗家董最早称为'董厦'（House of Tangs）；董厦的落成，标志着乌节路由果园转型为新加坡最著名购物街区的过程正式跨出了第一步。"

到20世纪60年代，这里的香甜气息已经不是源于果园，而是源于冰淇淋、蛋糕散发的味道，甜品店、茶点店逐渐成为点缀乌节路的风景，小贩摊位和小档口是此时的主流商业形态。

到20世纪七八十年代，星级酒店和高层写字楼开始在此拔地而起，一个更现代、更庞大的商业综合体开始初见雏形。在1973年建成的文华酒店39层旋转西餐厅里，你可以用安置在地面上的大型望远镜去瞭望星空。

等到20世纪80年代末90年代初，地铁开始贯穿这座城市的心脏，连接起南北两端。乌节路站、索美塞站和多美歌站的建成，让这里成为名副其实的人流交会之地。义安城作为当时新加坡最大的购物中心在乌节路亮相，随之奠定了这条路在新加坡"购物街区"的地位。而2005年前后两个地块的出售则见证了ION和乌节中央城（Orchard Central）两大超级购物中心的崛起。

以史各士路交叉口为起点，沿着乌节路向前，奶茶店的密度逐渐上升。Each-A-Cup、喜茶、KOI等品牌的奶茶门店映入眼帘，再往前是霸王茶姬在ION的原址店（现改名"amps与茶"）和歇脚亭的幸运广场门店。穿过H&M服装店的巨大招牌，313@Somerset购物中心里还装下了丸作食茶、贡茶等四家奶茶品牌门店。再往前走，喜茶的另一家门店正坐落于史密斯咖啡的对面。

如果把目光投向周围的几个街区，所到之处的奶茶品牌已经囊括了所有当下在狮城流行的茶牌，头部品牌甚至在这里形成了集聚效应。KOI在ION、高岛屋和百丽宫的三家门店相距不过百米。吃茶三千在会德丰广场、义安城和313@Somerset的三家门店也形成聚合之势。而喜茶的两家门店，一头一尾分别位于ION和乌节中央城，明显想要加深食客对品牌的记忆程度。

此前的章节分析过，奶茶头部品牌的选址偏好高端购物中心，这在品牌起步阶段对助力品牌宣传有极大的作用，在品牌成熟阶段则是相辅相成。对于刚打入海外市场的喜茶来说，如果能够进入新加坡顶级的购物中心，既能促进品牌的传播，又能提升品牌的价值。

ION显然是符合这一点的极佳选择。这家拥有超过八层楼的购物中心，聚集了几乎所有国际一线奢侈品和生活方式潮牌。入口处普拉达、路易威登、迪奥、蒂芙尼、卡地亚和杜嘉班纳的门店一字排开，夜幕下各家门前的照明设计使之充斥着纸醉金迷的味道。走进商场，位于第四层的艺术画廊展出着来自世界各地艺术家的杰作，位于五楼的威士忌博物馆窖藏着4 500种稀有的陈年威士忌。而更为尊贵私密的体验是，在56层、拔地高约218米的一个餐厅，你可以在那里品尝一杯由白朗姆酒、蓝橙酒、柠檬汁、杏仁糖浆调制而成的鸡尾酒。

从ION的整个零售业态来看，餐饮面积占比大约在20%，各层合计拥有超过30家餐厅、咖啡厅和奶茶店。而喜茶的门店被安置在地下四层，周围既有拉面、披萨等餐饮店，也有果汁、咖啡等其他类饮品店，相当于处于一个拥挤庞大的美食广场网络之中，虽然用餐搭配饮品的效应可以提升销量，但也需要直面众多品类饮品店分流的风险。

在新加坡门店的选址上（见表2.2），奈雪大方向与喜茶一致，但开店节奏稍有不同。首先，奈雪在2018年12月开出首店后，于次年迅速开出两个新分店，其中2019年7月开设在高岛屋购物中心B1层的门店就在义安城，同样位于乌节路。如果放大数字导航地图来看，这家店的位置几乎在喜茶ION门店和乌节中央城门店的中间，相隔不过400米。

表2.2　奈雪曾在新加坡开设门店的时间及选址

时　间	选　址
2018年12月	怡丰城
2019年6月	福南商场
2019年7月	高岛屋购物中心、义安城

对于奈雪在新加坡的首店选址，就入驻商场的品牌档次来说怡丰城可能不如ION，尤其是在奢侈品牌的数量规模上，但就购物中心的定位和门店具体位置来说，奈雪的选址未必落于下风。在ION，入驻品牌需要提前申请，等待调研，并有足够的吸金能力或品牌效应，才能争取到一个铺位。即使是喜茶这样的头部茶饮品牌，由于消防、管线等原因或者购

物中心对各个楼层业态的定位策略，也只能争取到地下四层这样不那么显眼的位置，并且还需要在饮品扎堆的美食广场中想办法脱颖而出，这对出海品牌初期在吸引人流量、加快盈利速度方面还是有压力的。但奈雪在怡丰城拿下了接近商场入口处、位于一层最外围的大面积铺位，从曝光量和空间效应等角度来说，奈雪的选址效果可能更好。

此外，奈雪位于福南商场的门店也是三家门店中的重点。福南购物中心此前是新加坡最大的数码购物城，后被大型地产集团凯德交于著名设计咨询工作室伍兹·贝格进行了升级改造。改造后的福南数码生活广场充满了科技感，室内有一堵长达13米，宽9米的多媒体装置墙可在完成后台编程后与顾客产生互动，还有长达200米、可供消费者直接骑自行车进入商场的自行车车道，以及帮助顾客随时存储刚刚购买物品的机器人和智能柜，这让福南快速跃升至颇受年轻人青睐的潮流商圈。奈雪在福南商场的选择是一次新鲜大胆的尝试，这突显了品牌想要快速俘获新市场年轻群体的欲望。

克拉码头的白日梦

如果说奈雪的自我定位是生活方式品牌，目的是快速联接目标客群。那喜茶的新加坡首店则偏向高端，意欲彰显品牌在行业内的地位。两者都有确保品牌海外调性与国内一致的部分，但具体落地时稍有差异。喜茶在新加坡首店开业后，很快意识到首店跻身于地下四层美食广场在"空间开放性"上深有局限，其需要一个更加敞开的空间，更近距离地和当地消费者讲述自身的品牌故事。

在这样的考量下，喜茶首家海外 DP 店就是为了展演其品牌文化的。它高度概括又以极其细节的方式流露品牌理念，企图向新加坡的食客，展现一个年轻的新茶饮品牌内在的文化内涵。

走到乌节路的尽头，穿过多美歌站，福康宁公园就在眼前。这片山头曾经是马来皇族统治下的"禁山"，而后又在第二次世界大战时期见证了英国殖民政府与日本的冲突，山脚边一侧是土生华人（也称"海峡侨生"）文化馆，另一旁矗立着印度教供奉的丹达乌他帕尼庙。

诸多文化与族群交织的历史在此上演，而唯有不动的克拉码头见证了在此发生的种种。福康宁山的地势较高，山上有根指引来往船只的旗杆用来发射信号，随着船只流量增多，一个更为明亮的灯塔被建起。1902—1958 年，灯塔一直在漆黑的深夜守护来往穿梭的航船。

一百多年后，这里成了喜茶海外首家 DP 店落脚点。店的空间主题借鉴了"灯塔"的含义。来自深圳的墨刻设计事务所承接了喜茶克拉码头 DP 店的设计工作。其采用透明外窗、大面积纯白色内置，明亮、开放的风格与克拉码头街区的昏暗形成了鲜明的对比。特别有趣的是，店内设计了20根灯柱，这些灯柱会随着时间的流逝缓慢变暗又逐渐亮起，以呼应、复现和演绎福康宁山上的灯塔规律性的闪烁。而隐掩在木头造型内的灯带相对分散，柔和的灯光让室内空间更为放松和惬意。门店刚营业时，还推出过两款限定酒精茶饮，分别名为"红月"和"紫烟"，另有两款新加坡限定的含酒精冰淇淋，名为"醉醉冰淇淋"，口味上也有与当地食客相对偏爱的"新加坡司令"和"健力士黑啤"等选择。

很多建筑设计领域的杂志和网站都对克拉码头的喜茶DP店给予过高度评价。250平方米的空间内，设计师不仅顾及了餐饮功能区的合理划分，更从设计背后透露出对新加坡在地文化的发掘和解读。它背后传达出来的理念是，这一个外来品牌来到一个陌生的市场时，并没有站在国内过往"功勋簿"上的傲慢，也没有借势快速捞金的吃相，而是真正地想要去了解这片土地上发生过的故事，以及感受这片土地上的人事物。

克拉码头的海外DP店打响名声后，2019年9月喜茶随即在新加坡Westgate购物中心推出了第二家DP店，主题为"传统中国手卷"。与首家DP店纯白色基调的设计相反，这家展现中国传统文化内涵的门店更多采用了中国画中的"水墨色"和一些具有工业风格的银色作为底色。墙壁上的装饰以及厨房区的悬挂吊饰也使用了卷轴的概念，这似乎在隐约地传达喜茶的"来处"。如果说第一家海外DP店是在俯下身来与当地消费者耐心地沟通，从空间叙事上表达喜茶对新加坡这片陌生土地——所谓"去处"的理解，那第二家DP店就是喜茶在娓娓道来自身的过往——所谓的"来处"。一"去"一"来"之间，一个更为宏大、连贯的品牌叙事便徐徐展开了。

从喜茶开展白日梦计划以来，包括墨刻设计、AAN建筑设计事务所在内的很多新锐设计事务所都与其展开过合作。ANN建筑设计事务所还曾以"探索新时代语境下的社交关系"为主题，设计过一系列用"非分散的座位关系"来展现连接的三个主题门店。有设计师认为，从图纸就能看出DP门店在设计之初就是概念、创意先行，而非出于最大化利用空间实现零售功能等商业考量，有些DP门店的面积甚至将近500平方米，这似乎很符合喜茶创始人聂云宸此前说过的"出现新想法时，品牌很少考虑成本和标准化"。

从空间设计和美学角度来说，一众打入新加坡市场的奶茶品牌门店中，可能很难有其他品牌超越彼时喜茶在新加坡开启一系列门店时所做出的努力，因为这是一个短时间很难看到回报的事情。尽管此后喜茶在新加坡的点位铺开，主要锚准了流量型的购物中心和酒店，但这家DP门店的落地足以奠定一个品牌的基调：与人交流对话，与周遭的空间和社区对话，让彼此一起成长为这个城市生命体的一部分。这种理念能够形成并落地，就已经是很多品牌难以企及的高度了。

复杂而激烈的市场

事实上，在第三次奶茶热潮发生之时，喜茶和奈雪加入之前，新加坡奶茶市场的整体环境已颇为混杂了。一方面，市场格局开始重新洗牌，有些品牌的积累瞬间归零；另一方面，点位之争已经到了白热化阶段，租金、人力成本也节节攀升。还有不能忽略的一点是，奶茶的口味。

玩家的重新洗牌在于，最早一批奶茶OG*玩家如甜言蜜语、Happy Cup等虽然在奶茶第二次浪潮中落后于已经奠定一定市场地位的贡茶和KOI，但它们也开始重新定位和包装并逐渐适应了新时代消费者对奶茶的需求。

而有的玩家甚至一夜归零。其中引起最广泛关注的就属于2017年5—6月之间发生的"贡茶消失事件"。

郑振良所在的RTG Holdings（以下简称"RTG"）作为贡茶曾经的特许经营商，在2009年把贡茶引入新加坡后，通过一系列努力让贡茶成为新加坡家喻户晓的品牌。2016年12月31日，贡茶新加坡经营商和贡茶台湾母公司之间的协议到期。但由于双方沟通不畅没有及时签订延期的协议，导致RTG继

---

* "OG"是英文Original Gangster的简称。通常指老炮儿，意味着在某一领域资历很久或为新文化、新领域的建立作出过贡献的人，含敬重之意。

续经营贡茶的权利可能发生了搁置。《海峡时报》当时对郑振良的采访显示，双方沟通期间又发生了贡茶台湾母公司"贡茶国际"将整个公司打包售卖给韩国贡茶的事件，由于韩国贡茶公司归属于日本私募股权公司 Unison Captial，因此推测RTG 再次购买特许经营权的公司主体发生改变，具体沟通对象可能也发生改变。种种变化让郑振良决定重新打造一个新的本土奶茶品牌。另有说法提及，是郑振良认为条款苛刻决定不再续约。

2017年6月5日，新加坡全岛80家贡茶分店都被一个名为"LiHo里喝"的品牌取代。这个崭新的品牌名称"里喝"音似闽南语中的"你好"。品牌的门店标识、产品包装、菜单类目以及供应商也全部发生了变化。郑振良提及所有门店的翻新费用高达100万美元。

消费者可能对贡茶一夜之间变成LiHo里喝的具体细节并不感兴趣。他们在乎的只是，那个曾遍布街巷、培养一代新加坡人饮奶茶习惯的老牌奶茶玩家何时能够回归。2017年8月，新加坡本土餐饮连锁"豆先生"的联合创办人江培生及其团队从100多份申请中脱颖而出，得到了贡茶总部的青睐。终于，在2017年的圣诞节还没到来时，贡茶在巴耶利峇地铁站旁边的邮政中心开出自己回归后的第一家门店。截至2024年上半年，回归后的贡茶在新加坡共计开出27家门店，虽然难以复制之前的80多家的荣光，但313@Somerset、Nex、

Westgate等购物中心和地铁站等重点区位均有其门店。

如同此前提及的那样，市场环境的复杂还在于点位竞争的激烈。根据中华人民共和国外交部截至2023年11月的数据统计，新加坡2022年国土面积为733.2平方公里，总人口约564万。这个人口密集程度有多大呢？打个比方就知道了。上海市政府公布的浦东新区常住人口为576.77万人，面积是1 210平方公里，也就是说在常住人口相当的情况下，新加坡的面积几乎只有浦东新区的六成左右。除去居住用地外，能够用作零售用途的商业地产本来就很有限，这导致了店铺租金的持续走高。

2023年3月，笔者曾经对新加坡的滨海湾、城市通廊商场、罗切斯特商场和安国酒店等区域用于零售的铺面租金做过一次摸排。具体的路线是，沿着新加坡河而下，从喜茶所在首家海外DP店克拉码头所在的位置向著名景点鱼尾狮公园进发，这段路程大概会经过克拉码头中心、河滨步道、来福士坊等众多购物中心。在这种寸土寸金的地段，用于食品/饮品零售的铺位，会根据具体的楼层位置、是否靠近电梯/大门等人流曝光地，是否配备水电设施以及是否有燃气设置等衡量标准，每平方英尺单价在9新元到34新元之间大幅波动。如果入驻的商业地产有统一的管理方，此时还需要根据店铺当月实际的销售额，按销售抽成上浮1%—15%的灵活租金。当时这些区域还有一些空置铺位放出，它们同时在多家中介和代理公司手上流转。通常来说，如果租赁方确定了自己的预算和需求，可以通过多种渠道联系并沟通价格。但2024年之后，这些点位释放的空置或转手铺面数量明显下降。

根据新加坡头部商业地产服务商Commercial Guru 2024年3月的公开数据，其收录的全新加坡的可用于食品饮料零售的铺位总量大概在2 500个左右。从电子地图上搜索可看出市中心区域集中着超过1 000家铺位。

在这些铺位中，按照每平方英尺的单位价格从低到高排序，大型购物中心的铺位每平方英尺单价基本在80新元以下，但最贵的区域每平方英尺单价会达到217新元。比如，义安城旁边的威士马广场一个258平方英尺的食物饮品点位店铺每平方英尺单价在65.89新元，每月租金在17 000新元；而靠近机场的"Plaza 8 @ CBP"一个面积为100平方英尺的铺位，每月租金在6 400新元，平均每平方英尺单价为64新元。

如果足够熟悉乌节路各个购物中心的结构和位置，你会发现这个单价"高达217新元"的铺位位置几乎和2023年3月31日瑞幸在新加坡开出首批门店之一（义安城门店）结构一致。它们之间的相似点还在于，瑞幸采用的是一个独立于建筑主体之外，形状类似于厢式货车改造的空间，而这个最新释放的铺面也具备这个特征。尽管无法确定该点位就是瑞幸所租赁的义安城门店，但至少有一点可以明确：在乌节路义安城这样的重点商圈，主体建筑之外、暴露在众多人流量之下的户外点位，租赁价格可能远超大众想象。

而其他地铁站、非核心商圈的商场价格区间则较为理性，用于食品饮料的零售点位价格基本在每平方英尺20新元到25新元之间浮动。位于乌节路304号的幸运广场——一家646平方英尺的点位，报价每平方英尺24.77新元，该位置距离乌节路地铁站只有260米，步行只需要三分钟。一家650平方英尺位于The Star Vista的点位，同样靠近地铁站，报价在20新元每平方英尺。

世邦魏理仕*2024年3月在网页上显示的部分公开零售铺位数据也为部分点位租金范围提供了有效参考。以来福士坊和威士马广场等地的铺位为例子，可以看出收取总营业额的抽成点数作为佣金补充是出租方常见的做法。此外，即使在同一个购物中心中，楼层较高、面积较大的餐饮铺位单价可能会更便宜，这是因为很多购物中心的美食广场或餐饮区都集中在地下楼层，分流至高楼层的消费者人流量和频次反而会下降。另外，相同铺位用于时尚零售的单价，一般会比用作餐饮的单价偏高。而中式餐饮由于涉及炸、炒等制作工艺，油烟味较大，有时可能不会进入高端商业地产的首选名单。

---

* 世邦魏理仕是全球性的地产服务和投资公司，涵盖了行业各个领域的服务、洞见和数据。

表2.3　新加坡各点位区域的租金

点位区域	铺位类型	面积（平方英尺）	单价（新元/平方英尺）
来福士坊地铁站	地下一层：食品饮品，外卖店	140	45.00
来福士坊地铁站	地下一层：休闲餐饮无燃气	950	34.00
来福士坊地铁站	一楼：食品零售	500	45.00
来福士坊地铁站	三楼：休闲餐饮有燃气	1 900	14.00
威士马广场	国际时尚/相关餐饮（非中式）	2 723.29	零售：20.10+1%–15% GTO[*] 餐饮：19.90+1%–15% GTO
威士马广场	国际时尚/相关餐饮（非中式）	1 205.57	零售：28.10+1%–15% GTO 餐饮：27.90+1%–15% GTO
威士马广场	国际时尚/相关餐饮（非中式）	1 743.77	零售：21.10+1%–15% GTO 餐饮：20.90+1%–15% GTO

数据来源：世邦魏理仕新加坡网站2024年3月数据。

* 　GTO 为 Gross Turnover 的缩写，即总营业额。

从新加坡目前奶茶门店分布来看，奶茶元老品牌已经开始深入社区，门店数量也相对减少至10家以下；中生代的奶茶品牌追求的是覆盖率，地铁站、商场或者祖屋附近是它们积极渗透的场所；而第三次奶茶热潮中进驻新加坡或随之崛起的品牌，则更在乎区位的人流量或者点位的高端商业化程度。前两者追求的是真金白银，后者则通过分布点来暗示品牌身价。

租金之外，人力支出也是重要的成本。根据"Indeed招聘网"在2021年3月到2024年3月间共计36个月之间对77份来自贡茶的职位薪资估计，贡茶平均月薪范围在普通员工的1 984新元到商务经理的8 945新元之间浮动。

根据Glassdoor*对新加坡KOI的薪资数据汇总：兼职员工的月薪在1 700新元到2 100新元；制茶师的月薪在1 600新元到2 100新元；负责珍珠奶茶的制茶师月薪似乎稍高，在1 600新元到2 600新元。

一些新加坡本地生活网以及兼职网站上发布的帖子显示，喜茶在新加坡的五家门店开出全职工资大概在每月2 400新元到2 700新元，同时可以享受餐食补贴、饮品补贴、绩效奖金、医疗保险、专业培训、节假日礼物等众多福利。以全职工资的最低标准看，喜茶员工的工资的确略高于其他奶茶品牌的。这也基本符合喜茶在开出新加坡首店时，曾向媒体声称"招募的当地员工开出了比业界水平高20%的薪资"。

以喜茶进入新加坡后发布的菜单价格来看，奶茶整体单价

---

* Glassdoor，是美国一家做企业点评与职位搜索的职场社区。

在4.5新元到8.7新元，两款冰淇淋价格分别为2.8新元和4.8新元，如果按照此前品牌向媒体公布的每天售出2 000杯的营业额来计算，单日营收应该在9 000新元到17 400新元之间浮动，折算成人民币相当于4.8万元到9.3万元（按照2024年3月汇率计算）。如果按照一个标准门店的人员配置（10人左右），薪资按帖子中所说的2 700新元顶格计算，每月团队薪资成本为27 000新元，同时按照最低单日营收9 000新元预测，那么每月团队薪资成本大概占月营收10%，这倒是一个理想的数字线。

租金、人力成本的走高，以及品牌在经营背后与各方的撕扯，还只是整个奶茶市场竞争激烈的缩影，这背后，还有更为复杂微妙的口味之争。被置于最前列的问题就是，奶茶能够成为一个被新加坡所有族群接纳的饮品吗？除了奶茶品牌内部的竞争，外部有更大的挑战吗？

另一个不能忽略的饮品是咖啡。在新加坡，咖啡是老少皆爱的饮品。早年，新加坡的华人在与阿拉伯商贾的贸易中就接触到咖啡，此后又从印度尼西亚将咖啡引入，本地咖啡通常采用的是罗布斯塔（Robusta）豆。根据新加坡旅游局的介绍，新加坡当地的咖啡有以下几种说法（见2.4表所示），其中炼乳是制作本土特色咖啡的重要添加成分。此外，当地一款名为"Kopi Tarik"的拉黑咖啡还借鉴了拉茶的做法：将咖啡混合液体在一高一低两个杯子中反复倾倒，这可以让混合液充分融合也能快速冷却。

表2.4　新加坡旅游局介绍的一些咖啡种类

当地名称和发音	产品添加成分和做法
Kopi-C Kosong	一种无糖淡奶咖啡，只使用咖啡、水和淡奶泡制，非常适合不喜欢喝甜咖啡的消费者。
Kopi-Siu-Dai	"少甜"咖啡，即咖啡中只加入少许炼乳，适合不太喜欢甜味的人。
Kopi Tarik	拉黑咖啡加炼乳。"Tarik"一词源自马来语，意思是"拉"。"Kopi Tarik"是指盖上一层泡沫的甜咖啡。拉咖啡是一种特色咖啡，做法类似拉茶。在两个大杯中将咖啡混合液体互相倾倒，其中一只手在高处，另一只手在低处，这样会让咖啡快速冷却并充分融合。

　　新加坡建屋发展局2023年5月的数据显示，当地社区周边咖啡店的数量已经达到776家的规模。从入驻品牌来看，包括星巴克、香啡缤（The Coffee Bean & Tea Leaf）和唐恩都乐（Dunkin' Donuts）等在内的国际性咖啡连锁品牌早就进驻了新加坡。部分咖啡新秀品牌如瑞幸、来自印尼的Kenangan Coffee和Fore Coffee，以及来自加拿大的天好咖啡（Tim Hortons）也在过去几年打进了新加坡市场。从咖啡消费总量来看，根据Statista*的数据，以60千克包装为一袋，1 000袋为单位计算，2017—2023年新加坡的咖啡消费量基本稳定在

---

*　Statista是一个领先的全球综合数据资料库，所提供的数据包括了世界主要国家和经济体。

每年100单位左右，也就是6 000吨左右。

星巴克在新加坡的门店高达140家，另一咖啡品牌香啡缤大概在70家的规模，新加坡本土连锁Huggs Coffee则有20家。咖啡的市场甚至饱和到连曾经在新加坡红极一时的Flash Coffee也因竞争过于激烈，而选择关闭其在新加坡的门店。因此，奶茶业需要关注的是，奶茶品牌需要集体突围，就必须要让奶茶在新加坡成为超越咖啡的存在。

市场的复杂性在于，新加坡消费者对奶茶以往的理解和刚入驻的部分奶茶品牌所卖的奶茶还是存在偏差的。有观点认为，以喜茶、奈雪、霸王茶姬为首的新中式奶茶进入新加坡时，无论是从新鲜芝士水果茶、"原叶茶+鲜奶"的产品创新，还是搭配欧包的组合售卖，对当地消费者来说都是突破其以往认知的。但实际上，这里的消费者对奶茶早已建立起一套相对固有的认知。

举例而言，国内这几年大火的小料打法（即可以在奶茶中添加类别丰富的小料，使奶茶趋于甜品化）在新加坡可能未必行得通。一方面，芋泥、紫薯等受到国内消费者追捧小料在新加坡并不罕见。早在1992年掀起第一次奶茶热潮时，各奶茶店主就想到了在奶茶中添加紫薯。另一方面，推崇"新鲜水果现切"的卖点在新加坡也是可以想象。毕竟，东南亚的热带气候让水果供应不是什么难事，成本也更低，所以这种做法在东南亚并不罕见。所以品牌在进入新加坡市场时，可能需要在产品本土化上下点功夫。新加坡喜茶品牌总监陈威豪在接受《联合早报》采访时提到，喜茶在新加坡推出的两款限定冰淇淋（榴莲和咸蛋黄口味）和喜娘惹斑斓叶等产品，就很好地迎合了当地食客的口味。

此外，新加坡的部分奶茶店不会对奶茶中是否添加的植脂末*含糊其词，制茶师反而会落落大方地询问客人喜欢使用鲜奶还是植脂末，这主要在于大部分新加坡消费者不会过度妖魔化植脂末。有年纪较长的奶茶店熟客，反而偏爱植脂末的味道，而年轻人更多喜欢鲜奶，因此奶茶店会根据顾客的需求来定制奶茶。

坦率而言，植脂末是一个很容易引发争议的话题，至少在中国的新茶饮浪潮中，"植脂末"这个词频频登上微博热搜并被冠以负面的形象。但实际上，植脂末并没有大众所想的那么可怕。

植脂末在食品工业中被广泛使用，主要原因是其制作成本低廉和存储稳定，并且能够使得食物口感更为顺滑。目前我国是全球植脂末产品的重要产地之一，主要生产企业有佳禾食品、雀巢、文辉生物、超科食品等，其中佳禾、雀巢和

---

* 植脂末，俗称"奶精"，是氢化植物油和一些食品添加剂的混合物，广泛应用于速溶咖啡、豆奶粉等固体饮料工业；牛奶、豆乳、奶茶、咖啡、酸奶等饮料工业；冰淇淋、雪糕等冷食工业；糖果、巧克力、布丁等休闲食品工业以及面包、饼干等烘焙工业。

超科还参与了植脂末行业标准的起草过程。

在2015年这份中国首部《植脂末》（QB/T 4791-2015）的行业标准中，植脂末被这样定义：以糖（包括食用糖和淀粉糖）和/或糖浆、食用油脂等为主要原料，添加或不添加乳或乳制品等食品原辅料及食品添加剂，经喷雾干燥等加工工艺制成的用于饮料增白、改善口感的粉状或颗粒状制品。

消费者主要担心的其实是植脂末配方中"脂肪成分"，因为该脂肪由氢化植物油提供，能够增加产品醇厚浓香的口感，而氢化植物油如果不完全氢化会产生"反式脂肪酸"，这种反式脂肪酸才是对人体有伤害的部分。但随着目前食品加工工艺和制备技术的提升，尤其是氢化技术的发展，部分用于添加在奶茶和咖啡中的植脂末产品反式脂肪酸含量已经为"零"。当然，这里的"零"不是数学意义上的"零"，而是指低于0.3 g/100 g。后续还有过对于这个标准的讨论，比如在食品安全国家标准审评委员会发布《食品安全国家标准—预包装食品营养标签通则》（GB 28050-2011），对食品中脂肪相关的能量和营养成分的标注作出多处修订，包括"0"界限值。但反式脂肪的"0"界限值保持不变，仍为0.3 g/100 g（或100 mL）。

当然，不会妖魔化"植脂末"也并不意味着新加坡消费者对"健康饮品"的概念毫无兴趣。

一个值得讨论的事件是新加坡出台的针对新鲜饮料的营

养标签分级（Measures for Nutri-Grade Beverages）。该分级出台的背景是，新加坡市民的糖尿病现象愈加普遍。有研究者通过模型预测，如果没有任何干预措施，该地的糖尿病患者人数可能会在2050年达到前所未有的100万人。而新加坡健康促进局发布的2018—2019年全国营养调查也发现，新加坡人平均每日摄入12茶匙糖（约60克），这个数字大概是中国人均糖消耗量的两倍（中国每日人均糖消耗量近年来从16克/日上升到35克/日）。

这项计划规定，在2023年年底，所有销售果汁冰沙、珍珠奶茶以及咖啡的现制饮品店必须要在实体店和线上菜单上标注营养分级的标签。其中，珍珠、果冻、冰淇淋等添加在饮料中的小料也要标注含糖量。营养分级从A至D，一共四个等级，其中D级代表含糖量和/或者饱和脂肪含量最高，通俗的理解是相对没有那么健康，因此被划分到D级的饮料是不允许做广告的。

这个广告禁令严格到禁止在所有媒体平台（包括广播、印刷、户外、地面、在线）上刊登D级营养级饮料的广告，当然可以在杂货店、便利店等销售点投放D级预包装营养级饮料的促销广告，但这些材料必须清楚地显示饮料的营养分级标志。

这会进一步促使奶茶品牌在产品成分和标签上做更谨慎的考量。奶茶品牌LiHo里喝的母公司Royal T Group的高级营销主管阿奇拉·阿齐兹（Aqilah Aziz）接受《海峡时报》采访时提到，在品牌推出营养分级后，一些注重健康的顾客会转而购买低糖级别的饮品。同时，品牌还计划用重新配方的饮料取代当前的菜单，来"确保大部分饮料不属于D级，并从原料中减少了糖分"。

喜茶新加坡品牌总监陈威豪也在媒体采访中提及，喜茶为此也进行了重新配方。根据2024年3月29日喜茶微信小程序中新加坡ION门店的线上菜单，目前喜茶在新加坡上线的25种主要产品中，仅有6款产品属于被"限制广告D级"，占据产品总数的近四分之一。大部分产品仍然处于B级和C级。其中喜茶首创几个明星产品如芝士多肉葡萄、烤黑糖波波牛乳、满杯红柚等基本都处于B级或C级，部分含有芝士奶盖的产品处于C评级，可能是因为奶盖中有饱和脂肪，因此让总卡路里含量上升。当然，消费者也完全可以选择一杯每100毫升卡路里只有5卡热量的"纯绿妍茶后"。

当然，有从业者认为直接降低饮料的含糖量来满足目前的营养分级，这种改变可能让消费者一下子很难适应，从而会觉得饮料的"口感发生变化"，进而怀疑品牌出品的稳定性，所以让顾客自己选择糖度，在现阶段可能是一种相对温和的做法。

新加坡不是首个实施营养分级的国家。2017年，法国卫生部促进了包装正面营养标签系统的实施，而后比利时、瑞士、德国、西班牙、荷兰和卢森堡六个国家跟进实施这一标准。2024年3月，在上海市卫生健康委员会的指导下，上海疾病预防控制中心研制了饮料"营养选择"的分级标识并开始试行：目前霸王茶姬、快乐柠檬、奈雪、星巴克等饮品品牌成为涉及糖饮料及酒精饮料健康提示方向的项目试点。

按照新加坡市场目前的奶茶竞争来看，LiHo里喝、KOI这两家品牌以80家以上的门店规模稳坐新加坡奶茶连锁的头把交椅，吃茶三千和贡茶以近30家位列第二梯队，日出茶太也在20家左右的规模，巡茶拥有14家门店，而CoCo、快乐柠檬在新加坡的渗透相对较少。在2018年前后入局新加坡市场的奶茶品牌中，吃茶三千可能是开店最快的品牌，老虎堂、茶汤会的门店目前都还在1—3家，而喜茶的品牌打造可能是最成功的。

二、大马的奶茶战争

从新加坡转换到马来西亚，这里同样全年炎热潮湿，饮用奶茶的第一需求就是解暑，其次才是社交。在马来西亚这片面积不过约33万平方公里的土地上，"奶茶战争"却如同这里的气候一样，甚是火热焦灼。奶茶区域代理商和品牌母公司之间的纠纷，虽然促使马来西亚本土孕育出了一个明星奶茶品牌，却严重影响了外界对于这片土地商誉的评估，以及加深了对当地从业者是否能够遵循市场规则的质疑。从中国新茶饮浪潮中脱颖而出的一众品牌"下南洋"来到马来西亚时，也面临着来自本土奶茶品牌经营者的质疑。鲜果茶、芝士奶盖茶在大马有对应的目标客群吗？本土消费者到底喜欢什么样的奶茶？霸王茶姬为何能够在短时间内跃升为大马前几名的奶茶品牌？通过回答这些问题，能够更好理解南洋的奶茶激战。

一个关键人物和两个关键年份

沿着新加坡往北越过马六甲海峡，就来到全年炎热潮湿的大马。这里靠近赤道，每年平均降雨量达到250毫米。西南季候风4月刚起，一吹就会吹半年。岛屿众多的马来西亚有众多让国人听到倍感熟悉的名字，比如槟城（Penang）、兰卡威（也称浮罗交怡，Langkawi）和吉胆岛（Pulau Ketam）。

吉隆坡是大马名副其实的商业中心。当然，这座城市还肩负一定的政治功能——众多行政和司法机构曾坐落于此。此后为了缓解吉隆坡糟糕的交通状况，部分机构搬去了布城*（Putrajaya）。

马来西亚和新加坡在历史与地域上的关联，使其饮食口味有部分重叠并不出奇。在历史上，1965年新加坡才在马来西亚全国公投中独立出来。在3 300万人口中，马来裔以70%占据绝对优势，华裔占比22.7%，印度裔占比6.6%，其他种

---

* 布城，是马来西亚三个联邦直辖区之一，是马来西亚的联邦行政中心，靠近吉隆坡。

族比例0.7%。尽管马来语是国家官方语言，但是英语和华语在民间也被广泛使用。在怡保（Ipoh）和槟城，保留着丰富的中华传统文化。

如果溯源奶茶在马来西亚的发展历史，无论如何也绕不过去一个关键人物和两个关键年份。

这个关键人物是吕伟立。奶茶在马来西亚广为人知，离不开他早期引入"日出茶太"所付出的努力。2010年，放弃了在生物公司的职位，从澳大利亚留学回来的吕伟立决定将奶茶品牌日出茶太引进马来西亚。短短一年时间，日出茶太的门店在马来西亚迅速铺开到40家，并且成功进入雪兰莪州的大部分购物广场。到2017年前后，日出茶太的门店数量已在160—200家，已经成为当时马来西亚奶茶品牌的头部选手。

事情如果如最初规划的那样，日出茶太很有可能早已成为马来西亚门店数量最多的奶茶品牌。但2017年，代理商与母公司之间出现了隔阂，代理权纠纷随即而来。这是马来西亚奶茶行业发展史上的一个大事件。

由于在特许使用费和原料来源上发生的分歧，双方经营理念难以调和。吕立伟所经营的公司Loob Holding Sdn Bhd与日出茶太所属的台湾六角国际（Le Kaffa）长时间陷入纠纷中，后者进而终止了前者在马来西亚的总代理权。很快，吕伟立决定重新创新一个新的名为"茶马来"（Tealive）的品牌。根据《商海》的报道，当时马来西亚的日出茶太有95%的门店愿意直接将门店名直接更名为"茶马来"，和吕立伟共同打造这个新的品牌。

在日出茶太进入马来西亚的一年后，贡茶于2011年首次登陆马来西亚市场，但贡茶的门店扩张速度远不如当初的日出茶太。整整十年，贡茶的门店数量也没能突破60家，这个规模大概是如今茶马来门店的十分之一，甚至不如当年出现代理权纠纷之前的日出茶太。不过贡茶在官网上对马来西亚的扩张速度谨慎也有解释：品牌希望提供品质更高的产品。

2017年是马来西亚奶茶历史上的分水岭。除了茶马来的诞生，日出茶太与前代理商的纠纷，还有KOI和鹿角巷等一众奶茶品牌纷纷涌入马来西亚这片约33万平方公里土地的市场。

在新加坡如鱼得水的KOI选在2017年的3月到4月之间进入马来西亚市场，不知道是不是刻意为之。此时，马来西亚当时门店数量最多的奶茶品牌日出茶太出现纷争，吕伟立新打造的茶马来前途未卜。一个拥有丰富连锁经验又熟悉东南亚本土市场的奶茶品牌半路杀出，很可能会彻底改变马来西亚的奶茶竞争格局。

KOI也有底气这么做。要知道，2017年是个极为微妙的时间点，彼时贡茶也有代理权纷争，而KOI在新加坡的基本盘异常稳固（上文提及2016年年底，新加坡贡茶与郑振良所属公司的协议到期），所以此时 KOI 在新加坡属于隔山观虎斗的情况。品牌完全有余力在自身大盘稳固的时候探索邻近的大马市场。

KOI 在新加坡市场最大的对手贡茶陷入纠纷，马来西亚彼时最大的连锁品牌出现混乱，综合两点，KOI 进入大马缠斗一番，简直天时地利人和。时间证明了 KOI 当时在时间策略上的判断是准确的。2017—2023 年，KOI 在马来西亚的门店上升到 26 家，快速占据购物中心、机场等人流众多的点位。

此时马来西亚奶茶行业的混乱也吸引了其他奶茶品牌玩家的入局。鹿角巷也在 2017 年被代理商吴贞伟（Ng Ching Wai）引入大马市场。他和另外两名联合创始人萨马利斯·吴（Samalice Goh）、周志伟（Low Chee Wai）共同努力将鹿角巷的门店数量提升至数十家：不仅在柔佛州和吉隆坡州，在沙巴州和砂拉越州也开有门店。一个在马来西亚本土成长起来的奶茶品牌"茶社"也在 2017 年加入这场战争，目前在马来西亚有 25 家左右门店。

根据日出茶太官网信息，品牌在马来西亚的门店数量高达 106 家，特许经营商是 Will Group。该集团此前经营者日出茶太在马来西亚两家最赚钱的门店分别是吉隆坡中央车站和云顶高原门店，因此由 Will Group 来接管 Loob Holding Sdn Bhd（吕伟立所属公司）的特许经营权也是情理之中。

Will Group此后在官网上公开承诺，集团计划在接下来的半年内会开出30家新门店，并在2018年上半年前再开设40家门店，长期目标是在2018年12月底之前开设70家门店。

此后的几年，奶茶点燃了大马。越来越多的玩家开始涌入奶茶行业，尤其是在2019年，这个马来西亚奶茶发展史上另一个关键年份——来自中国的众多奶茶品牌开始进入大马。

2019年6月，槟城传来振奋人心的消息——来自中国的奶茶品牌"愿茶"即将要到槟城开分店。由于吉隆坡门店的火爆，该品牌的芝士奶盖水果茶和舒芙蕾在社交网络上迅速走红，一跃成为当地小有名气的奶茶品牌。短短一年之间，愿茶在马来西亚开设的门店数量超过10家。虽然疫情流行之中稍有影响，但在2020年8月，根据品牌官方脸书（Facebook）的帖子，门店规模仍保持在8家左右。

同样在2019年，7月大马的气温已经有30摄氏度，从南京起家的奶茶品牌"琉璃鲸"闯入了大马，总裁黄柯宁从南京飞往吉隆坡为首家门店开业剪彩。开业仪式的讲话中，黄柯宁掷下豪言壮语来表达对这个品牌的信心："我们的核心竞争力不是我们的产品，而是我们的创新！你可以模仿我们的产品，但永远模仿不到我们的创新！"黄柯宁没有食言。很快，琉璃鲸就在抖音、脸书等社交网络平台上走红，门店前排起了长队。

这一年，超过10个奶茶连锁品牌开始争夺马来西亚市场。

Khor*公布于当年11月的咨询报告数据显示，截至2019年10月15日，一些主要玩家，如茶马来的门店达到了326家、日出茶太有48家、贡茶有39家、幸福堂有39家、茶社有38家、鹿角巷有38家、老虎堂有15家、愿茶有14家、吉龙糖有13家、琉璃鲸有10家。最夸张的是，连全家便利店都加入了这场奶茶热风！其推出的单杯黑糖珍珠奶茶的价格大约是6令吉90仙（折合人民币10元左右）。这和品牌奶茶店的黑糖珍珠奶茶比，价格便宜了至少三分之一。

　　位于马来西亚雪兰莪州的梳邦再也（Subang Jaya），一条名为"SS15"的珍珠奶茶街见证了大马食客对奶茶的疯狂，至少有茶马来、贡茶、愿茶等近20家品牌聚集在此。2019年3月，幸福堂刚刚在这条街道的一楼临街门店中抢下一个档位。几天后，另一个同样主打黑糖珍珠奶茶的品牌吉龙糖就声称，即将在梳邦再也SS15街开出大马的首家门店。根据当时拍摄的照片，紧邻幸福堂的是一家名为"品茶"的奶茶店，再旁边是鹿角巷，品茶的对面是奶茶店黑鲸，后来霸王茶姬也在相隔不远处开出了一家门店。有趣的是，鹿角巷的代表标志为鹿，老虎堂是老虎，而吉龙糖为龙，这被戏称为"奶茶动物的聚首"。

　　2022—2024年，中国奶茶品牌再次掀起了一波"勇闯

---

*　Khor是一个关于马来西亚、新加坡和印尼等国家的数据报告网站。

大马"的风潮。2022年2月，蜜雪冰城在大马柔佛州新山市开设了第一家门店。2023年4月，萃茶师官宣海外首店登陆大马槟城。2023年7月，书亦烧仙草在帕维隆武吉加里尔购物中心（Pavilion Bukit Bintang）里的一层开出马来西亚首店。2023年12月，喜茶终于从新加坡来到了马来西亚，首店选在被誉为全马规模最大、最豪华的购物中心The Exchange TRX。2024年1月，沪上阿姨奶茶品牌也入驻了购物中心MyTown的负一层。

霸王茶姬的大马突围

尽管2019年有众多中国奶茶品牌进入马来西亚，但其中最引人瞩目的当然是霸王茶姬。当地奶茶从业者对霸王茶姬登场的第一个感受就是：快。

霸王茶姬的拓店速度，在马来西亚可能仅次于曾经的茶马来。彼时，在中国云南成立不过两年的霸王茶姬似乎没有加入国内奶茶混战的意愿，而是转身就投入了海外市场。2018年10月，霸王茶姬品牌成立海外事业部，决定专注东南亚市场。不到一年后的2019年8月，霸王茶姬就在吉隆坡的卫星城八打灵再也（Petaling Jaya）开出了首家门店，当天的销售量超过了1 000杯。而随后开设的甲洞店更是创下了当时马来西亚茶饮单日出杯记录，当日出杯数达到1 466杯。

2019年8月到2022到12月，大约短短三年里，霸王茶姬品牌在马来西亚的门店增加到48家，迅速占领了马来西亚各购物中心、车站等重要点位。尽管由于疫情，经历了堂食的限制、外卖的局限，但霸王茶姬的扩张步伐不仅没有减缓反而大步踏进。尤其是在2023年，霸王茶姬同时在国内市场和海外市场提速，仅仅2023年之内马来西亚的新开业门店数量就有近40家。截至2024年3月31日，霸王茶姬的官网显示整个大马门店数量在88家左右。

这期间还有一个重要节点：2022年7月。当时，霸王茶姬在马来西亚已经发展到30家左右的规模，但仍然没有进入东马市场（马来西亚分为东马和西马）。和西马的政治文化背景不同，东马的部分陆地和印尼直接相连，文化上又和文莱有重叠，因此其人口、种族、信仰都相对分散，这导致了东马和西马在消费习惯与饮食偏好上有极大差异。2023年7月8日，霸王茶姬在沙巴州，也就是东马的首家门店开业，选址位于当地购物广场——曙光广场。《中国日报》（中文版）援引东方网的一篇报道称霸王茶姬："一旦在东马站稳脚跟，则意味着将'扫清'后续进驻东南亚其他国家的障碍，进一步覆盖到整个东南亚及南亚地区。"也许这一预测的势头稍有夸大，但这至少代表了品牌拥有了更强大的"面对文化差异性和多元化"的跨区经营和管理能力。

霸王茶姬在大马有多火呢？根据《中国日报》（英文版）

的报道，2021年霸王茶姬的分店单日最高营业额曾达到超过38 000元人民币（折合超5 000美元）。也有消息称，霸王茶姬在2023年已经是位列全马前四的茶饮品牌，总业绩排名全马第二、店均GMV（商品交易总额）第一。虽然无法具体核实这一排名的准确性，但从门店规模来看，目前大马门店数量过百的奶茶连锁选手只有茶马来和日出茶太两家，而霸王茶姬以88家名列第三，是最接近百家门店数量级的选手。

在众多已经出海的中国奶茶品牌中，无论是看品牌在某个特定海外市场的门店规模，还是考虑品牌目前在当地消费者心中的评级，霸王茶姬无疑处于领先水平。尤其是在东南亚市场，霸王茶姬在某些细分地区和国家的突破和渗透程度甚至超越了奈雪和喜茶，这可能是一种很好的"避开国内市场竞争"的弯道超车战略。但我们最应该关注的是，在已经出现茶马来这样的本土奶茶巨头时，新入局者是如何突围的？

最核心的东西当然是产品本身。霸王茶姬的"伯牙绝弦"、"幽兰茗颜"、"柚念酌"和"繁花似锦"等产品在此时进入大马。尽管霸王茶姬"原叶茶＋鲜奶"的定位对于国内消费者来说并不陌生，但对于当时的马来西亚市场及当地消费者来说，是一个完全超出于当地消费者认知的"口味"。溯源奶茶大战，我们会知道2010—2019年，大马的奶茶战争主要围绕于珍珠奶茶和黑糖珍珠奶茶展开。当地人偏好味道甜腻、质地醇厚的奶茶，所以，口感清爽的"以茶味为基底"的奶茶，在马来西亚市场上是相对稀缺的。

其门店设计和产品文案上也先赢了一波。但本地的奶茶从业者似乎没有如临大敌，他们认为"原叶茶＋鲜奶"是个"新物种"，口味上能否被消费者接纳都是个问题。此外，马来西亚地处热带，水果产量丰富，如果消费者愿意花费更高昂的价格去购买水果茶，那他们为什么不直接去买水果？更重要的是，霸王茶姬的几款产品口味都偏清爽，这似乎是外行人才会做的事情。

把霸王茶姬引入大马的庄凯量（Jack Chong）并非不明白大马消费者的心态。从美国留学回国的他，在飞往昆明品尝了产自当地茶园的原叶茶和鲜奶完美融合的味道后，决定冒一次险。他需要面对的挑战是，先让消费者对产品感兴趣，进而再对当地市场及消费者灌输"原叶茶＋鲜奶"以及水果茶。

于是，霸王茶姬的最早一批门店会在点单处，对单个顾客都投入极高的"教育"时长和成本。员工会让顾客品尝不同产品的味道，并对糖的添加量进行详细解释。此外，来自总部的研发团队也对马来西亚市场上流行的水果、小料进行分析，试图不断测试并打造出当地人更喜欢的口味。事实上，当时霸王茶姬所用的原叶茶，和当时市面上用的茶根、茶末或者茶粉味道上是有很大区别的。如果一开始接触"原叶茶＋

鲜奶"这种搭配时，喝到的是高品质产品，这就等于给消费者的味觉划定了一个基线。一旦低于这个标准，可能都会被认为不好喝。

好喝之外，每杯奶茶出品的稳定性也决定了品牌能否长期留住用户。霸王茶姬在供应链上做到了极致的加法和减法。所谓加法，就是对原料品质和处理方式的高要求。比如明星产品"伯牙绝弦"中使用的茉莉雪芽，会采用当年新茶和旧年陈茶拼配而成，并根据当年茉莉花香型的强弱选择使用6窨还是7窨茉莉花。窨制工艺中，窨制次数越多，花茶受损的可能性越高，一般3—4次窨制已经能尝出茉莉花的味道。使用窨制次数越多的茉莉花茶，一方面意味着工艺难度的上升，另一方面也意味着造价成本的上升。但霸王茶姬坚持这么做，品牌创始人张俊杰曾在和品牌星球*（BrandStar）沟通时提到这种窨制茉莉花的选择，说"这是为了风味的稳定性"。

而减法也很好理解。"原叶茶＋鲜奶"的搭配意味着配方的极致简约——一共就茶叶、奶和包材三样。这极大缩短了供应链上采购、分类等环节的时间，并将之传导门店，随之提高了在店员工的手工操作效率（制茶师都是需要熟悉制作工艺的），出茶速度也随之加快。

2020年全球新冠疫情暴发后，3月的马来西亚开始了关

---

* 品牌星球，关注品牌创新、新消费与DTC品牌的数字媒体。

闭部分餐厅和写字楼的政策，霸王茶姬的线下门店中有处于装修状态的，只能转入停工模式。此时奶茶的销售方式几乎全部依赖于外卖。

在到店人流量急剧收缩、业内人士纷纷担忧并出现闭店潮的时候，却是庄凯量认为的"好时候"。他认为这为品牌对消费者进行市场教育赢得了时间。全球新冠疫情流行期间，霸王茶姬的线上营销和外卖产品互动持续发力，最有代表性的例子就是"手撕盲盒"。

这个营销最初的雏形是线下的"撕杯活动"。整体杯身1 000毫升的杯子内部，其中700毫升的内胆用来装饮品，杯子底部的300毫升用于放置诸如香水、口红和折扣券之类的小礼物。于是一个盲盒抽奖装置形成。当购买奶茶时，顾客可以"花一份钱买两份快乐"。由于全球新冠疫情流行期间很多人被迫居家办公，平时也很无聊，购买霸王茶姬的"盲盒外卖"反而成了一种解压途径。撕杯活动的热度并未在疫情减退之后退潮。直到如今，这依旧是大马的奶茶爱好者最热衷的活动。在2023年10月6日的官方照片墙（Instagram）发文中可以看到，这项席卷大马的撕杯活动的"大奖"已经从口红、护手霜拓展到迪奥和古驰的卡包了。

2019年9月，霸王茶姬宣布完成品牌升级，包括品牌标识、英文译名和门店设计在内一系列东西都发生了改变。品牌放大了"国风"这一特质，或许是因为东方美与传统戏曲脸谱的适配度更高，其品牌标识选择以戏剧脸谱示人。不过，对马来西亚消费者更友好的是，霸王茶姬英文译名在这次升级中采用了中文"茶姬"二字的普通话音译"CHAGEE"，这念起来更顺口。品牌名朗朗上口则易于传播，这在很多品牌效应的文献中都有提到的。

2022年4月1日，马来西亚霸王茶姬的官网上发布了一则通告，自2019年便开始陪伴大家的"BaWangChaJi"将就此告一段落。这个消息立刻引爆了社交网络。庄凯量和团队稍晚时间发布了品牌升级的消息，并宣布"霸王茶姬正式进入2.0时代"。为了配合这次品牌升级，品牌还请来了马来西亚家喻户晓的前羽毛球男子单打运动员后获封拿督的李宗伟作为霸王茶姬的代言人；位于吉隆坡柏威年广场的首家海外旗舰店也正式开门营业。从雪兰莪州八打灵再也市开到吉隆坡柏威年广场，从一家相对中端的点位到在顶级奢华的商圈占有一席之地，霸王茶姬顺利在马来西亚完成品牌迭代和升级，并由此开始了在高端购物中心的点位攻坚战。

和喜茶一样，霸王茶姬同样重视对门店空间的打造，品牌试图营造一种"以茶会友"的氛围，消费者可以在门店内自由地喝茶聊天，或者办公约会。品牌联合创始人尚向民曾提到过一个"东方茶文化的星巴克"的概念，这和奈雪最初提到的希望给女性打造一个"聊天聚会"的第三空间在理念上不谋而合。

如果你走进霸王茶姬的马来西亚门店，往往第一眼看到的主色调是木色，灯光柔和温暖。某些店还会有中国传统服饰的展示，开业时还会邀请表演团队来舞狮，这使得"来自中国云南的国风奶茶品牌"这个印象更加深入人心。

在品牌高端化的形象稳固之后，霸王茶姬似乎不再执着于入驻高端购物商圈。2022年年底，品牌在大马试水开启出品效率更高的中小型门店，比如Express——即拿即走门店。而后经过2023年的扩张步伐加速后，又开始推出了"Driving Through"的得来速门店。这种模式类似于麦当劳的汽车餐厅，顾客无须熄火下车，就可以在车内完成点单、付款和取餐等环节。这也是霸王茶姬在全球范围内第一家同类型门店。

品牌一些在细节上做的努力应该被看见，尤其是在大马这个宗教信仰混杂、族群多元的社会。由于伊斯兰教是马来西亚的国教，因此穆斯林对餐厅或者茶饮店提供的食物和饮品总是保持警觉，毕竟试用或者饮用非清真食物对他们来说是大忌。而早就入局的选手如日出茶太、茶马来等，已经获得了马来西亚伊斯兰教发展局（简称"JAKIM"）清真认证标章，而霸王茶姬的五家分店也在2023年9月获得了JAKIM所颁发的清真认证，并会分阶段保证所有分店获得清真认证，这无疑能够让品牌得到更多群体的接纳。

马来西亚门店的员工的语言能力，或许也是佐证霸王茶姬能够快速吸引当地客群的原因。根据霸王茶姬海外负责人此前和媒体的说法，马来西亚的员工主要以汉语、英语和马来语三种语言作为工作语言。而部分门店由于位于闽南籍华人居住区，该点位的员工就还需要会讲闽南语，因此品牌在整体筛选上对员工的语言能力、学历水平都有很高的要求。

如今我们终于可以这样形容，大马的奶茶战争，绝非一场简单的商业游戏。庄凯量的野心和期待，在无数个瞬间里被霸王茶姬托起。2019年，看好他的人不多，甚至身边都有人调侃道："Jack! Welcome to the game！"在彼时的质疑和调侃中，大概没有人会认为这个年轻人和他带领的团队能够迅速在大马这个奶茶盛行的地方闯出一片天地，甚至进入头部梯队。

但发出质疑声的外界忽略的是，这个奶茶江湖，本来就不可能是独属于某个人、某个品牌而存在。江湖是所有人的江湖，霸主的位置可以更替，霸王茶姬也可以站上擂台，甚至接过大旗。

江湖的规矩是没有规矩

古龙和金庸笔下的江湖，大概都是有秩序的或者有道德准则的。但在新加坡和马来西亚，这两个地理上邻近的市场，很难从奶茶江湖中摸出个门道，遵从秩序与准则更是无从谈起。

如果我们去研究各奶茶品牌进入新加坡和马来西亚市场的路径，会发现无论是早一批来自中国台湾的奶茶品牌如贡茶、日出茶太等，还是新一批在新茶饮浪潮中崭露头角的茶饮品牌如茶汤会等，它们大多选择以代理商或者特许经营商的方式来进入异域市场。

前面已经提到过的，第二波奶茶兴起浪潮时，贡茶进入新加坡时由郑振良所属的RTG负责当地所有门店的经营。后来双方合作关系终止，贡茶的新加坡特许经营权也转移给了江培生团队——他们是曾经负责过新加坡本土连锁"豆先生"的运营方。第三波奶茶浪潮中，以黑糖虎纹奶茶出名的老虎堂由一家名为Clover Lifestyle的餐饮公司引入新加坡，该公司同时创办了越南餐厅Madam Saigon和An Vietnam Street Kitchen。其董事总经理特雷弗·方（Trevor Fong）先生还曾出面接受过媒体的采访，宣布了老虎堂新加坡旗舰店的具体位置。茶汤会进入新加坡时，选择的合作伙伴是一家名为Manna的餐厅运营商。这家运营商还曾经在2012年把美国甜甜圈品牌Krispy Kreme带入了新加坡。而霸王茶姬进入新加坡时，也敲定了一位合作伙伴钟志弘。

大马的情况也是如此。日出茶太在吕伟立所属公司的打造下取得突破性的成功，但后日出茶太的特许经营权被Will Group接管。而霸王茶姬进入大马时，也选择了庄凯量这样优秀的合作者。以"黑糖珍珠"闻名的幸福堂，选择了一家名为Collab Work Lifestyle Sdn Bhd的特许经营商，作为当地接力部队。

随着时间推移，21世纪20年代初的全球化相比10年前更为通达和深化。奶茶品牌进入海外市场时，由于缺乏对当地市场尤其是对消费者习惯和部分商业规则的了解，选择由当地代理商进行运营合作，是一种合乎情理的选择，也能够更容易获得当地官方在财务和法律上的部分支持，以便在当地扩充点位，在海外市场格局中先占有一个席位。

这也不仅仅是惠及品牌的事情，也是品牌与当地合作方的互惠双赢。郑振良把贡茶引入新加坡时，也没有想过其会有这样的成功，甚至"启蒙"了新加坡一代人的奶茶消费习惯。此后RTG也因此拥有更充裕的资金储备和锻炼出了更强的管理能力，由此在商业谈判中获得更多的议价权，这也是集团能够管理其他品牌如Paik's咖啡的原因。

2017年，新加坡的贡茶的代理权发生纠纷，同样是在2017年，大马的日出茶太和当地特许经营商决定对簿公堂。作为本地运营者，郑振良和吕伟立的反应如此相似。他们毫不犹豫地决定创立自己的品牌，并且说服了原先的品牌门店改头换面加入自己的团队。LiHo里喝和茶马来诞生的由来都是如此。

商场如战场，往往是强者来打破和制定新规矩的。郑振良接受媒体采访时提及双方没有续约的原因是"自己太忙，没时间看合同有点拖延",后续母公司所有权变更,和新公司在价格上没谈妥。自身忙碌和母公司有所变故是客观原因,但根本分歧总归在于利益分配与发展理念。

类似地,吕伟立所属的Loob Holding Sdn Bhd(以下简称"Loob")和日出茶太终止主特许经营协议时,双方实际还有20多年的协议的期限。谭杰西(音译)在博客中详细记录了这次冲突的始末,日出茶太在得知原先旗下95%的门店被改头换面为茶马来并运营时,直接开始向法院寻求强制令和禁止令。日出茶太要求Loob把有关日出茶太的机密信息和文件交还给日出茶太的母公司,并希望根据特许经营终止后条款中的约定,禁止Loob在两年内作为竞争对手进行贸易。茶马来声称关店会影响员工的饭碗,日出茶太则提出"可以重新雇用那些因为禁止令而关闭的茶马来门店中受影响的员工"。双方在法庭反复纷争多次,持久漫长。

但根据接管日出茶太马来西亚代理权Will Group的官方公告,双方主要分歧点在于特许使用费和原料来源方面。在奶茶业的惯例中,加盟店通常需要从品牌方那里购买原料。尽管同一种小料从品牌官方渠道购入价格会高于其他购买渠道,但加盟方不得不那么做,这就是品牌盈利的方式之一。

幸福堂总部和马来西亚特许经营商的纠纷也在于此。2019年10月,幸福堂的创始人在幸福堂母公司官方的脸书上发帖说,公司的声誉被马来西亚特许经营商玷污和贬低了。主要纠纷在于，台湾幸福堂收到一些投诉，称马来西亚特许经营商违反协议，向子特许经营商收取过多的特许经营费用和其他费用。《马来邮报》梳理部分细节发现，这些争议可能在于马来西亚34家分店拒绝购买34台"心形珍珠"成型机——每台单价12万令吉，总价408万令吉。而在台湾地区的总公司被指责"试图高价出售这些设备给马来西亚的门店"。创始人当然驳斥了这种说法，双方各执一词，并具体对装修灯具等各个环节的购买流程和报价细节都产生了辩论。

如今看来，细究当初撕扯的细节似乎已没有意义了。但即使在体面的对谈，或者不体面的诉讼中也可窥见事件发酵的走向。核心只有一个：利益。只要不是直营，品牌就很难保证品牌理念从上而下、总部与分部的贯彻的统一，以及产品质量和服务水平的一致。尤其是，当加盟商在当地市场形成足够的话语权时，品牌总部可能会处于弱势，进而缺乏对异地市场强势的管理调度能力，这有可能会为品牌的未来发展埋下隐患。

当然也有处理得比较好的例子。霸王茶姬马来西亚负责人庄凯量曾经在访谈中谈及过与品牌总部的相互信任。由于品牌一开始就想要做全球化，所以与各个国家地区的合作伙伴共赢就显得尤为重要。笔者当时看到这段访谈时感受到的重点是，品牌清晰和稳定的战略对于其长期发展非常重要。一份海外市场的特许经营协议往往超过10年，有的甚至超过

20年，如果最初的战略目标和发展方向不够清晰，中间就会出现诸多摇摆变化，负责当地市场的运营商如果有其他想法，双方产生分歧也是自然的。

庄凯量和KOI的新加坡负责人科勒·马都提及，品牌总部和当地运营商之间需要适当"放权"，才能建立信任与稳定的长期关系。霸王茶姬在马来西亚的市场营销部分，更多的构思是出自本土团队。

科勒认为"授权当地管理层做出运营决策非常重要，因为他们知道市场上什么是最好的"。她举了一个例子，很多员工加入KOI的时候从未出过国，但当她决定将品牌带入更广阔的天地时，那些员工选择了跟随她去看世界。丹尼尔·黄（Daniel Huang）在申请新加坡KOI职位的时候年仅18岁，此后这位年轻人一路成长为区域和新加坡首席运营官。这种上下级间的信任和跟随，彼此一起成长的感觉，让整个团队培养出了对当地市场独立判断和处理危机的能力。

当然，品牌和当地运营商之间的纠纷，在南洋似乎从未停止。2024年1月，很多新加坡食客在社交媒体上讨论，他们发现部分霸王茶姬在新加坡的门店招牌被换成一个蓝色标识，名为"与茶amps tea"的新品牌，菜单和之前霸王茶姬的菜单相似度高，但味道已经有些许差异。还有消息称，之前霸王茶姬推广的社交媒体群组也换成了"与茶"的名字。争议持续了几天，霸王茶姬后回应称，品牌将在新加坡进行全新的产品和空间升级，以更高的品质和更好的形象与大家再次见面。

有网友在社交媒体上讨论，认为这又是一个"新加坡贡茶事件"的翻版，霸王茶姬可能遭遇了当地运营商的"背刺"。但从霸王茶姬的回应来看，似乎品牌是在主动寻求能力更强的合作伙伴或者想要亲自下场。此前的新加坡负责团队在2020年8月开出位于福南购物中心的首店，到2023年10月前后新加坡门店数量已经到达12家。

如果在电子地图上标注这些门店的位置，你会发现他们大多分布在唐城坊、新达城、樟宜机场T2航站楼等地。但这些点位之中，位于S级[*]商圈的数量很低，有些甚至会在小商贩市场的旁边。从品牌升级之后的定位来看，这样的选址可能不足以撑起品牌的形象，也不一定能够直接触达目标人群。从这个角度来看，品牌未来亲自下场也是情理之中。

如今，郑振良带领的LiHo里喝以80家以上的门店规模，稳稳站在新加坡奶茶品牌第一梯队的位置。曾经的贡茶现在只有27家门店。而茶马来也实现了最初的梦想，在大马遥遥领先其他所有对手，就连曾经导致分歧的原料来源问题，如今也被妥善地解决。2023年，茶马来获得了来自浙江博多国际贸易和上海潘飞国际贸易的注资，品牌方在马来西亚的雪

---

[*] S级在等级中表示最高级。

兰莪州建立起一座占地约4 000平方米的珍珠木薯工厂，预计每月产量能够达到400吨。而这一将珍珠木薯供应链本土化的工程设想，早在2020年就开始推进，受疫情影响才推迟了一段时间。

2024年1月，新加坡最后一家霸王茶姬宣布闭店，该店位于福南购物中心，正是品牌于2020年8月在新加坡开出的首家门店。霸王茶姬从它落地海外的一个点，画上了一个短暂的休止符。

三、越南和印尼的潜规则

中国茶饮品牌打入越南和印尼市场的时间点，放在整个进军东南亚的时间线算是早的。2018年蜜雪冰城在越南开出首店，并迅速扩张成为越南奶茶业的头部选手。此后，以越南为基点，再往周边的印尼、老挝、缅甸等国家进发。按照蜜雪冰城的门店数量来看，该品牌应该是目前在东南亚拥有门店数量最多的出海选手。因此，理解蜜雪冰城在越南和印尼的扩张策略和逻辑，以及遭遇的挑战，可以成为其他品牌出海东南亚时的信息指南之一。

猛火快攻行不通

如果说，在新加坡和马来西亚的奶茶江湖规矩是没有规矩，那么在越南和印尼，在当地法律约束的商业条款之下，还有这片土地人们的行事风格，构成了奶茶江湖潜在的规矩。

2023年9月29日上午，数十家蜜雪冰城越南加盟店的业主集聚在河内 Trieu Khuc 街品牌总部。他们想要抗议品牌新实施的价格政策，还举起了"抗议越南蜜雪冰城不尊重、压迫加盟店"的横幅。

根据越南网提供一张价格截图显示，似乎品牌方希望将部分产品降价销售。其中，冰鲜柠檬水、原叶红茶和高山四季春茶的原售价从20 000越南盾调整到15 000越南盾，等于直接降价了25%。其余产品的降价幅度虽然在3 000越南盾到7 000越南盾，但降价比例较低的产品如猕猴桃果茶仍然高达10%、蜜桃四季春在12%左右。

来自北江*的一名蜜雪冰城的店主表示，店主对品牌要求降低水果茶产品价格的决定很不高兴，原因在于零售价下降比例和原料进货价格之间的差距。品牌给到门店的原料价格下降了8%左右，但产品零售价的下降比例却在10%—25%。

---

*　北江，越南东北部的一个地方。

店主们并非没有"协商空间"。他们也理解品牌要营销的做法，但如果售价降低比例和原材料成本降低比例相当，作为加盟商的他们是可以接受的。

事实上，这已经不是当地门店的业主首次提出不满了。早在2023年4月，有加盟商接受媒体采访时就指出"同一地区增开门店最短距离的问题"，随着蜜雪冰城在越南的门店数量的增多，各门店点位间隔开始变得越来越近。如果门店距离都不超过50米，那么蜜雪冰城的对手不是其他奶茶玩家，而是就近的"同品牌门店"了。如果附近的品牌门店同属于一个加盟商或者分特许经营商，人流分散下去又会使得每一家品牌门店都无法盈利并运转下去。

部分门店店主对单个门店的初期投入成本，以及成本回收周期产生了疑问。有店主说他们最初得到的消息是，如果按照租赁的模式，单个门店的成本在6亿越南盾到7亿越南盾，但实际建成后加上运营的费用，总投资可能在10亿越南盾到12亿越南盾，成本增加了50%以上。

但一些走标准店模式，或者大店模式的店主投入更高，有的价格在单店9亿越南盾到12亿越南盾。目前产品的价格带在15 000越南盾到30 000越南盾，取中间值按照单杯价格25 000越南盾计算，如果产品的利润在40%左右，需要至少卖出9万杯才能持平。店主们非常担心无法及时收回成本。

"越南中文网"还提到一位Trung先生在越南河内和广宁

分别拥有2家和1家蜜雪冰城门店，但品牌经常举办"买一送一"的折扣活动，却没有在成本上给到店主足够的补贴。Trung先生还说，优惠活动的所有广告牌制作和广告费用需要店主百分百承担。

在越南，蜜雪冰城的门店数量已经达到了千家级别，有数据甚至统计到具体1 300家的规模。如果这个数据属实的话，其在门店规模上已经让其成为在越南名副其实的头部奶茶品牌，甚至在奶茶赛道之外的咖啡、果汁等饮品领域中，也是遥遥领先的。

没有人会忘记那个高光时刻。2018年，蜜雪冰城的河内首店开业时，当天日营业额达到3 242万越南盾，以单杯2.5万越南盾计算，品牌卖出了接近1 300杯。如果按单杯制作时间1分半钟计算，做完这些奶茶需要接近2 000分钟——也就是说，如果门店有3个员工同时在后台制作奶茶（不包括点单人员），每个人当天的工作时间也接近11个小时。

熟悉越南本土营商环境和市场规则的人，可能会说，让一个越南人一天工作11小时，似乎不太可能。没错，越南市场的整体节奏并不如中国快。对于装修蜜雪冰城一个20平方米的店铺来说，放在河南郑州可能半个月就能装修完成，但放在越南，工人也许就只能给到业主2—3个月的施工期安排。并非他们不愿意加班加点，而是在他们的观念里没有加班加点。

很多刚进入越南的中国奶茶品牌可能很难适应或接受这

样的工作节奏。"中国速度"近些年已经成就了一个又一个奇迹。中企也习惯了高举快打、猛火直攻的方式做生意，普通人的日常也是，无论是出行还是外卖。效率至上的中国商人也惯想用这样的方式在某个海外市场迅速铺开盘子，然后彻底成为某一市场的头部玩家。

在将门店迅速铺开的过程中，烧钱是无法避免的。尽管蜜雪冰城的母公司盈利状况很不错，但在陌生的海外市场，风险自然是由总部和加盟商共同承担的。尤其在营销大战中，买一送一、第二杯半价、外卖平台专享等补贴方式，是再寻常不过的基本操作。但对于越南的加盟商而言，可能无法理解这种营销，但能预想到高成本营销背后的直接影响，否则业主们就没必要抗议降价促销了。

越南的加盟商更深处的不解在于，为何要轰轰烈烈地快速占满"战场"，把品牌密集地塞进同一个地区，然后仿佛斩草除根般迅速将别的品牌挤出擂台。在越南，很多老字号餐厅经营多年，但掌勺人或者管理者都采用家族经营、慢慢扩张的方式，很少开放大规模的加盟。

这种快有时候也会带来风险。在蜜雪冰城的招股书中，也曾披露越南"雪王"*在越南与加盟商签署的特许经营相关合同的形式不符合越南特许经营相关法律法规的要求，存在

---

* 雪王，蜜雪冰城的吉祥物，也是蜜雪冰城的品牌形象。

被处以1 000万—2 000万越南盾罚款的风险，并存在被吊销营业执照或强制返还违法收益的风险。

当然，这种快速开店的模式，让门店面积小、产品性价比高的蜜雪冰城能够短时间占据街边和社区，进一步扩张而形成规模效应。而在城市层级的推进中，河内是蜜雪冰城在越南的核心地，其次是北宁省和海防市等其他北部地区。对品牌来说，10 000越南盾左右的冰淇淋、25 000越南盾的奶茶也是越南大众都可以承担的价格。在很多网络博主的视频中，都能看到蜜雪冰城如今在越南年轻人和小学生群体中受欢迎的程度。由于目前越南的汽车保有量不高，出行主要依靠摩托车或者电动车，店铺门前如果有能提供合理停放摩托车的地方，将会极大提升门店的人流量。

蜜雪冰城唱响印尼

印尼蜜雪冰城的店里，穆斯林少女脸上带着善意的微笑，一边熟练地操作奶茶机器，一边还不忘对站在收银台前的顾客说"稍等"。而她们头裹着纱巾、身穿印有"奋斗青年"中文字样的T恤衫，让世界看似割裂却又如此融合。

2020年蜜雪冰城进入印尼市场。门店的排队和销量证明了印尼民众对奶茶的疯狂，以及对"雪王"的喜爱，也反映了这个新兴行业的蓬勃。红白为主色调的蜜雪冰城标识散布在印尼各个城市的角落，无论是高端奢侈的购物中心，还是学校、居民楼附近的街头巷尾。只要看到品牌招牌的人，都知道蜜雪冰城提供的主要产品是冰淇淋和茶饮，但或许还不知道它早在1997年就已在中国创立。

在印尼蜜雪冰城的门店，会看到印尼年轻的城市白领带着电脑，点上一杯奶茶可以在店里坐一下午，顺便还能完成几个电话会议；孩子喜欢香甜丝滑的冰淇淋，他们会用勺子把一颗颗圆滚滚的珍珠吃干净。店里有宽敞的桌椅和充电器插座，还有可以解闷的桌游游戏，而购买一杯饮品就能获得这些美妙闲适的体验，通常花费的价格不会超过22 000印尼盾（折合人民币10元以下）。

每当蜜雪冰城的新店开业时，"你爱我，我爱你，蜜雪冰城甜蜜蜜"的歌曲就会在扩音喇叭或者音响的加持下，响彻整条街道，仔细听还是印尼语的版本。门店有时还会请一些当地小有名气的歌手来表演，漫天飞舞的礼花和硕大亮眼的广告横幅一起，见证着这个品牌在印尼的成功。

印尼食客喜欢上珍珠奶茶的时间点，和诸多连锁奶茶品牌进入整个东南亚的时间线几乎相当。2000年，快可立在印尼开出第一家门店，预示着珍珠奶茶首次打入当地市场，有资料显示当时最受欢迎的产品是芋头奶茶。10年后，早期奶茶连锁巨头之一的日出茶太，开始打入马来西亚市场并随即扩张品牌在东南亚市场的版图，人口众多的印尼成为被选定的潜力市场。2011年，日出茶太在雅加达开出首店，其到2024年在印尼的门店数量已经多达四百多家。

在2017年之后掀起的东南亚奶茶热潮中，众多奶茶品牌比如KOI、老虎堂、幸福堂、吃茶三千等，在新加坡、马来西亚和泰国市场站稳脚跟后，也开始涌入印尼市场。在这之中，反其道而行之的蜜雪冰城，先绕过了新马泰等传统意义上的东南亚首站，直接往越南、印尼进发。

2020年，蜜雪冰城品牌在印尼的万隆开出首店，仅仅花了四年了时间，就把门店规模提升至2 400家，几乎成为当地最大的连锁饮品品牌。而早在2002年进入印尼市场的星巴克，花了整整20年的时间才打造出500家门店，截至2023年星巴克在印尼的门店数量有近600家。

就产品构成和风味而言，当地人很难不被蜜雪冰城的菜单吸引。印尼是咖啡生产大国，各种咖啡品牌频出，消费咖啡客群也相对固定。此外纯茶也分走一部分市场，而本就习惯喝奶茶的人，基本上只喝过台式珍珠奶茶。蜜雪冰城在冰淇淋、鲜果茶的赛道上，暂时没有很强劲的对手，相当于在奶茶领域开辟了一个新的细分赛道。

从蜜雪冰城在印尼公开的菜单来看，冰淇淋产品的比重提到了与鲜奶茶、水果茶产品相当的位置。靠近赤道的印尼，大部分地区属于热带雨林气候，沿海平原到内陆山区的年平均气温在25—27℃，而年平均降雨量高达2 000多毫米。这些自然环境都决定了印尼大众几乎一年四季都会购买冰饮消暑解渴，冰淇淋自然很少有淡季之说。在蜜雪冰城的菜单中，招牌甜筒冰淇淋的价格只有8 000印尼盾，折合人民币大概3.6元；珍珠圣代的价格为16 000印尼盾，也不过7.2元左右。

目前，蜜雪冰城在印尼当地的菜单上将产品主要分成冰淇淋/雪顶冰淇淋、奶茶、水果茶和原味茶四个系列。原味茶的价格相对较低，因为不含乳制品。珍珠奶茶、混合奶茶、烘豆奶茶的价格按照杯型价格在19 000印尼盾至22 000印尼盾。鲜果茶中目前提供的口味选择只有芒果、百香果、桃子等，并没有葡萄或者像国内一样有更多样化的选择。

2023年下半年，品牌主推的一款猕猴桃奶昔在印尼社交网络上引起过一阵流行。相比起其他产品的视觉效果，如草莓的红色、芒果的橙色，猕猴桃奶昔的绿色在视觉上更有清新的感觉。这款猕猴桃奶昔基底是果泥和冰沙的混合体，上面有一块冰淇淋顶，售价为16 000印尼盾。

印尼食客嗜甜，因此蜜雪冰城在当地门店中的饮品明显提高了甜度。很多网友打卡印尼的蜜雪冰城门店后，感受都是"糊住嗓子的甜"。印尼是产水果大国，盛产香蕉、芒果、菠萝、木瓜、榴莲、山竹等热带水果。2023年，印尼的芒果产量达到331万吨，比2021年增加了47万吨。如果售卖的饮品甜度上不够，会被顾客质疑是原料质量不佳，因此饮品普遍做得较甜。此外，最初奶茶品牌快可立进入印尼时，最受人们欢迎的奶茶就是芋头奶茶，从这个细节可以发现当地人更偏好口感醇厚的饮料。因此，蜜雪冰城售卖的一款"Creamy Mango Boba"也成为品牌向顾客推荐的"必尝佳品"。

产品构成和风味本土化之外，蜜雪冰城在印尼的网络社交媒体营销也是促成品牌出圈的关键。首先，品牌在网络社交媒体渠道的信息传递不是散点化、非线性的，而是一个以官网、脸书和照片墙沟通搭建的三角结构，稳定、系统地传达着品牌的形象与信息。品牌有自己的官网并不稀奇，但是某个特定国家和地区的官网要维护好并不容易。需要考虑到搜索引擎优化、客群向社交媒体和独立App转化，以及沟通渠道通畅、信息准确等多方面的问题。

三角结构中的每一个渠道针对不同的受众，都扮演不同的角色。蜜雪冰城印尼官网的整体信息针对的是潜在合作伙伴比如加盟商。有意向加盟者可以在官网了解到品牌发展脉络和具体产品，详细了解加盟流程并在线登录进入申请系统。官网还提供目前蜜雪冰城在印尼希望落地的门店类型，并列出面积、功能和选址要求，好让潜在合作伙伴做前期成本和准入条件的自我评估。

脸书和照片墙都是品牌触及消费者的渠道，但照片墙的更新频率和速度都优于脸书，这是因为照片墙平台受众更年轻，也更贴近蜜雪冰城的目标客群。尽管两个平台都会更新产品上新、新店开业、品牌抽奖等信息，但照片墙还会发布一些网络达人的探店视频。比如，新兴的网络红人Bernika Averina，既是一名市场营销工作者又是羽毛球爱好者。她就和蜜雪冰城合作推出了一个视频，来为2024年3月开斋节抽奖活动做宣传。此外，两个平台自然使用的视频配音与字幕多为印尼语，这能够极大程度地吸引本土用户。

第三空间和最后一公里

在印尼当地消费者的认知里，星巴克的价格带无疑是偏高的。雅加达的白领阶层或许能够负担，但对于印尼更多中小城市的民众而言，星巴克的咖啡的确是可望而不可即的高价饮品。蜜雪冰城似乎感受到了这一点，于是品牌在印尼，某些大面积的门店就给消费者提供了一种"可获得、可负担式"的饮用、社交、商务和休闲的功能环境，与星巴克相似，但与其又有所区别。

根据目前印尼蜜雪冰城官网的信息，品牌在印尼向加盟商提供五种门店类型的选择，分别是标准店、堂食店、购物中心店、旗舰店和车厢式移动门店。可以看出，除了标准店，其他四种门店类型都提供座位区让顾客休息或者就餐（如上述所提）。为了方便当地白领工作，很多门店都配备了座椅和充电器插座。店内窗明几净、灯光柔和、绿植的点缀，这样的环境发到网络社媒上也会吸引到一定的客流。值得关注的是，蜜雪冰城对两种门店都提出了要设置潮流区来展现品牌年轻活力又快乐亲民的形象的需求。根据网友实地探店后在社交媒体发出的照片，蜜雪冰城部分位于购物中心和百货公司的大型门店，甚至会分成上下两层楼：一楼点单、二楼可以就餐和聚会。这基本是对标星巴克之前提出的"第三空间"概念来打造的。此外，车厢式的移动门店基本位于户外或者购物中心的中空区域，把品牌对景区、游乐场公园等点位的要求结合在一起看，品牌的策略是去到人流量最为密集的地方。

表2.5　印尼蜜雪冰城的门店类型

门店类型	门店面积	可承载功能	位置建议
标准店	≥30平方米，3.7米宽	外卖、无座位区	忙碌街道、商业街区和车站
堂食店	30平方米，至少3.7米宽	外卖、有限的座位区	忙碌街道、商业街区、社区和车站
购物中心店	≥30平方米，3.7米宽	潮流标杆的展示、商品售卖、座位区	繁华商业街、商场和百货公司
旗舰店	≥80平方米	潮流标杆的展示、商品售卖、座位区	繁华商业街、商场和百货公司
车厢式移动门店	净使用面积≥30平方米	外卖、座位区、特色主题	景区、游乐场、服务区、公园、广场、高铁站和机场

以目前蜜雪冰城在印尼的门店分布来看，雅加达、万隆、日惹、泗水、玛琅等人口稠密和经济相对发达的城市都有蜜雪冰城的大量门店。在爪哇岛之外，连巴厘岛的登巴萨、库塔等区都有几十家门店。甚至，在紧靠巴厘岛旁一座名为珀尼达的小岛，面积只有203平方公里，但蜜雪冰城都开出了两家门店。

当笔者发现这座小岛有两家门店时，有一种新茶饮品牌的扩张与下沉程度超出预料的感觉。蜜雪冰城在印尼的分布，已经从五个主要岛屿发展到多数小岛屿了。

跨越岛屿之间经营门店这个议题，在此之所以如此重要，是因为印尼岛屿之间的交通主要靠轮渡和飞机。抵达具体的岛屿之后，才能依靠铁路和陆路再前往各个城市。因此，品牌能否真正触及消费者，往往是最后一公里决定的。以爪哇岛东边的3号公路和1号公路来看，蜜雪冰城的点位就是沿着公路分布的。

印度尼西亚到底有多少个岛屿可能很难说清，但可以确定的是，它是世界上最大的单一群岛国家，被称为"万岛之国"。印度尼西亚的名字也是从两个优美的希腊词语而来的，"Indos"意思代表印度，"nesos"意指岛屿。印度尼西亚有共计约1.8万个大小岛屿。其中五个主要岛屿分别是苏门答腊岛、爪哇岛、加里曼丹岛（婆罗洲）的三分之二、苏拉威西岛和伊里安查亚岛。其中，爪哇岛是人口密度最高、土壤最肥沃的岛屿。

伊丽莎白·皮萨尼曾经是路透社驻印尼的特派记者，也在牛津学习过古代汉语，能够讲一口流利的爪哇腔印尼语。她曾经造访过印度尼西亚的松巴岛——一个与帝汶岛隔海相望，遥远而神秘，充满了恐怖与狂热，仿佛是被世人遗忘的地方。然而，当她想要寻找一张描绘全印尼的地图时，却发现清晰放大版的某个岛屿分区图很容易找到，但一张涵盖全国各岛的印尼地图很难寻觅。岛屿过多、领土跨越之广很难让人看到一个真实全景的印尼。

的确，由万岛和环海构成的印度尼西亚，尽管各族群血统上有所关联，但他们多少会因为隔着海洋而没法频繁热络，这自然就导致了语言和文化的多样性，以及影响了社区共同体的发展。官方数据显示，印度尼西亚大约有500个民族，他们使用的语言和方言数量大概在150—250种。因此，生活在这片群岛中的个体，可能很难有一种实在的"共同体"的感觉。

1973年8月，印度尼西亚和马来西亚签署了一项文化协议，其中一条就是对马来西亚语和印尼语的相似拼写进行统一达成了一致。这才让部分族群之间的交流效率有所提升。可以想象，岛屿之间的方言、习俗千差万别，这几乎从一开始就决定了新中式奶茶出海印尼时需要极其细致的本土化。

蜜雪冰城也并非没遇到过挫折。2022年12月28日，印尼当地媒体"Viva. co. id"发表报道称，印尼蜜雪冰城公司尚未获得清真认证。此后，印尼蜜雪冰城在照片墙出面回应声称，公司从2021年就开始进行清真认证的办理，但是目前该流程尚未完成。办理流程时间漫长的原因是，蜜雪冰城使用的原料90%从中国进口，检查需要由上海相关机构进行。此外，门店所使用的原材料来源并非完全集中在同一个城市，清真认证不仅要确认成分，还要确认原材料的来源和途径过程，再加上疫情的影响，导致了时间的延后。品牌坚持认为，没有拿到清真认证不代表蜜雪冰城所使用的所有原料成分（如珍珠奶茶、果茶、奶昔和冰淇淋产品）不是清真食品。

这次危机公关中，品牌回应的速度令人惊叹，并且在2023年2月就获得了清真认证。从发出声明到实际解决问题，用时大概两个月，这其中还包括了和印尼相关机构打交道的时间，这足以显示印尼蜜雪冰城团队的响应速度和处理能力。

一种文化上的缓冲

一位来自印度尼西亚的社区活动者告诉我，华商在印尼是很特殊的存在。当地人知道他们很富裕，想要在他们创办的企业工作但同时又有点抵制，这种感觉很微妙。这让人想起印尼历史上曾发生的种种排华事件。

1998年5月，印尼发生过一场极为严重的排华事件。彼时亚洲金融危机的负面影响扩散至此，示威者从游行变成骚乱。

还有2017年首位担任雅加达省长的华人钟万学所触发的反华情绪。在寻求连任期间，他引用了一段来自《古兰经》的经文，因亵渎宗教被判刑两年。

2023年火遍全球的短视频App TikTok（抖音国际版，为强调与国内版的区别，以下以英文名显示）在印度尼西亚收到了一纸禁令。官方认为这种"直播＋社交"的线上电商模式影响了当地线下零售以及中小企业的利益。这些和中国籍劳工逐年上涨的薪资问题一起发酵，被归结于中国企业和商人抢走了当地人的饭碗。

蜜雪冰城的印度尼西亚官网上，有这样一段描述：蜜雪冰城在印尼拥有190人的运营管理团队，有近1 400家合作伙伴，拥有超过2 400家门店。间接为社会创造多达1.28万个就业岗位——上游供应链生产制造、物流运输、装饰装修等间接因素带动就业发展万余人。这或许是一种委婉的传达，品牌试图在告诉当地人，当蜜雪冰城带着"甜蜜"来到这片土地时，希望也收获同样"甜蜜"的回报。

2023年8月，和蜜雪冰城同样诞生于河南郑州的另一品牌茶主张（Wedrink）在雅加达开出了首店。该品牌的菜单和蜜雪相似，不过多了港式甜品、炒酸奶和养乐多等系列，同样也提到会"招聘和任命当地员工"。

2023年10月，发家于安徽的鲜果茶品牌甜啦啦也来到了印尼，在国庆期间开出了首批六家门店。品牌先采用直营的方式，后续决定筛选出优质的加盟商来扩展市场。根据品牌海外市场负责人高策的说法，2023年品牌在印尼的野心是开300家门店。如果单个门店能够雇佣3—5名本土劳动者，那能为当地近千人提供就业岗位。

在蜜雪冰城逐渐占据印度尼西亚街头、雪王标志性的红与白到处飞扬时，很难推测当地人如何看待这个中国的品牌。但可以肯定的是，蜜雪冰城绝不是唯一一个能在这个市场奏响乐章的中国品牌。

当中式茶饮品牌在让印度尼西亚群岛上的人品尝到来自中国的甜蜜时，一定程度上也能让印尼人感受到来自中国创业者、劳动者的热情和善意。当这些中式茶饮品牌通过雇用当地劳动力来为印尼人提供就业岗位时，当它们用本土语言在社交媒体上热情地和当地消费者沟通时，一个新的包裹着温和而甜蜜的中国形象，可能会被建立。

异域美食能作为不同种族之间摩擦、冲突的缓冲剂吗？笔者不确定这是否高估了奶茶的作用，是否在无形中加重了大众对这些品牌的期待。食物可以承载传播文化的功能，甚至在某些特殊情境或者场合中发挥出一定的政治影响力。但实际上，美食的本质还是在于其美味，做食物的人只需要尽到做好食物的本分，就已经是一种成功。至于一个发源于地方的餐饮品牌能否受到人人赞誉、风靡全球，天时、地利、人和，一样都不能少。

2023 年的夏天，印度尼西亚蜜雪冰城在雅加达的地区总部落地。品牌在网络社交媒体上发布了这一消息，并邀请更多当地人加入团队。一个月之后，品牌又开放了印尼所有地区岛屿开店的申请，一个遍布万岛之国的品牌真的可能要诞生了。

四、南洋路漫漫

迂回的策略

从目前出海东南亚的中国茶饮品牌来看，大量媒体报道和行业分析会把当前处于"出海第一梯队"的蜜雪冰城、喜茶和霸王茶姬进行比较。根据截至2023年12月的统计数据，从东南亚门店规模上来看，蜜雪冰城以4 000家左右的数量，远远高于霸王茶姬的1 000家和喜茶的10家。

如果不经历新加坡门店的"变脸"事件的影响，霸王茶姬的门店数量级也许可以更高。毕竟对于当时的马来西亚市场，霸王茶姬几乎做到了顶流，有媒体数据称其店均GMV已经做到了第一。从2023年品牌在全球范围的门店扩张速度就可以嗅出这种极致的势头：从2023年1月到8月之间，短时间内门店从1070家跃升至2000家，直接实现翻倍，到12月初全球门店数量已突破3000家。

从时间线上来说，蜜雪冰城在2018年9月进入越南首都河内，算是最早的奶茶出海前辈；喜茶是2018年11月进入新加坡；霸王茶姬2019年3月进入马来西亚。蜜雪冰城和霸王茶姬打入东南亚的门户选择上都先巧妙绕过了东南亚富裕水平最高的新加坡，而优选进入相对较不富裕的市场，这也是一种策略上的迂回。

挖掘下沉市场

从2022年国际货币基金组织的数据（见表2.7），可以看出东南亚各国的人口基本盘和富裕程度。越南和马来西亚的名义GDP差距不大，但越南近1亿的人口数量几乎是马来西亚的三倍。根据蜜雪冰城和霸王茶姬的定价体系，两者都选择了与品牌相对适配的市场。

在人均名义GDP浮动在4000美元左右的三个国家印度尼西亚、越南和菲律宾之中，除了印尼人口数量级在2.74亿左右，菲律宾和越南的人口体量目前相当，但在购买力水平上，越南和印尼明显处于领先地位。

表 2.6　2022 年东南亚国家的人口数及购买力概况

排名	国家	人口百万	名义 GDP（汇率）百万美元	名义 GDP 人均美元	GDP（购买力）百万美元	GDP（购买力）人均美元
7	缅甸	53.886	63 052	1 170	243 420	4 517
8	柬埔寨	15.993	27 985	1 749	84 755	5 299
9	老挝	7.481	20 631	2 757	66 735	8 920
5	菲律宾	110.489	406 107	3 676	1 073 841	9 719
3	越南	99.223	415 493	4 187	1 250 441	12 602
1	印度尼西亚	274.859	1 247 352	4 538	3 842 965	13 981
—	东南亚国家联盟	673.655	3 594 839	5 336	9 730 880	14 441
2	泰国	70.078	585 586	8 356	1 428 729	20 387
4	马来西亚	33.782	415 315	12 295	1 055 454	31 243
10	文莱	0.463	16 263	33 097	31 954	69 063
6	新加坡	5.743	396 995	69 129	652 586	113 635

注：数据源于 2022 年国际货币基金组织（IMF）。

越南和印尼的一个共性在于，过去十年来其中产阶级的迅速膨胀支撑起大、中城市庞大的消费力。根据印尼财政部人员在东亚论坛上的描述，按照世界银行每日消费7.75美元至38美元可被划分为中产阶级这一标准，印尼的中产阶级数量在2020年已经达到5 200万左右。从2005年到2020年，印尼中产阶级占比从7%上升到20%。而麦肯锡咨询公司也认为，越南在2035年将有一半人口步入中产，这后劲将释放出极强的消费力。

蜜雪冰城先后闯入越南和印尼，从策略上来说是一场对下沉市场的彻底挖掘。两个人口众多的国家有诸多相同点，比如大、中城市和全国其他城市的贫富差距极为明显。在大、中城市用高频点位完成占领，既有效提升了消费者对品牌的熟悉和记忆程度，从而又建立起品牌高度认知和强效心智，为进一步、大范围的占领市场埋下伏笔。

从越南市场来看，蜜雪冰城先试水河内，然后在越南北部其他省份，以街边店模式和宽松的加盟政策迅速提升门店数量，落子很有章法。而对于印尼市场，雅加达等大城市的富裕程度要远超印尼其他城市，因此印尼的蜜雪冰城就没有像越南那样走大规模的平价亲民路线。除了通常的街边店、社区店模式外，面积更大、多楼层、可设置充电座椅区的大店比例明显提升，这就是蜜雪冰城想要打造品牌高端形象的体现——因为其在雅加达的对手可能是星巴克这样的国际饮品大牌。而印尼其他城市的门店，考虑到印尼岛屿众多的地理特殊性（通勤依赖船运甚至飞机），"最后一公里"才决定了品牌是否能真正触及消费者。

霸王茶姬产品的价格带高于蜜雪冰城。新加坡属于发达国家，高昂的租金和人力成本，因此品牌在2019年绕过新加坡而落地马来西亚反而是一步好棋。新加坡的奶茶业竞争过于激烈，消费者对原料的成分、来源、新鲜程度和健康指标等具体要求都非常挑剔和细致。彼时刚刚起步的霸王茶姬没有必要去一个难度更高的市场千锤百炼，而应该选择一个能够快速达成资本积累（包括品牌形象打造以及资金快速回笼）的地方。很显然，当时新加坡的奶茶业已经有喜茶、奈雪、KOI、LiHo里喝、老虎堂、茶汤会等众多强势对手，而马来西亚奶茶市场当时只有茶马来、日出茶太两个强势玩家且两家还是对手，鹬蚌相争，渔翁得利。如果贸然进入新加坡市场，不仅会与部分小有名气的奶茶品牌在客流量上有所分流，更会引起喜茶、奈雪等强势竞争对手在国内市场上的警惕。

低调是一种选择，事实证明霸王茶姬这一步棋走对了。在一夜经历新加坡门店的改头换面后，其在马来西亚的门店仍然作为其最坚挺的海外市场而存续，并且于2024年3月在马来西亚森美兰州芙蓉市推出了全球首家"Driving Through"奶茶得来速门店。

品牌出海的文化要义

对于喜茶和奈雪来说，这两个在中国新茶饮浪潮中最耀眼的品牌，在同一时间、同一市场、同一领域经历了无数次正面博弈后，还能在奶茶业稳坐头把交椅，绝非易事。此前的章节已讨论过它们从产品研发、线下零售、供应链管理等关键环节如何运作，但更加重要的是，当这些要素都到位时，品牌的顶层设计往往决定品牌最终的发展方向和可能达到的天花板。当喜茶和奈雪发展到这个阶段，品牌的形象、品牌认知的构建和打造可能基本完成，下一个阶段应当关注的是，其深层的文化内涵和核心要义应该是什么？这些内涵和要义是否会随着时间而变化？品牌内核如何在全球市场上保持一致并且能无误地传达给各地的消费者，这些都值得反复讨论和思考。

从2018年11月到2023年11月，整整五年时间，喜茶在东南亚的征程似乎都很谨慎和缓慢。其仅仅在新加坡保留了五家门店，无论是和蜜雪冰城还是霸王茶姬相比，出海阵势似乎都不够大。直到2023年下半年开始启动东南亚之外的其他市场如英国、美国时，喜茶才在2023年12月开出了马来西亚的第一家门店。但需要明确的是，当我们回溯喜茶这般出海节奏和店铺布局时，能够回答"喜茶在新加坡达成了最初设定的目标和任务"这个问题吗？

答案或许会有不同。但就传达品牌深层的文化要义，建立强效的品牌心智这一点来说，喜茶无论是从社交媒体的动态营销，还是线下空间美学的叙事上，都做得无可挑剔。克拉码头的灯塔依然闪耀，一个新茶饮品牌同时在此将中式传统文化具象细微地传递给消费者，并且愿意俯身贴地地与当地居民、与真切存在的历史文脉进行沟通，这是难得的真诚。这些出海品牌引领的不仅是再一次的奶茶热浪，更是为异地城市特别定制了新的文化景观。

因地制宜

至于奈雪，2023年7月之前从未松口过加盟二字，一直坚持的直营模式使其运营成本居高不下。在2020年疫情暴发后，新加坡门店运营遭受冲击，但品牌也没有摆烂，而是不断调整来应对变化的市场，并在当年4月快速测试并上线了外卖模式以维持3家门店运转，直至其脸书的最后一条贴文停留在2020年6月6日。虽然新加坡门店后续闭店，但品牌随即在2020年7月转而探索日本市场，并于2023年12月初启动位于泰国的首家直营门店。

品牌在各海外市场的探索中也为国内奶茶行业发展提供了有益的经验。比如，在新加坡实行的营养分级制度，也让品牌开始认知到公开成分，或者清楚标注卡路里对如今愈加在乎健康的消费者说，可能是一件好事。2024年，上海疾病预防控制中心研制了饮料"营养选择"的分级标识并开始试行。而在印尼和马来西亚，奶茶能否取得清真认证都决定了品牌是否能得到更多消费群体认可的重要指标，这也是中式奶茶品牌来到陌生市场的必修课。

至于与加盟商、特许经营商之间的角力，无论品牌选择直营还是加盟，这本就是自身选择，无可厚非。只不过，在激烈的市场竞争中，品牌常常面临抉择，是选择一个熟悉本土市场的合作伙伴迅速打响名声，还是积极开放加盟迅速占据市场份额并形成规模效应，又还是谨慎、缓慢地甄选自己的合作商，并采用亲自下场的方式去维护长期积累起来的声誉和品质？

曾经折戟的品牌似乎最终做出了妥协。2023年，喜茶的事业合伙助手微信小程序上，已经开放了海外市场的事业合伙人申请。这些国家和地区包括了日本、新加坡、泰国、越南、马来西亚、美国、加拿大、阿联酋、澳大利亚、印度尼西亚、菲律宾、英国等。而奈雪希望海外市场能够坚持直营模式，来保证人员管理的专业性和出品品质与国内保持统一。

至于每个海外市场从业者的脾性，这是品牌必须花时间去摸索的。像越南市场的加盟商的抗议给所有出海的品牌都上了一课。中国食品行业，包括奶茶、咖啡在内的"闪电战"、"近身战"等都未必适用于所有海外市场，管理经验也不能照搬复制。尤其是当双方的思维模式不一致时，应当花耐心去进行更多的沟通，当然也要警惕本土合作伙伴突然的转变。

而在产品原料跨越千里的运输中，蜜雪冰城在越南和印尼的数千家门店决定了其早前在西南地区的供应链布局如今终于派上用场。成都青白江的亚洲总部，是其生产基地也是出口基地，能够让品牌把更多原料和物料快速通过铁路网络运送出海。中国的物流企业也能在品牌出海地提供仓储支撑，做到运送与出海的无缝衔接。"菜鸟"位于胡志明市附近的智慧型物流园，就为品牌在越南南部的扩张打下了基础。

下南洋、闯万岛，无论最终结果如何，奶茶品牌对每一个细分市场的探索，都是宝贵的经验。当奶茶热浪再一次涌向东南亚市场时，来自中国的奶茶品牌终归会在这片炎热但充满活力的土地找到自己最坚实的拥趸。

第三章

出海欧洲、中东、澳大利亚、日韩

一、一场漫长的远征

　　2023年8月，喜茶位于英国伦敦唐人街的欧洲首店开业。人潮从四面八方涌来，排队的队伍在沙夫茨伯里大街*（Shaftesbury Avenue）上拐了个弯，直接排到了希腊街里面。当天有顾客排队时长甚至超过5小时才能买到，门店还因为电力问题经过紧急抢修才恢复运营。虽然首日营业匆忙慌乱，但这丝毫不影响当地留学生及英国消费者对这家来自中国的新茶饮品牌的热情。

　　整个伦敦城之前为中式奶茶欢腾，已有十余年了。2012年12月临近圣诞节，一个名为

---

*　沙夫茨伯里大街，是伦敦西区一条重要的街道。

"BoBoQ"的珍珠奶茶品牌，在伦敦苏豪区（Soho）人声鼎沸的莱斯特广场（Leicester Square）开业。这是当时英国规模最大的珍珠奶茶品牌，也是该品牌在欧洲的第108家连锁店。

很多人不知道的是，彼时的欢呼声不仅仅是因为BoBoQ在全欧洲的门店规模已经达到数百家的量级，更是因为这是深陷"毒奶茶"风波后众多中式奶茶品牌走出阴霾的时刻。2012年夏天关于珍珠奶茶中是否存在致癌成分的讨论，已经在BoBoQ的诞生地德国引起了轩然大波。人们因为恐惧而不再进入奶茶店，德国街头一些奶茶店的个体经营者无力支撑，只能闭店修整。而英国高端的莱斯特广场愿意接纳中式奶茶，等于对奶茶行业释放了一个积极正面的信号。

人们总是习惯遗忘问题所在，尤其当他们不是亲历者。等到"毒奶茶"风波在欧洲消散，新茶饮的浪潮席卷到这片土地之时，新一代的奶茶从业者再次无所畏惧地谈论起他们对这片市场的野心和筹谋，以及那些梦想熠熠生辉的时刻。

而笔者更倾向如此评价中式奶茶在欧洲遭遇的这次低谷：当我们谈论奶茶出海欧洲的进程时，BoBoQ是绕不过去的节点。它标志着中式奶茶在欧洲被大规模接纳并流行之前，也有过其被误解、被中伤的一段难耐蛰伏。

随着新中式奶茶品牌逐渐在甜蜜和清爽的口味之中找到绝佳的平衡，以适应各地消费者的味蕾后，一大批新品牌开始踏上了这条远征之路。甘杯（Comebuy Tea）、贡茶、日出茶太、鹿角巷等中式奶茶品牌逐渐扩散到欧洲每一个角落，喜茶、霓裳茶舞等品牌开始在欧洲一些大、中城市崭露头角。2015年之后，更是有一大批独立奶茶品牌开始在欧洲各个城市涌现，它们随即在自己的诞生地深耕并由此跑出了几家区域连锁。

喜茶进入欧洲不到半年，就在伦敦开出了两家门店，截至2024年3月，喜茶在微信小程序上已经标注了八家门店的具体位置。联想到喜茶2023年12月进入美国市场后的风樯阵马，仅用几个月就敲定了洛杉矶的比弗利和圣盖博的点位。可想而知在2023年开启的奶茶大航海时代，品牌出海的背后是一场速度、资金、人脉和运气的综合比拼。

在这个节点，我们应当讨论的是，新中式奶茶在欧洲站稳脚跟遵循了哪些可落地的扩张路径？本土食客对新中式奶茶有哪些更细分的需求？

毒珍珠事件

20世纪80年代赖明锦来到德国柏林，而后他在这里生活了将近30年。尽管柏林是他的第二故乡，但浸润在其身体里多年的中式味觉不会消散，他决定在德国开一家奶茶店。和好友朱桂燮、周耘竹一起，2010年他们在柏林开出了第一家名为"BoBoQ"的奶茶店，这是德国珍珠奶茶发展的起点。

朱桂嬛清楚地记得，2月18日开张当天只卖了15杯奶茶，而且到店的食客大多还是年轻人。尽管德国人对黑色的木薯丸子充满好奇和陌生，但他们并不知道，这种"珍珠丸子"到底是要吞下去还是要吐出来，也未料想到此后这种饮料在德国会掀起一场时尚流行。

BoBoQ开业一年后，2011年甘杯也在柏林开出品牌位于欧洲的首家门店，并在此后拓展到德国的柏林、汉堡、慕尼黑、法兰克福等多个城市。

2012年8月前后，德国《莱茵邮报》报道指出，亚琛工业大学和某仪器公司在测试奶茶店饮品的成分时，发现了苯乙烯、苯乙酮等可能致癌物。测试样本是从德国门兴格拉德巴赫市（Moenchengladbach）一家没有显示具体店名的奶茶店中获取的。随后德国包括《明镜周刊》、《世界日报》和《时代周报》在内的多家媒体纷纷跟进报道，奶茶的地位自此一落千丈。

德国不来梅大学一位名为毕莹瑞（音译）的学者在论文中研究了在2011年1月1日到2016年6月6日期间24篇详细记录奶茶被污名化的报道。在2012年8月《莱茵邮报》的文章发表之前，媒体的文本描述中就充斥了对珍珠奶茶的指控，具有包括"容易造成儿童窒息风险"、"可能导致肺衰竭"、"含糖量过高易发胖"、"充满人工添加剂和调味料"在内的多重风险。而在指控报道发表之后，媒体文本中的遣词造句除了已经讨论过的这些健康及风险问题外，还新增了"有毒"、"癌症"等关键词，并配上颜色鲜艳的"珍珠"配图。毕莹瑞深入溯源这些文本的信源、用词和信息披露程度，发现它们在某种程度上加剧了大众对奶茶的负面印象。

一个重要的背景信息是，2011年5月，台湾地区爆发了一场波及采购过台湾地区食品的国家及地区的食品安全危机。根据当时人民网援引台湾地区媒体的消息，先是2011年4月有关部分抽检食品在一款益生菌粉末中发现一款浓度高达600 ppm（一万分之六）的塑化剂DEHP[*]，而后又发现昱伸香料有限公司在食品添加物"起云剂"中添加有毒性的塑化剂。紧接着，更多知名食品品牌如台湾比菲多、盛香珍、鲜茶道等被卷入其中，最终统计数据显示超过200家厂商被卷入其中。台湾地区宣布超过一万家超市卖场和便利店立刻停售含有起云剂的产品。奶茶在德国被最先发难，很有可能是这场食品安全危机的延续。

奶茶店店主当然没有坐以待毙。甘杯在发现《莱茵邮报》报道之后立即回应，在脸书等社交媒体渠道为自己正名；一家名为"Tee Quadrat"的珍珠奶茶批发商把自己的原材料递送德国官方认证的检测机构结果显示全部合格；另一家珍珠奶茶原料供应商Possmei决定向部分陈述"奶茶含可能致癌

---

[*]　邻苯二甲酸二，无色或淡黄色黏稠液体。

物"的检测公司发律师函；在此期间，BoBoQ也不断接受媒体采访来表明自己的立场和态度，并在网站上展示了各类食品安全证书。不过也有奶茶店开始在菜单中回避"珍珠奶茶"这个关键词，而将其笼统地称为奶茶。

事件的转机发生在德国北威州农业和消费者保护部后来公布的一份检测报告。他们委托了官方认证的检测机构，对84种珍珠奶茶的产品进行抽样调查，产品类别覆盖"爆爆珠"、"浓缩果汁"和"珍珠奶茶"等此前都被提及具有"食用风险"的产品。最终检测结果证明这些产品并不含有此前媒体大肆宣扬的苯乙烯、苯乙酮等可能致癌物。

在经历了这一连串被调查、送检过程后，BoBoQ和部分奶茶供应商才得以摆脱污名。尽管媒体风向此时已经开始发生变化，有报道开始改变口风声称"奶茶是无辜的"，但奶茶在当地食客心中的负面形象已经很难改变。BoBoQ位于德国的门店生意直接受到影响，更多个体户经营的独立奶茶门店已经无力支撑，只能关门大吉。

这次事件对于2010年初在欧洲经营奶茶门店者，以及奶茶上下游产业链的从业者都敲响了警钟。自此开始，很少再看到欧洲的新兴奶茶品牌成立时做大面积的宣传，更多时候，它们更为谨慎和克制，将注意力更多地投入到食品安全这些红线问题上。

二、和谐共生的市场

挑战咖啡的压倒性优势

　　由于 BoBoQ 是欧洲当时最大的奶茶连锁，对当地食客关于奶茶的市场教育大抵就从它开始的。首先，很多奶茶门店会用详细图解或者在店内滚动播放视频来讲解珍珠奶茶的饮用方式。门店的海报里还会张贴各种小料的成分说明，以及不同百分比的含糖量对应的全糖、多糖、半糖和少糖的说法。而曾经让消费者"听者色变"的"珍珠"和"爆爆珠"，店家会投入更多的耐心和精力去解释，还根据当地的饮食偏好将所有小料做成素食主义的版本。

在饮品方面，欧洲人喜欢酸奶和新鲜果汁，更偏好冰沙口感，所以更多奶茶店开始提供冰饮的选项，并引入大量颗粒感更细腻的刨冰机来做出符合当地消费者口味的、以果汁冰沙为基底的奶茶饮料。

当然，咖啡在欧洲此时仍然是稳居第一的饮品，对当地人的吸引力可能远远超过奶茶、纯茶或者果汁。国际咖啡协会的数据显示，2022年的欧洲是全世界最大的咖啡市场，占比全球咖啡消耗量的31%，按照袋装咖啡的规模来计算约为5 500万袋，整个数据接近北美和南美地区咖啡消耗量的总和。不过，亚太区的咖啡销量占比25%，是目前全球第二大的咖啡市场。

"佛系"的欧洲奶茶1.0时代

咖啡的压倒性优势让各奶茶品牌在欧洲缺少了"狂飙激战"的感觉。在2010年前后开始的欧洲奶茶1.0时代，大连锁品牌即使渗透到欧洲多个国家，也只会在某个国家的大、中城市（如首都或者经济文化中心）开出超过一家门店。而具体到单个国家，即使在英国、法国和德国这样的传统大国，也没有单个国家某奶茶品牌门店规模超过100家的例子——除了之前的BoBoQ。这些大连锁品牌留下的市场缝隙，都被区域性连锁奶茶品牌有序地填补起来了。

　　欧洲整体的经商节奏踏实缓慢，"慢下来、和谐共生"的风格在这里被贯彻得很彻底，奶茶从业者似乎都比较"佛系"。即使在区域连锁奶茶品牌门店集中的城市，它们在具体某一个重点城市的门店数量也很少会突破10家，一般按照自身的管控能力和资金规模会扩张2—6家，这又同时给独立奶茶门店的生存留下了弹性空间。

　　因此，奶茶的大型连锁品牌、区域性连锁品牌和独立门店相得益彰，它们和谐地在一座座城市的街道、河岸、旅游景点、院校机构附近和社群聚居地相映成趣，是欧洲市场奶茶业独特的生态景观。

　　以BoBoQ的大本营德国市场为例，目前大型连锁品牌只有BoBoQ和甘杯两家。根据BoBoQ的欧洲官网数据，截至2024年4月，品牌在欧洲正在营业和即将开业门店数量52家，其中柏林的门店数量达到12家，汉堡有2家。此外品牌在同为德语区的捷克共和国首都布拉格也拥有2家门店。

　　比BoBoQ晚一年进入德国的奶茶品牌甘杯在德国共计拥有28家门店。其品牌在柏林的门店达到8家，主要分布在购物中心、火车站等点位。此外还渗透到慕尼黑、法兰克福、汉诺威、科隆等德国大、中城市，在一些相对小众的城市如波鸿、卡尔斯鲁厄也有所覆盖。

　　值得注意的是，和BoBoQ一样，除了首都柏林，甘杯同样选择汉堡作为在德国市场扩张的第二大市场。这背后有一定的经济和人口因素考量。首先，汉堡是德国第二大城市、欧盟重要的城市，其拥有的巨大港口促成了发达的对外贸易，也带来了人口构成的多样化。根据欧盟数据，汉堡大都市区人口超过500万，其中26.9%的居民有移民背景，因此他们对异域的饮食比如奶茶的接受程度可能远远高于其他城市的居民。甘杯在汉堡门店先后开过四家门店，目前第一家门店关闭，其余三家照常运营。

表3.1 甘杯在德国主要城市一些门店的分布

德国城市名称	门店位置
柏林	城西
	东区购物中心
	东门购物中心
	健康泉中心
	波茨坦广场火车站出口
波鸿（德国鲁尔区的城市）	市中心
埃森（鲁尔区，杜塞尔多夫）	市中心
法兰克福	Myzeil
汉堡	一店，目前关闭
	二店，考夫兰汉堡-布拉姆菲尔德，目前关闭
	三店，市中心
	四店，阿尔托纳

续　表

德国城市名称	门店位置
科隆	在大教堂
莱比锡（前东德第一大城市）	市中心
	海滨长廊总站
慕尼黑（巴伐利亚州首府）	REWE City 入口
波茨坦（勃兰登堡州的首府）	车站通道
多特蒙德	市中心
卡尔斯鲁厄	卡尔斯鲁厄埃特林格门

注：此外品牌在同为德语区的捷克布拉格有三家门店，布尔诺有一家门店。

另一个知名奶茶品牌，在新茶饮时代中崛起的品牌鹿角巷，于2020年3月在德国柏林开出首家门店。如今其在德国共计开出七家门店，其中三家分布在柏林，慕尼黑、莱比锡、法兰克福和埃尔福特各有一家门店。

从这三个品牌的门店规模和分店点位来看，BoBoQ和甘杯两个大型连锁奶茶品牌，在德国共计铺设了大概70家数量级的门店，且除了在柏林、汉堡之外，其他城市基本只有一家门店。鹿角巷作为中型连锁，基本也是一城一店的规模，这给一些深耕当地的独立奶茶品牌留出了充裕的市场空间。

2016年，一个名为"Teamate"的奶茶品牌在杜塞尔多夫诞生。它在当地的"日本城"开设了第一家门店，从此食客常常相会在伊默曼大街边闲聊边喝奶茶。2016—2024年，Teamate在杜塞尔多夫的老城区又开出了一家门店，此后在莱茵县的诺伊斯、曾经的西德首都波恩和有两千年历史的科隆，分别开出了一家门店。

2021年，在国内和茶颜悦色、霸王茶姬同样走国风赛道的新中式茶饮品牌霓裳茶舞也在杜塞尔多夫老城的国王大道边开出了一家门店。其奶油上撒上坚果的搭配是德国很少能喝到的奶茶品种，有网友甚至从亚琛自驾约一小时来到这里打卡，就为品尝一杯奶茶。

如果地毯式搜索杜塞尔多夫的奶茶门店，你会发现其主要集中在老城区地铁站和火车总站附近。这里有十几家奶茶品牌。除了Teamate、霓裳茶舞，丸作食茶也在这里开出了门店。食客对Beautee的评价也很高，其品牌标识是一个扎着马尾辫的女孩，目前已经在杜塞尔多夫、科隆、多特蒙德、科隆等地开出四家门店。另一家奶茶品牌"Mr. Box张小盒"也是一家小型奶茶连锁。此外，Nado、Fencha等独立奶茶门店也有自己忠实的粉丝。

杜塞尔多夫之所以诞生众多区域型连锁和奶茶独立门店，与这座城市的亚裔社区扎根于此的历史紧密相关。20世纪60年代，一些日本企业在杜塞尔多夫先后扎根，2004年当地日本企业的数量已经超过450家、中国企业有220家（其中来于台湾地区的企业有90家）。这或许是Teamate首家门店开在当地日本人聚居地的原因。

而随着来自亚洲国家的投资金额和办事处数量的提升，当地的亚裔数量急剧增长。2004年杜塞尔多夫和重庆缔结友好城市关系后，以重庆为起点的中欧班列，终点站就设在德国杜伊斯堡——和杜塞尔多夫距离很近。前市长托马斯·盖泽尔还在2019年到访过重庆。如今，包括华为、小米在内的630家中国企业在这里设有分支机构，大约有5 000名中国人生活在这个城市，当地还有专门的中文学校。而奶茶自然就有了最忠实的客群。

在奶茶1.0时代里，各奶茶品牌在欧洲国家整体上的扩张策略也遵循了同样的规律。大品牌基本会选择某个具体国家作为主要阵地，其他国家只选择发展重点城市甚至只开出单个门店，这不仅给其他区域连锁和独立品牌留下了充分机会，也让大品牌之间避开了正面交锋。

比如，因周杰伦而走红的奶茶品牌"麦吉"，尽管在英国、法国、瑞典、荷兰和意大利都设有门店，但只有法国门店数量达到五家（其中三家位于巴黎，里昂和斯特拉斯堡各一家），其他国家的门店数量都只有一家。

2012年7月，借着伦敦奥运会的东风进入英国市场的奶茶品牌日出茶太，就把自己在欧洲的主要根据地设在了英国。根据品牌英国官网截至2024年的统计，日出茶太在英国门店数量共计26家，其中8家都集中在伦敦，其他分布在纽卡斯尔、曼彻斯特、利物浦、南安普顿、剑桥、牛津、莱斯特、谢菲尔德、朴茨茅斯、利兹、兰卡斯特、米尔顿·凯恩斯、布里斯托、布里奇顿、卡迪夫、贝尔法斯特（北爱尔兰首府）、伯恩茅斯、巴斯等主要城市，每个城市只有一家点位。

此前笔者曾经和一些奶茶从业者讨论日出茶太在英国的扩张策略。当时我们的看法是，华人群体放在整个欧洲范畴看大多集中于英国，但放在英国境内去考量，除了伦敦之外，华人群体又相对分散，此时用"一城一店"的方式快速锁定目标人群，倒是个不错的策略。

另一个奶茶大连锁品牌贡茶，尽管后来其把全球总部设立在英国，但其英国的门店分布显然也避开了与日出茶太的正面竞争。尽管品牌在英国共计15家门店，但伦敦只有3家门店，反而是曼彻斯特的门店数量达到了4家。

奶茶2.0时代开始提速

2015年前后，国内奶茶行业开始了转型萌芽。此后的三年里，奶茶行业在原料品质、制作工艺上开始了全面变革，"新茶饮"开始成为整体消费升级周期中受瞩目的领域。喜茶、奈雪、乐乐茶和茶颜悦色等品牌掀起芝士奶盖茶、水果茶和带国风奶茶的潮流，这场新茶饮行业迭代，由此迅速建立起行业的新标准。这股风潮迅速席卷到美国、欧洲和东南亚等地区，奶茶在全世界各地陆续开启了2.0时代。

从奶茶出海美国的情况来看，2023年之前国内的新茶饮头部品牌基本没有大规模进入北美市场，东南亚市场的渗透也非常谨慎，基本控制在一年1—2家。疫情前后奈雪还关闭了在日本、新加坡的门店，美国门店的计划也随之搁浅。欧洲的情况也基本相似。

这给一部分诞生于奶茶1.0时代但早期没有全面发力，以及诞生于奶茶2.0时代但尚未走到台前的玩家提供了充分的时间窗口。

2016—2017年，快乐柠檬和CoCo奶茶几乎同时把品牌的欧洲首店选在了英国伦敦。快乐柠檬甚至不到一年就在英国的伯明翰开出了第二家门店，和首家门店选址策略相似，都放在中国城。有个细节可以参考，彼时日出茶太已经在英国形成了规模效应，快乐柠檬选择开店的伯明翰和考文垂，都是日出茶太在英国没有覆盖门店的城市。

2.0时代的奶茶品牌充满野心和活力。在进入英国伦敦短短几年后，快乐柠檬分别在谢菲尔德、利物浦、曼彻斯特等地开出了门店，南安普顿的门店也在规划之中。其中伦敦、伯明翰、曼彻斯特的门店全都选址于中国城。

2017年，CoCo把英国首店选在大英博物馆对面的位置，此后在伦敦大英博物馆、唐人街街区开出了两家门店。2021年品牌进入西班牙之后共计开出四家门店，其中巴塞罗那两家、马德里两家，随后又在荷兰的鹿特丹、乌得勒支，瑞典的斯德哥尔摩等不断扩张其在欧洲的版图。

诞生于奶茶1.0时代贡茶也开始在这时期全面提速。首先是特许经营商的甄选。2018年年底，贡茶在英格兰一家名为ST Group Food Holdings Limited的合作伙伴的帮助下，2019年迅速开出英国伦敦的第一家门店。2020年，品牌随即把全球总部迁移到英国。两年后的夏天，一名职业经理人保罗·雷尼什（Paul Reynish）从贡茶临时全球CEO、马丁·贝利（Martin Berry）手里接过了全球CEO的位置。保罗此前的职业履历非常漂亮，他在甜甜圈品牌唐恩都乐，汉堡品牌五兄弟（Five Guys）、汉堡王，快餐连锁赛百味（SUBWAY）都有过管理国际市场的经验，并且在加入五兄弟的三年内让该品牌在11个国家开出了新门店。

保罗·雷尼什没有让人失望。加入贡茶之后的一年里，保罗主导了贡茶在15个新国家和美国的三个州新签订了总特许经营协议，还签署了贡茶历史上最大的主特许经营协议，覆盖了中东300个点位。

聚焦到欧洲区域，2023年他推动贡茶和特许经营商Mad Vision Group合作开设了品牌位于巴黎的首家法国门店。在签订的特许经营协议中，有一部分关于"Mad Vision Group承诺在未来十年内将贡茶的法国门店提升至200家"的条款。此前，Mad Vision Group等合作方曾经帮助贡茶在比利时打开局面。

在奶茶 2.0 时代，提速扩张的不仅是老牌奶茶选手，此前提到的区域连锁玩家也开始全面加速扩张。

回看欧洲最早诞生奶茶大连锁的德国，除了此前提及的在杜塞尔多夫诞生的 Teamate 之外，另一城市斯图加特也在2018 年跑出了一家区域性连锁品牌"TEEAMO 茶伴"（以下简称"茶伴"）。品牌的诞生地斯图加特，是德国巴登-符腾堡州的地区首府以及州内第一大城市，众多高科技企业聚集于此：梅赛德斯-奔驰（Mercedes-Benz）的引擎声响亮、博世（BOSCH）的机械稳定、歌剧院的歌声辽阔、芭蕾舞者的足尖旋转，这里还坐落着德国第二大证券交易所，又是著名的葡萄酒产区。根据品牌德国官方网站的信息，茶伴在德国及周边的门店数量大约在 40 家左右，覆盖了慕尼黑、明斯特、科隆等主要城市，同为有德语区的奥地利首都维也纳、林茨也设有品牌门店。

再看意大利市场，一家名为"FRANKLY"的珍珠奶茶连锁品于 2016 年在米兰诞生。截至 2024 年 4 月，品牌在米兰的加里波第、罗马门、大教堂、纳维利、洛雷托、中央车站以及意大利阿雷塞共设有七家门店，品牌提供果茶、奶茶、咖啡、乳饮料、有机茶、冰沙和雪泥等一系列产品。

米兰当地还有一家备受消费者关注的珍珠奶茶品牌"Mistertea"。品牌创始人斯特凡诺·斯卡拉蒂（Stefano

Scaratti）曾经去过日本，对亚洲文化着迷。2016年9月，品牌在米兰大学城街区Città Studi开出了市中心第一家门店，即便疫情期间也保持了品牌门店数量的增长。

出人意料的是，在波罗的海东岸的立陶宛，奶茶也受到了当地消费者的追捧。在这片北接拉脱维亚、东连白俄罗斯、南邻波兰的土地上，进驻了超过六家奶茶品牌，有一家名为"Pirpop"的珍珠奶茶店甚至每天24小时营业。当地最大的连锁奶茶品牌"Formosa Bubble Tea"的创始人是一名中国台湾人和一名立陶宛人。他们在美国留学认识后，决定把这种在北美也流行的饮料带入立陶宛。2016年，品牌在立陶宛首都维尔纽斯开设了首家门店，如今在弗林纽斯、考纳斯、克莱佩达、希奥利艾、帕兰加、斯文托伊等地都开设了门店。此外，闽茶等奶茶品牌也进驻了立陶宛。

中式奶茶的流行几乎渗透到欧洲每个角落。一家名为"Crazy Bubble Tea"的珍珠奶茶品牌，已经在芬兰、波兰、罗马尼亚、立陶宛、摩尔多瓦、黑山、爱尔兰、波斯尼亚和黑塞哥维那等欧洲国家开出共计接近200家门店的规模。截至2024年3月底，Crazy Bubble Tea在波兰的门店数量峰值一度达到154家、在罗马尼亚的门店数量接近30家。

当前欧洲市场，中式奶茶品牌的发展路径已经出现分野。第一梯队的头部选手分两类：第一类是日出茶太、贡茶、BoBoQ、甘杯、鹿角巷等整体知名度更高的，基本上覆盖到英法德西意等大国的选手，其在大城市圈的集中也给予了区域连锁品牌从萌芽到初生的宽容；第二类是在东欧、北欧深度扩张如Crazy Bubble Tea、Formosa等门店数量快速攀升的选手（它们之中还有潜在的奶茶原料供应商巨头，会在接下来的章节中展开）。第二梯队的选手以基于重点城市、相同语言区随之扩张的区域连锁品牌如茶伴、Teamate、FRANKLY等。第三梯队是分布在具体城市中的奶茶独立门店，因为数量众多这里先不详述。

首店必须一鸣惊人吗？

2023年喜茶闯入欧洲时，这片土地上的华人食客已经等待了许久。他们既期待能在异国他乡喝到来自家乡的味道，又期待着一场真正的"奶茶升级战"降临伦敦。

英国的饮茶历史悠久，比起其他欧洲人，英国人对茶的偏爱远胜过咖啡。在英国茶和饮品协会的官方问答页面上有一个有趣的提问："英国现在是一个喝咖啡的国家吗？"答案是否定的。

茶和饮品协会的工作人员当然没有开玩笑。该协会的统计数据表明，英国人每天喝咖啡的数量大概有7 000万杯，而每天喝茶的数量高达1亿杯，意味着每年英国人都要喝掉几乎360亿杯茶。而Statista的数据也显示2022年英国每人每周平均购买茶叶量为22克。更有趣的发现是：57%的英国饮茶者会添加牛奶；10%会加入植物奶；27%添加糖；12%会使用低热量甜味剂来满足口味又低卡的需求。这样看，喝茶在英国通常会被认为是"喝奶茶"，这也是中式奶茶能够在英国大范围流行的先决条件。

英国社会对饮茶细节的执着和追求，有时候甚至到严苛到先加茶还是加奶。在研究机构Yougov发起的一场调查中，79%的英国人认为制作奶茶应当稍后添加奶，而18—24岁的年轻人群对这个问题的回答似乎更加一致——他们当中的96%认为应该后加奶。在TikTok等社交媒体上流行的珍珠奶茶制作视频中，奶都是在最后一步被丝滑地倒入茶杯口再封口的，这样会显现形如完美的白色瀑布。

喝茶在英国历史上甚至一度引发了关于阶级属性和审美品位的讨论。作家克莱尔·马塞特（Claire Masset）在《茶和饮茶》（*Tea and Drinking Tea*）中提到，富裕家庭的主妇会通过喝茶礼仪来彰显家庭中茶叶的储备量和自身的生活习惯，进而展现出一种自上而下的阶级优越感。一个细节是，保管茶叶的箱子会上锁，主妇往往随身携带这把小钥匙来确保仆人无法获取，从而显示自身对资源的独占性，也是一种身份地位的象征。英国人类学家凯特·福克斯（Kate Fox）也在《观察英国人》（*Watching the English*）中观察过英国人喝茶偏好与社会阶层的关系，其发现喝茶时添加越多糖的人很可能是工人阶级，因为他们可能从事如铁路工人、花匠、厨师等需要体力劳动的职业，需要饮糖来提供能量。

英国人对奶茶有所偏爱，所以伦敦这座城市也是奶茶品牌进入欧洲时绝对不能错过展示其形象的世界性舞台。彼得·阿克罗伊德*（Peter Ackroyd）曾在《伦敦传》（*London: The Biography*）里拆解过这座城市的千年历史，用非线性的笔法全方位描摹伦敦的"体感"，这或许是他太过了解伦敦，才能一一拾取那些散落在历史长河中的时光碎片。对于大众来说，按照线性时间顺序更能直观感受这座城市的发展。从17世纪末起，伦敦作为一个活跃的港口在欧洲大陆边上闪耀，18世纪、19世纪，伴随中产阶级的崛起，日常消费品的需求快速增长，奢侈品消费和对海外物品的交易量也随之攀升。伦敦人口逐渐攀升，也使得伦敦逐渐成为欧洲现代化进程中的核心城市。这里是全球首个拥有地下铁路交通系统的城市，也是截至2020年首个三次举办夏季奥运会的城市。如今走在伦敦的街头你可以听到西班牙语、中国普通话、印度语和葡萄牙语交织在一起的"交响乐"，也可以看到来自北欧、日韩、中国、美国等世界众多国家和地区的流行品牌，这里无疑是世界经济和文化交汇的魅力之城。

喜茶进入欧洲的首站选在伦敦，无疑是明智之举。根据

---

*　彼得·阿克罗伊德，当代英国重要的小说家。

喜茶官方释出的数据，苏豪店单日最高销量达到了 2 000 杯，平均每日售出杯数超过 1 300 杯，单日最高营收额突破 1 万英镑。

如果说这背后成功的原因得益于英国人本就对奶茶的喜爱，可能还不够全面。细究喜茶在伦敦门店的铺开路径和点位选择，先是通过首店小成本破局引客流，再通过关键点位建立品牌形象，而后高频开店全面吸引客流量，这套流程与路数对未来中国奶茶品牌出海落地有着极佳的借鉴意义。

先谈首店。一个背景信息是，2023 年 8 月喜茶在伦敦开出的欧洲首店，是当时喜茶海外门店中位于亚洲之外的首家门店，也是 2023 年 3 月喜茶宣布开放海外事业合伙人申请后，一个极快落地的门店。从 3 月开放申请，到 6 月释放要开出伦敦门店的消息，再到 8 月直接营业，短短 5 个月时间，这中间营业许可申请、门店设计装修、原料准备、人员培训到位几乎是同步进行的。品牌没有选择大面积的旗舰店落地形式，也没有进驻核心地段的高端购物中心，而是选择了唐人街一个暂时不设堂食座位的小面积门店。相比起喜茶在东南亚市场的高歌猛进，其在英国市场的举措其实算是一个相对保守的决定。

市场当时对此的反应不一。有声音认为，小成本试水是个好选择，在欧洲市场对新中式奶茶反响尚不明确的阶段，小成本门店有利于品牌尽可能地延长门店生命周期，以及确保盈利；但也有声音认为，作为中国新茶饮品牌的领军品牌，蜗居于唐人街的一个小角落似乎稍显局促。

在笔者看来，喜茶位于伦敦唐人街的首店选择，其实并非全为保守之举。尽管没有进驻伦敦高端的购物中心，但其实和其在新加坡首店的选择有相似逻辑，那就是去当地奶茶业最聚集的地方，直面一场最激烈的竞争。

如果在电子地图搜索伦敦唐人街，你会发现这里交错的14条街道内几乎有超过20家奶茶和饮品店。老牌选手日出茶太、CoCo、快乐柠檬，新生代选手幸福堂、一芳、乌叶、麦吉，以及部分新锐品牌抿茶、小确茶都聚集于此。每隔半年或者一年，还有新的玩家在此进场并替换掉经营不善的品牌。其中，幸福堂和喜茶的门店距离不到20米，沿着沙夫茨伯里大街向前，CoCo、迷客夏和喜茶的门店也仅有一两个街区之隔。

传统台式奶茶玩家中，"T4清茶达人"在英国当地的渗透程度也不可小觑。截至2024年9月，官网显示品牌已经开业和即将开业的门店数量超过40家，几乎覆盖了英国主要城市。

当然英国本土玩家也不甘示弱。大名鼎鼎的"Bubbleology"（珍珠学）2011年在英国开出第一家独立门店。其创始人、前投资银行家阿萨德·汗（Assad Khan）在纽约求学工作期间爱上了这种珍珠饮品，并决定之后将其引入英国。如今，

Bubbleology在欧洲和中东地区的门店总数超过70家，仅仅在英国的门店数量就达到30家。而成立于2012年的珍珠奶茶品牌"Mooboo"，最先诞生于伦敦的卡姆登区，如今在英国的门店数量超过100家，几乎是英国线下门店数量最多的珍珠奶茶品牌。

在伦敦唐人街，无论是传统台式的珍珠奶茶，还是新潮新中式的水果茶、奶盖茶，或者是纯茶、珍珠冰沙，有关珍珠、奶和茶，以及其他众多丰富配料的创意都被发挥到极致。在一个行业品牌聚集程度如此高的地方，各奶茶品牌必然会面临消费者更为严苛的相互比较，因而被淘汰的可能性很高。

很显然喜茶首店顺利通过了这一挑战。在极短的时间内，一个小型、快捷的门店便可以迅速测试出了当地食客的口味偏好和价格承受范围、员工前台和后厨作业的消化能力，并适应了当地法律法规，这为后期更大规模地铺开店铺奠定了良好基础。

一年之后的2024年7月，和新加坡克拉码头的"白日梦"一样，喜茶在伦敦的新牛津街首家水墨主题门店落地。这家门店的面积高达130平方米，店内风格以流动的水墨和飘逸的茶韵感为主，辅以白色照明、金属立柱和绿竹烘托，将中国制茶工艺的历史悠久和中国传统水墨的深厚底蕴相结合，无形中精准地展现了融合传统与现代的新中式文化符号。

门店的点位选择是一大亮点。其距离大英博物馆的直线距离不到200米，步行只需3分钟，同时靠近考文特花园、皇家歌剧院等著名景点和地标性建筑物，可以说扎根于伦敦核心的文化创意街区。而门店为了配合周边的西式建筑而采用融合东西方文化的设计风格，可以说是喜茶在英国以及整个欧洲消费者心中构建品牌形象、传递理念的重要一步。

这一点位同时也兼顾了巨大人流带来的曝光，毕竟大英博物馆、皇家歌剧院等文化场所是全世界游客汇聚的地方。日出茶太此前在法国的门店铺开时也曾采取过这种策略，比如在巴黎圣母院、巴黎歌剧院和巴黎高校等人流汇集的关键点位都布局了品牌门店。对喜茶来说，靠近大英博物馆的重要性在于，根据Statista对2011—2023年大英博物馆访问人次的统计，除了疾病流行的特殊年份，其他年度访问均徘徊在600万人次上下；BBC报道援引主要景点协会（Leading Visitor Attractions, ALVA）的数据显示，往年参观博物馆的人次都有550万以上，2023年伦敦市中心博物馆的参观人次高达580万。所以，只要牛津街的门店一天不关门，对奶茶品牌来说就是一个大大的活广告牌。皇家歌剧院也是如此，因此2024年9月初，喜茶在歌剧院一楼的快闪门店顺利开出。

而从2023年9月到2024年8月的开店数据来看，喜茶在英国市场的推进速度非常快。短短12个月之内，喜茶在伦敦大区的门店从西伦敦推进到东伦敦，其官方微信小程序显示已经开业和即将开业的门店高达8家。可以看出，新牛津街的喜茶水墨主题门店很好地履行了文化传播的功能，并和其他关键点位喜茶门店相配合，逐渐加深品牌心智在当地客群中的高度渗透。值得一提的是，2024年6月15日，喜茶也开始走出伦敦进入英国另一大城市曼彻斯特，在当地皮卡迪利花园开出首店，第二家门店于2024年7月份在曼城唐人街开门营业。

另一种解题方法

欧洲市场当前对于奶茶的产品研发和创新程度而言，和国内新中式茶饮相比，在供应商方面仍然存在诸多差距。这一差距空间也盘活了一大批奶茶原料供应商，它们的存在让奶茶的多样性和品质迅速提升。

Taipec可能是英国最早期一批的奶茶原料供应商之一。凭借超过40年的物流经验，它在2009年就把珍珠奶茶的部分原料带入了英国，如今在英国、爱尔兰和欧洲拥有超过3 000家客户。根据官网产品信息，珍珠奶茶类目下至少包含297种产品，从最基础的冲泡奶茶粉、碎茶叶基底，到早期流行的芦荟冻、草莓糖浆，以及如今走红的红豆芋泥等辅料，甚至连熬煮珍珠过程中搅拌的铲子、冷水壶和吸管等包材都有售卖。可以说，一个奶茶店需要的所有原材料、生产制作过程中的装备设施以及售卖过程中包材耗材等，都全面覆盖。

另一家享誉欧洲的奶茶原料供应商 Inspire Food Company，2011年前后在德国成立。品牌在2012年夏天开启了它的第一家珍珠奶茶并逐渐向上游供应链转移。它目前能够提供珍珠奶茶、茶包茶粉、糖浆、辅料、包装、封口机和糖浆剂等一系列设备和产品，其中仅仅是珍珠奶茶就能覆盖草莓、芒果、青苹果、桃子、樱桃、蓝莓、百香果、荔枝、树莓、石榴、柠檬、猕猴桃等多种口味。

2015年，总部位于台湾地区的珍珠生产商伯思美（Possmei），也通过总经销商进入了欧洲。品牌在距离德国汉堡市中心开车约半小时的阿彭（Appen）设立了办公室和仓库，并且能够为奶茶行业的新人提供从运营管理、品牌定位、门店空间设计到人员培训和原料供给等全流程的培训服务。

在笔者调研欧洲的奶茶业时，发现和美国奶茶业发展的一个明显区别在于，欧洲奶茶业的上游供应商很少隐姓埋名，大多愿意走到台前，这和国内的供应商采取的姿态也略有不同。有专业人士认为，由于欧盟内部众多国家和地区对食品成分和质量的严格监管，因此食品加工商、原材料采购商和餐厅都会严格遵照食物安全标准和合规流程，这也反向要求了更上游的供应商、经销商和加工生产方更加注重相关资质的透明公开和定期公布相关信息。因此，比起美国的奶茶原材料供应商，欧洲的供应商更需要与公众进行高频沟通和更高程度的信息开放，这也因此让它们能够赢得来自下游奶茶店客户的更多信任。

当然，也有奶茶从业者为了原汁原味的奶茶口味和精良的制作工艺，开始寻求从国内直接海运设备和原料。一批广州的设备供应商在此脱颖而出，它们的设备基本上能够做到对应欧标插头、水电双接稳定，并且提前申请欧洲的相关资质认定来保证海运过关的顺畅。一位从业者提及，从国内运设备最大的不稳定性在于设备落地调试，以及清关是否顺畅。如果机器和原料滞留在海关，往往会影响海外门店的开业时间，此时房租、水电和人工费用就是最大的成本。此外，一家小型门店的生产设备加起来也会有600公斤左右重，漂洋过海的运费也是一笔不小的支出，如果运送过程中有损坏，那整体损失会更大。所以选择欧洲的供应商更为稳妥。

因此，欧洲主营奶茶品牌的玩家和奶茶上游供应链玩家一直处于相对和谐的互动关系。尽管有奶茶品牌的经营者会有部分涉及上游供应链的业务，但大多数情况是各自均按照各自所长在发展。没有品牌想要跨越产业链多分一杯羹的野心，就如同欧洲的区域连锁品牌不太愿意跨区经营一样。

从中式奶茶在欧洲市场近20年的渗透来看，以2010年BoBoQ在德国柏林开出第一家门店为起点，中式奶茶在欧洲已经走过了快15年。除了英法德等大国外，中式奶茶基本渗透了西欧、东欧、北欧等市场，甚至在一些大众不太熟悉的国家和地区，区域性连锁品牌已经形成了规模效应。

在新茶饮浪潮没有席卷欧洲之前，奶茶已经是一种"颜值"很高、类似自助式的饮料。五颜六色的配料，多样化的珍珠/爆珠选择，以及对冰度、糖度的调制，让习惯自己动手制作的当地食客对这种饮品的接纳程度逐渐提升。而新茶饮浪潮席卷之后，除了小料更多样外，一些更能体现中国风味的茶元素和花朵元素被引入产品名称和制作过程，这让奶茶的"新中式"特征愈发明显。

等到2023年喜茶8月闯入伦敦时，欧洲彼时的奶茶业发展态势已经全面跨越了1.0时代，正式进入新锐品牌、区域连锁和老牌玩家正面交锋，所有品牌和门店百花齐放的阶段。这个阶段品牌各自发力的重点有所不同：有玩家注重旅游景点、交通要道、购物中心等人流量大的点位并大面积占领；有玩家锁定核心客群活动范围小而精的点位；有玩家注重产品创新口味的研发；还有玩家更在意品牌文化核心要义的呈现；更有品牌开始往供应链上游发力，远离竞争最激烈的大都市黄金地段，转而从事体量更大的供应链货盘。在这些侧重点不同的路径上，各品牌致力于满足的是欧洲消费客群极度分散、需求季度差异化的需求，培育出的是一个对中式奶茶文化愈加接纳包容的市场，使得欧洲无数消费者对新中式茶饮的认知愈加深入。

或许在欧洲的消费者眼中，一个单品能否标准化并没有那么重要，能否受到当地客群的欢迎才更为重要。这也是区域性的奶茶连锁品牌（比起大连锁品牌）在欧洲部分品牌深耕的城市更加强势的原因。而消费者也更愿意去相信和支持本地的品牌发展。无论如何，前景乐观的是，在这个庞大而未饱和的市场，无论品牌选择哪一种发展路径，它们都会拥有长足的时间和空间，不必日日承压，或许这也是欧洲奶茶市场的弹性和神奇所在。

三、故乡味和掘金梦

2024年的零点钟声敲响时，阿联酋迪拜的世界高楼之最哈利法塔上空烟花绽放。楼面LED屏幕上分别用中文、英语和阿拉伯语打出了"祝您新年快乐"的字样。在这场璀璨绚烂的灯光烟花秀的陪伴下，在迪拜的30万华人迎来了新的一年。

2004年，中国与阿拉伯国家的双边贸易额不过367亿美元，曾经的迪拜"龙城"（Dragon Mart）也没有如今这般声势浩大。20年过去了，这个数字在2023年年底已经增长至3 980亿美元，仅仅与阿联酋的双边贸易额在2023年就高达949.8亿美元。随着2012年中阿两国央行签署双边本币互换协议、2017年达成全面互免签证安排、2018年共建"一带一路"倡议中阿产能合作示范园的开工建设，到中阿双方共同推进中文教学"百校项目"，华人经营的包括电力通信、纺织服装和餐饮零售在内的各行各业在阿联酋落地生根。

作为餐饮行业中的重要角色，奶茶当然是绕不过去的节点。奶茶作为佐餐类目和社交场景的代表性饮品，用甜蜜安抚了无数异乡中国人在外漂泊的复杂情绪。但也有"嗜糖如命"的阿拉伯国家居民，促使当地发展出独具特色的奶茶生态。对于在中东从事奶茶业的国人来说，一方面借此可缓解异乡人的思乡情，另一方面又可以追逐自己野心勃勃的掘金梦。

亚裔人口红利的到来

很难说清歇脚亭和日出茶太到底谁先进入迪拜的。仅仅依靠老一代迪拜华人的记忆来判断——大概是在2012年前后，两者分别通过区域代理的方式，在当地市场开辟了局面。

迪拜早期的奶茶店经营生态和东南亚早期的奶茶店拥有相似的逻辑。一方面，奶茶作为一个空间，主打社交功能，为华人群体和年轻人提供聚会交流的场所。另一方面，奶茶和小吃甜品等品类一起，构成了当地奶茶店的主要产品类目。

　　在迪拜生活多年的毛一鸣的观察中，迪拜中国城的奶茶店需要在菜单中另外添加鸡翅、牛肉面等单品。早期以台式小食为主，后期开始出现酸辣粉等各式中式地方小吃。随着各种食物的香气在奶茶店萦绕升腾，众多独立奶茶经营者的毛利也随之提升。

　　但和东南亚早期奶茶业生态略微不同的是，奶茶早期在迪拜很难作为单一品类支撑起门店的成本支出，这主要由于亚裔人口红利尚未凸显。根据第六部华侨华人蓝皮书《华侨华人研究报告（2016）》发布会中提到的数据，阿联酋作为中东中国移民增长最快的国家，2000—2010年华侨华人的数量大概是从7 000人到15万人，这其中还有大量的少数民族群体；到2014年之后，中国移民群体人数才发展到30万左右，并且汉族比例提升至九成以上。

　　巨大变化发生2014—2018年。这段时期，超过4 200家企业在阿联酋展开业务，杰贝阿里自由贸易区（JAFZA）的入驻中企超过250家，无论是华为、vivo等创新科技企业，还是中建、中铁等传统基建企业，从重型机械到工程建筑，从纺织服装到手机汽车，大量进驻的优质华企及随之而流入的优质华人劳动力，为阿联酋奶茶业的崛起孕育了大量的潜在消费者，奶茶业基于亚裔人口红利的爆发得以成为可能。

　　国内新茶饮时代的变革，又顺势推动了迪拜奶茶业生态的第一轮洗牌。五年下来积攒的亚裔人口红利涌进奶茶业，产生了一个爆发性释放。2018年，处于全球扩张阶段的快乐柠檬瞄准了中东这片流趟奶与蜜的黄金地，品牌在华人群体集聚的国际城、六国商城等区域一口气规划出五家门店。

2020年，来自广东深圳的奶茶品牌Latea做了一个大胆的决定。品牌避开了竞争激烈的国内市场，将出海重点转向了阿联酋，并于当年5月在华人聚集的国际城开出首家门店。该品牌是迪拜奶茶生态中最早一批完成原料升级的代表选手，菜单中的芝士茶和鲜果茶系列覆盖芒果、车厘子、草莓、黑提、桃子等短保水果，芝士茶系列价格在25迪拉姆至32迪拉姆之间，价格数字上直接与国内新茶饮对齐。

另一个在这波奶茶升级浪潮走红的品牌老虎堂也不甘示弱。2021年10月，该品牌拿下了迪拜迪亚城一个尽管面积不大但地处商场地铁交会口的中小型店铺，用高人流量保证了品牌的基本曝光，并在4个月内乘胜追击在迪拜单体面积最大的商场迪拜购物中心（Dubai Mall）开出了品牌第二家门店。

Latea和老虎堂的快速扩张是这个时期迪拜奶茶蓬勃发展的缩影。2020—2024年，Latea以迪拜为大本营，扩张至阿布扎比、沙迦等阿联酋主要城市，共计门店数量达到11家；而老虎堂主攻高端购物商圈，也从迪拜购物中心扩张至阿布扎比的高端购物中心Galleria，门店总数达到5家。

到了2024年，在龙城——这个被迪拜旅游局官方称为

"中国大陆之外最大的中国产品贸易中心之一"、聚集了超过4 000家批发和零售商店的大型购物广场中，中国奶茶店的密集程度已经可以用"疯狂"来形容。包括柠居、仙茶、鹊茶、Latea、鹿角巷、木木茶、英雄茶、乳果新茶、哈喽奶茶、超氧茶咖、小林豆制所、33号奶茶铺等近20家中式奶茶门店在龙城生根，共同奏响了迪拜奶茶生态的新篇章。

三重掘金之难

品牌的快速扩张直接导致了点位竞争的升级。通常，奶茶门店的地理位置直接决定客流量的基数范围，在客流量场集聚的购物中心这种效应还会不断加强。因此，拿下一个具有客流量优势的点位对门店盈利与否有着重要影响。

更为复杂的利益链条隐藏在点位之争背后，在这片沸腾着的黄金热土上，打入高端购物中心并不容易。

已经形成规模且有知名度的国际奶茶品牌，相比小品牌具有绝对优势。它们无须付出额外的时间精力成本，去说服来自购物中心的招商团队，只要找到合适的当地团队牵线或者合作，入驻会在短时间内达成。如果合作友好，大品牌甚至还能拿下该运营方位于其他购物中心的黄金点位。

中小品牌显然困难重重。一位曾在迪拜当地试图打开局面的奶茶品牌创始人谈及，他们在遴选点位的初期甚至无法直接联系上当地招商团队，一个值得信赖、能够熟练运用当地语言的保人，是他们与对方建联的唯一方式。这位创始人还谈到一个细节，第一次沟通时，创始团队准备了大量宣传册和超过100页演示文稿，试图向购物中心招商团队介绍自身品牌，但对方直接通过保人询问品牌成立是否超过10年，以及是否在发达国家一线城市已经建立门店，得到否定的回答后，对方的兴趣明显下降。原定2个小时的洽谈时间，最后在1小时之内便草草收场。即使之后通过各种渠道沟通，对方也会拿出"需要国际化的高度成熟品牌"这些理由来敷衍，合作最终只能搁置。"这就是为什么当初Latea能够进入迪拜购物中心时，我们就感觉这个品牌在起步阶段已经成功了一半。"

众多高端购物中心要求的"高端品牌"可能并不是套话。在迪拜这个黄金不夜城，汇集了众多国际高奢和潮流品牌，也迎接着来自世界各地的游客。置身其中的消费者有消费力，也期待更知名、更具特色的饮品品牌。

同样，当一个新锐奶茶品牌想要在当地打开市场时，寻找当地合作伙伴或者说所谓的"保人"，并非易事。很多与当地行政机构打交道的工作，以及更多线下的合作伙伴，由保人出面往往能够更为顺畅，"这似乎是一种天然的语言或者文化信任"。

当然，寻找一个更为强势、在当地盘踞更久的本土合作伙伴可能是最快实现开店的选择。2023年，贡茶和餐饮运营商沙特食品集团（Shahia Foods Group）签署了一份贡茶成立以来最大规模的特许经营协议——该协议涉及贡茶在沙特阿拉伯、巴林和阿联酋等中东国家至少300家门店的扩张计划。协议签署后不久，2024年1月贡茶在沙特阿拉伯的第一家门店就在首都利雅得的视野商场（The View Mall）落地，速度之快令人惊叹。

沙特食品集团是新锐奶茶品牌难以高攀的本土伙伴。公开消息显示，该集团曾经作为唐恩都乐在中东地区的独家特许经营商，帮助该品牌在沙特阿拉伯和巴林地区开设超过650家门店，迅速让唐恩都乐跻身当地头部的咖啡、甜甜圈连锁品牌之一。

即使品牌能够找到得力合作伙伴，足够幸运地打入高端购物中心，还要直面来自果汁、茶和咖啡等其他饮品的竞争——咖啡是最直接分掉奶茶客流的竞争饮品。以老虎堂在迪拜购物中心的门店为例，半径百米之内的饮品对手有崛起于日本的"%Arabica"、美国的皮爷咖啡，以及意利咖啡等众多知名品牌。类似地，在六国商城，包括咖世家、星巴克等在内的多家门店必须通过延长营业时间来拉高单日营收，他们的周末打烊时间往往会延迟至凌晨。

一个补充信息是，迪拜当地居民对咖啡的喜爱在过去几年内明显提升，这直接让奶茶行业承压。2023年，迪拜当地的年人均咖啡消耗量提升至1.36千克，而国际咖啡协会公布的中国年人均咖啡消耗量也不过0.15千克。曾五次举办迪拜当地咖啡锦标赛的承办方——当地一家名为DMCC的大型咖啡加工贸易商曾在媒体采访中提及，2024年度咖啡锦标赛的参赛人数已经达到400人。

点位竞争和咖啡分流之外，奶茶品牌另一维度的压力来自营销，尤其对于初创和新锐品牌而言，往往需要具备强烈视觉符号的品牌标识和视觉系统，才有可能在一众品牌中脱颖而出。

包括社媒营销、活动营销和达人带货等在国内被广泛熟知的营销玩法，在迪拜也并不少见。以老虎堂为例，2022—2024年，该品牌在包括世界杯在内的多个热点，门店配合社交媒体展开过营销活动，并积极参与迪拜当地的设计周、潮流文化节等活动，这些都为品牌在年轻潮流群体中流行放大了声量。

奶与蜜的黄金地

数千年前，位于中东的阿拉伯人开始与蔗糖打交道，炼糖和制糖技术的进步使其味蕾更为挑剔。对甜的迷恋贯穿于中东千年的历史长河。专注研究中东美食的作家阿妮莎·西露（Anissa Helou）在其书里这样描述中东人对甜的隐匿渴望：信仰的原因让穆斯林禁止饮酒，但人们需要从别处满足口腹之欲。从奶茶、糖果中品尝到的甜巧妙地弥补了酒精发酵后糖缺失的遗憾，而其和奶的结合更是在一瞬间满足了中东人的味蕾。

数千年后，整个波斯湾的奶茶生态被千里之外一场中式奶茶的变革激活。中式奶茶品牌一边满腔热血地打入购物中心，一边寻找着这片海湾尚未被奶茶抵达的地方，用敏锐的嗅觉去探访可能的商机。

科威特，这个在新闻中被广泛熟知的石油大国，此前几乎从未出现过中式奶茶的身影。2022年，歇脚亭如同当初进入迪拜一样，成为首个落地科威特的国际连锁奶茶品牌。当地奶茶业发展也因此迎来一个小高潮。

一家名为波巴时装（BOBA SHOP ® ボバショップ）的奶茶甜品门店在2021—2024年打响声势。门店从科威特水塔旁（Kuwait Towers）延伸到古兰城市场（Qurain Markets），截至2024年12月，该品牌已经开出四家门店。门店出售黑糖珍珠奶茶、抹茶和芋泥等一系列奶茶和软冰淇淋产品，其中带有珍珠的冰淇淋已经成为当地社交媒体上的新宠。

当地另一连锁奶茶品牌爱茶（iTea，音译）也开出了六家门店。该品牌除了出售传统的珍珠奶茶、水果茶之外，还有中式白菜包子、日式烧麦、韩式饺子和摩奇冰淇淋等具备亚洲特色的餐品——这和迪拜早期奶茶店的经营模式及盈利诀窍相似，很大程度上是出于提高客单价的考量。

在卡塔尔多哈，本土连锁品牌和独立奶茶门店平分秋色。连锁品牌Tabi Boba丸作食茶2022年在多哈当地的门店不过四家，到2024年底已经拓展至12家。而"選茶"、"爱丽丝"和"珍珠蜜蜂"等独立门店，也凭借空间美学和产品特色不断挤占着市场分一杯羹。

而沙特阿拉伯半岛的另一边，埃及的奶茶业也迎来了新一轮变革。奉茶和茗茶因贴近中式茶饮口味而被当地华人追捧，另一家名为"PÀO"的奶茶品牌把门店开到当地最高端的购物中心5A Waterway，和保时捷、劳力士和宝格丽等高奢品牌做起了"邻居"。

尽管中东各国在文化信仰和饮食习惯上各有差异，但掘金者从未在这片土地上退缩。

国际大牌在此仍然拥有不可撼动的话语权。前有歇脚亭高调进入科威特，后有贡茶和餐饮运营商沙特食品集团开拓沙特阿拉伯及巴林市场，共同打造中东"300店计划"。而最早入局的日出茶太，已经开始在阿拉伯半岛上从最核心城市向外围城市拓展。以阿联酋地区的门店为例，日出茶太不仅覆盖了迪拜、阿布扎比等核心城市，如今已经在绿洲城市艾因（Al Ain）落地了两家门店。这些都如同老牌玩家的强势宣告——它们仍然在这片土地上有着一呼百应的架势，只要入场得早，先机就能占尽。

　　而新锐连锁和独立玩家，仍然不遗余力地在缝隙中寻找新的机会。在中东这片流趟奶与蜜的黄金地，嗜甜的基因已经深入当地居民的骨髓，但如果咖啡能够闯出生路，为什么新中式奶茶不能？这个市场充满传统和现代文化的碰撞，只要持续营销，那奶茶就始终存在撕开异域市场口子的机遇。

　　抹茶系列奶茶在中东能够走红就是例证。这种和咖啡一样略带苦味的原料，给长久嗜甜的阿拉伯人味蕾中添加了一丝回味良久，悄然动摇着当地食客对奶茶"好喝"的旧日标准，也带来关于健康饮品"少糖零糖"的市场教育。

　　此前中东的奶茶几乎甜到发腻，嗜甜的当地人甚至会要求中式奶茶店在制作时"加上双倍糖"。根据世界卫生组织的报告，中东是全球糖类消耗量增长速度最快的地区，现有数据提及到中东地区人均每天糖摄入量为85克，远远高于世界卫生组织建议的"糖摄入量限制在总热量摄入量的10%以下"（大约50克）。而当地还是全球糖尿病患病率最高的地区，部分海湾国家的超过20%的人患有糖尿病。

　　在这种背景下，奶茶在中东的走红更像是一场透过饮品趋势对中东人饮食观念的升级教育。出于对食客身体健康的考虑，掘金梦在此可以稍微妥协与改良。因为这场食物变革还推动了中东地区饮食结构和文化与全球饮食健康风潮的衔接。

　　这是声势浩荡的新茶饮浪潮中隐含的另一层进步意

义——当奶茶作为一种商品在全球传播时，其代表的不仅是一种经济意义上的成功，其还能够被赋予健康生活、与食客长期共存的意义。这种意义上的成功，会让掘金梦更赋有深远意义。

从波斯湾到红海，从科威特到阿联酋，在整个阿拉伯半岛，奶茶的流行会作为新一股饮品势力，与茶、乳品和咖啡长期博弈，这是一个长期动态变化的过程——如同食客对苦涩的咖啡接纳态度一样，基因中的嗜甜也可以在环境中被影响而改变。而在这片流趟奶与蜜的黄金地，奶茶的这一次革新，将会对中东人的味蕾浇注记忆，使这种不同于以往的甜渗透进中东千年的历史长河中。

四、奶茶走红全球

澳大利亚：奶茶比矿泉水还便宜？

2018年，Reddit社区的悉尼组中出现了一个提问，名为qiqi的网友询问，此前遍布澳大利亚的奶茶"Easyway"到底去了哪里。该提问迅速引发了热议，有网友回应说Easyway只是改了个名字叫"EpicTea"，还有观点认为该品牌创新不够，很难和日出茶太、贡茶等品牌抗衡，但仍有网友怀念Easyway的蜜瓜冰，这是其眼中最好的"蜜瓜冰混合饮品了"。

尽管奶茶品牌Easyway休闲小站首次进入澳大利亚的时间无法确定（从有网络数据上看是

在2005年前后），但至少在2012年，有珍珠奶茶爱好者已经在品牌位于墨尔本的门店享受到一杯香甜的奶茶了。品牌在澳大利亚的大本营位于悉尼。在澳大利亚的众多大城市，Easyway已经成为珍珠奶茶的代名词。当然这一时期的奶茶仍然处于传统形态，大多数仍是奶精、果酱的混合产品。

老牌玩家中的出海先锋日出茶太和贡茶分别于2009年和2012年先后进入澳大利亚，两大奶茶品牌巨头开始对市场进行激烈争夺。贡茶铺开迅速，并在营销方面舍得投入血本，在此过程中日出茶太逐渐转向吸引来自亚洲的核心客群。它们开始有意识地区分茶的等级和品种，用茶品质走出一条区别于其他品牌的生存路线。贡茶2018年接受Inside Franchise Business*采访时曾表示，2012年品牌进入澳大利亚市场时，Easyway和日出茶太已经形成主导地位，但贡茶成功地在5年之内将澳大利亚门店数量拓宽至48家，并且开出了位于北领地的达尔文门店，这标志着其在澳大利亚全国市场的巨大成功。

在后续奶茶玩家没有到达这片土地之前，日出茶太和贡茶的商战的确咬得很紧，某种程度上它们联手撼动了Easyway在澳大利亚一家独大的地位，并成为新崛起的奶茶巨头。直到如今仍然可以从两者的点位分布上看出这场奶茶

---

* Inside Franchise Business是一个专注于特许经营领域的平台。

争夺战的激烈。从两者门店在澳大利亚主要城市分布来看，均位于澳大利亚的海岸区域，在北领地的达尔文，西澳大利亚的主要城市珀斯，昆士兰州的布里斯班、黄金海岸，新南威尔士州的纽卡斯尔、悉尼、堪培拉，维多利亚州的墨尔本，南澳大利亚的阿德莱德等地设有门店。值得一提的是，贡茶在澳大利亚最南端的港口城市霍巴特（Hobart）也设有门店。

2013年，台湾联发国际（歇脚亭母公司）和澳大利亚总代理签订了一纸长达九年的协议。品牌得以进入当地市场并迅速扩张。到2024年歇脚亭在全澳大利亚拥有门店超过120家。但在2021年双方因为合约纠纷对簿公堂，直到2024年才达成和解。CoCo和快乐柠檬也分别于2016年和2017年加入澳大利亚市场。

澳大利亚的奶茶商业格局陡然生变是在2018年。这一年，年轻人林杰义脑海中构想的奶茶品牌"顽徒"已经初具雏形。他们团队在澳大利亚昆士兰州的城市黄金海岸开出了顽徒的第一家门店，极具国风感的门店设计和创新产品让品牌迅速在当地走红。而另一家奶茶品牌"上茶"（Toptea）也在墨尔本当地号称"小香港"的Box Hill火车站，开出了一家开放式的门店，品牌不仅带来了让消费者眼前一亮的芝士奶盖茶，还上新了欧包、甜品等新产品线。

除了这些如雨后春笋般拔地而起的本土新锐品牌，在新茶饮时代开始走红的第二代连锁品牌也开始进入澳大利亚。

黑泷堂、鹿角巷、一芳水果茶、愿茶、麦吉都是其中的代表。可以说，2018年标志着新中式奶茶在澳大利亚沸腾的开始。

2020年前后，受疫情影响，奶茶店到店人流虽然有所下降，但奶茶门店仍然靠大量外卖订单存活了下来。尽管这一时期新品牌进入澳大利亚市场的步调有所放慢，但给足了本土新锐品牌充分发展的窗口期。

2022年起，一批新中式奶茶品牌就开始整装待发。该年5月，在广州凭借传统汉服和新中式茶饮相结合的国风茶牌"茶亭序"在布里斯班开出了澳大利亚首家门店，后又在墨尔本开出了品牌第二家门店。

2023年是国内流行的新茶饮品牌集体进驻澳大利亚的高峰期。2023年2月，蜜雪冰城澳大利亚首店在悉尼的世界广场开店营业，多家媒体报道称试营业当日营收高达24 000元人民币。该门店位于当地核心商圈，紧邻北面（North Face）等潮牌服饰门店，设计上采用落地式透明玻璃强调空间通透感，开业初期便迎来排队热潮。

蜜雪冰城在营业初期采取了与国内相似的低价策略。根据众多当地消费者当时在社交媒体上传的菜单照片来看，招牌甜筒冰淇淋（魔天脆脆）的价格在1.5澳元左右，草莓摇摇奶昔和芒果奶昔价格均为3澳元，而爆款冰鲜柠檬水的价格为2澳元，珍珠奶茶、红豆奶茶和黑糖珍珠奶茶的价格均为2.5澳元，这个价格对于当地饮品市场来说具有极大的冲击力，因为其他类型的饮品店单价基本在5—10澳元，而奶茶店基本在7—10澳元。有网友对比了当时澳大利亚商超里矿泉水的价格，冰鲜柠檬水的价格甚至还没有单价在2.2—2.5澳元的纯净水贵。

这种低价策略在早期的确为蜜雪冰城带来众多客流并引起当地食客和媒体关注，进而极大加强了品牌的曝光效果。但不久之后品牌就开始全线调价，恢复到4—6澳元的价格区间，涨幅超过50%，后续布里斯班门店开业时也采取了悉尼门店调价后的定价，这种波动极大的价格调整，对于新入场的品牌来说，其实稍有欠妥，因为这会让本土消费者感到价格体系的混乱，对品牌产生负面影响。

2023年澳大利亚的奶茶激战在秋天到来时达到了高潮。9月，喜茶官宣进入澳大利亚市场，品牌打算在墨尔本饮品竞争最激烈的斯旺斯顿（Swanston）商圈（近唐人街）开店，而这门店的旁边，就是CoCo奶茶店和"周董"（周杰伦）最爱的麦吉奶茶。

斯旺斯顿商圈的奶茶店竞争到底有多激烈呢？在电子地图中可以看出，短短几个街区中至少有迷客夏、歇脚亭、日出茶太、甘杯、一芳等超过20家品牌的奶茶店。在本土走红的上茶也在斯旺斯顿设有门店。此外，喜茶后续还在Emporium商场三楼开设了首个澳大利亚"茶巷"灵感主题店。这和喜茶在伦敦的开店策略有相似之处，首店以小面积大人流量做测试，后续用大空间做主题门店传播品牌的文化。

2023年11月，主打柠檬茶的品牌挞柠在墨尔本唐人街京华商场正式开出澳大利亚首店。两个月后，新中式茶饮品牌茶理宜世也在墨尔本开出了南半球首店。而2024年4月，在新茶饮浪潮中脱颖而出的选手茶百道也在墨尔本唐人街开出了澳大利亚首店，同样，该店位于斯旺斯顿大街。

奶茶比矿泉水便宜多少是个噱头，事实上，澳大利亚包括墨尔本、悉尼、布里斯班在内的多个城市，奶茶业的竞争之势尤为激烈。但横向和欧美市场相比，澳大利亚的奶茶在产品多样化和创新程度来说，和国内差距并不明显，甚至在一众海外市场中尤为突出。

以斯旺斯顿大街的奶茶品牌上茶为例，2024年夏季菜单有潮汕茶系列和豆乳系列，其中豆乳系列中还采用了奶盖和黄豆粉，潮汕茶的茶叶来自正山采制的凤凰单丛。而2024年新加入商战的茶百道也毫不逊色，抹茶生椰、芋泥系列等产品口感都很不错。

在珀斯，"T4清茶达人"逐渐成为该区域的奶茶顶流。该品牌偏重茶底质量，并根据不同茶味提供多种关于纯茶和奶茶的选择。在布里斯班，茶亭序推出以"春在桃山"、"昭雪芒芒"等为名的饮品，并通过对国风元素的强调迅速建立稳固的品牌形象。而着重门店概念设计的顽徒奶茶也在菜单中引入了"格雷岛茶鲜奶"、"清风微焙茶鲜奶"等饮品，并在果茶中加入了芭乐、柚子和凤梨等水果。

一些相对小众的国内茶饮品牌也在悄然探索澳大利亚市场。2024年9月，起源于南京的新中式茶饮品牌琉璃鲸在斯旺斯顿商圈的伊丽莎白大街开出门店，品牌接手原先一家咖啡店Three Squared的位置，而这家店的隔壁就是一家蜜雪冰城，对面就是上茶。

日本：奶茶热潮暂时退去

在日本作家众多的书写和媒体记者的报道中，珍珠（木薯）在日本的流行有三次明显的标志。第一次发生在1992年，当时由木薯制作而成的珍珠呈现白色，与椰奶搭配在一起深受日本食客的欢迎。第二次流行的原因有所争议，但大部分说法认为，2003年一家名为"珍珠女士"的木薯薄饼专卖店（菜单之中出现奶茶）使得木薯再度受到欢迎，这也是珍珠奶茶第二次走红的时刻（也有记载这次流行发生在2007年）。

关于珍珠在日本的第三次流行基本上能够达成共识。多数观点认为2013年来自台湾的春水堂人文茶馆在日本"登陆"，2014年快乐柠檬与日本京王集团合作进军日本茶饮市场，紧接着2015年贡茶开始在日本大规模扩张，直至2017年鹿角巷、CoCo登陆日本，奶茶热度再次攀升到高点。日本税理师菅原由一在所著《木薯店去哪里了》还曾经提及廉价航空对珍珠奶茶在日本流行带来的正面推动。他指出，前往海外旅行，尤其是到台湾地区这种短距离的旅行频率上升，这使得珍珠奶茶在日本走红。

2018年之后，奶茶在日本年轻群体中的流行指数还在持续升高，这和分享类社交媒体如照片墙、抖音在日本的普及息息相关。化着大眼妆容和粉红腮红的日本年轻女孩，愿意穿着自己喜欢的衣饰和朋友一起在奶茶店门前长长的队伍中排队，等待几个小时就为了一杯珍珠奶茶，并拍照上传到网络社交平台。

除了珍珠奶茶和包含珍珠的甜品，珍珠还一度走红到其他食物领域，甚至还出现了麻婆豆腐饭和饺子料理中添加珍珠。

市场需要新鲜的饮品，有如年轻人需要新鲜的潮流。尽管咖啡在日本普及率相当之高，但距离日本首家开业的东京银座星巴克，已经过去了快20年。而日本女孩热衷追捧彩色星冰乐的时间，也过去了20年，人们当然需要新鲜的产品去刺激这个相对稳固的市场。

渥美麻衣子（Maiko Atsumi）是日本食品趋势领域的研究员。2019年，她在一篇文章提及一个关于奶茶在日本年轻群体中走红的独特观点。当观察到在珍珠奶茶店门前排队的都是十几岁到二十多岁的女性，很少有穿西装的男士这一现象时，她认为"年长男士很难介入年轻群体掀起的这种流行热潮，这种热潮能够让某些群体永远保有青少年偶像的地位"。她用很诙谐的语气描述这种年轻群体期望和其他群体保持距离的方式：

> 任何人都可以登录照片墙和抖音使用。无论青少年们多么兴奋，第二天就会有大批老年男子涌入，"光着脚"进入他们的秘密基地。当这种情况发生时，他们会变得紧张，或者更确切地说，试图改变他们的秘密基地的位置。

选择并实践一种其他圈层无法短时间内模仿的行为或者语言，对该群体的文化来说既是一种守护，对其他群体来说也是一种特权。某种程度上，以奶茶为介质是日本青少年圈层希望能够保持制造和引领流行话语权的方式，并进一步稳固自身群体在流行趋势上的主导地位。

时间来到2019年，东京大大小小的街头已经开满了奶茶店，甚至连黑帮成员都看上了这门赚钱的生意。日本《周刊邮报》记录过位于JR山手线某个站点附近的一家奶茶店，虽然门店外观看起来平平无奇，但门店经理其实是某帮派的头目。帮派其中一位成员向记者解释自己从事奶茶店创业的原因。他认为奶茶店的资金启动成本和专业技能需求门槛较低，一家门店的面积也可以做成小户型的5平方米左右，甚至如果汁摊般大小，这样房租成本也能有效降低，即使在市中心，这样大小的门店可能只需要200万日元就可以启动。根据他们的核算，如果聘用两个兼职操作人员，单月盈利在80万到100万日元，运气好的话，2—3个月就能够回本。

日本消费者对奶茶的热情点燃了一批新中式奶茶品牌的出海热情。2018年年底，来自中国的茶饮品牌"新时沏"抵达这片土地。2020年，中国新茶饮浪潮中站上潮头的选手奈雪也宣布进军日本市场，品牌计划在大阪Laox道顿堀一楼开出一家面积高达200平方米的大型门店，并设立烘焙、茶饮和零售三个区域。门店菜单中即包含招牌产品霸气鲜果茶系列，也有为贴近日本市场推出的蝶豆花卡仕达、抹茶卡仕达等欧包产品。

然而，日本的奶茶热潮却在2021年前后急转直下。朝日电视台记者稻垣康武2023年7月走访东京涩谷站周围的珍珠奶茶门店时，发现2019—2022年在该站点周围开过的20多家奶茶店均已关闭，目前涩谷站附近只剩下5家珍珠奶茶店还在营业。

疫情导致部分餐厅和茶饮店关闭自然是一个重要因素，但更重要的是因为日本消费者的堂食意愿逐渐下降。

没有堂食，就没有排队热潮，年轻人从而丧失了拍照打卡的兴趣，也失去在此获得一种与人、人群的联结感。其实购买饮用奶茶含有一定社交价值：其一是满足个体的口欲与分享欲；其二是与一起进行这项活动的人产生的社交联结感。奶茶在日本社会的文化背景下落地，其社交价值可能远远高于品尝价值。长时间的疫情让部分年轻群体逐渐习惯了远程协作办公和沟通，奶茶文化原本营造的社交氛围在他们心中也逐渐减轻。当一起排队喝奶茶这件事情不再能够达成个体情感与外界信息进行沟通交换时，喝奶茶这件事情对于年轻人来说就"不那么酷"了。

奶茶热潮褪去的原因可能还在于日本长期存在的饮茶偏好。大众对完全发酵茶的接受程度远远低于轻发酵茶的接受程度。简单来说，不发酵的绿茶在日本普遍比完全发酵的红茶受欢迎，白茶、黄茶等轻微发酵茶也相对流行，像乌龙、铁观音这类半发酵茶已经算是日本食客接受发酵程度比较高的茶了。以此前凭借"茶书"走红亚洲的日本茶饮品牌"LUPICIA"为例，其大爆单品就是白桃乌龙。从这个角度来看，中式奶茶大多是以红茶为基底，并且会添加糖、奶和众多小料，这对大多数追求清澈茶汤、口味清淡的日本饮茶爱好者来说可能会觉得卡路里负担很重。

在无数奶茶门店关闭的阴霾中，贡茶这一时期在日本市场的表现却呈现上升之势。贡茶日本企业规划部门负责人坂井（Sakai）在接受朝日电视台采访时提到，贡茶没有刻意去创造一些能够引领流行的独特产品。珍珠奶茶流行期间大众的关注都在珍珠上，但贡茶认为"珍珠奶茶是一种与茶互相融合、适配的饮品"，因此无论在珍珠奶茶走红时期还是疫情期间奶茶销量下降时期，首先关注茶叶的质量是贡茶选择的策略。

尽管奈雪在开业一年后因为种种原因不得不闭店，但新中式茶饮品牌想要征服日本这个市场的决心并没有减退。2022年12月，蜜雪冰城宣布将在东京表参道落地日本首店，随后透露日本第二家门店的选址位于东京池袋立教大学附近。

梅里·艾萨克斯·怀特（Merry Isaacs White）在《从咖啡到珈琲：日本咖啡文化史》中剖析过日本人对咖啡的高度热爱：作为亚洲国家中最先开始兴起咖啡文化的国家，日本在世界咖啡发展史中占据着重要地位。根据Statista数据2023年8月对4 700名受访者的统计数据，6.5%的受访者每天喝超过5杯咖啡，17%的被调查者每天喝3—4杯，受访者中超过一半的人每天喝2杯咖啡，只有10.3%的受访者一周喝一次咖啡。很明显，日本是个典型的咖啡消耗大国，网红咖啡品牌"%Arabica"就是日本人东海林克范创建，而在第三次咖啡浪潮中走红的美国咖啡品牌蓝瓶咖啡（Blue Bottle Coffee），也是先通过进入日本市场完成了其在全球扩张的重要突破。

在蜜雪冰城进入日本市场后一年左右，来自中国的咖啡品牌库迪于2023年8月末在东京本乡三丁目开出了首家门店，9月开出位于池袋的二号门店，并在当年11月在早稻田大学乘胜追击开出第三家门店。日本当地媒体对中国奶茶和咖啡的这种扩张速度感到惊叹。《日本经济新闻》在报道中提到，中国连锁品牌正在采用低价战略，积极扩展小型咖啡外卖店，企图占据日本这个成熟的饮品市场，如蜜雪冰城计划到2028年时于日本开出1 000家门店。

"1 000家门店"的体量级并不是一个小数字。尽管蜜雪冰城已经在印尼、越南等市场证明过自身模式的可复制性，它甚至在印尼市场已经有超过2 000家的规模，但日本的奶茶市场可能存在一定的特殊性。

一些在日本东京经营过奶茶门店的从业者提到了相对严格的商业租赁周期问题。首先，日本社会的对外开放程度并没有想象中的高，如果日本人和外国人同时对某个店铺有租赁意向，很大程度上业主会倾向于选择本国人作为承租方。此外，部分街边店的租赁周期往往高达10年。如果中途遭遇一些经营不善、业务变更的情况，承租方可以在租期开始之后的5年与业主协商终止合约；但如果一家门店在经营2年后就无力支撑，承租方则需要继续履行合约并支付剩余的房租。

世邦魏理仕日本曾经对2003—2008年日本街边店的定期租赁合同进行过调研，团队走访了东京5个主要区以及吉祥寺、目黑自由之丘等周边商业区发现，从合同类型来看，这6年定期租赁合同比例变化呈现上升趋势，从2005年的23.15%快速上升至2007年的45%以上。团队还对街边店定期租赁合同的合同期限展开了调查，发现受访店铺中有接近三分之一的店铺租赁周期都在10年以上，其中6—9年的占比18.6%，加上34.9的5年租约周期门店，也就是说只有不到15%的店铺租赁周期在4年及以下。

表3.2 东京及周边定期租赁合同的合同期限

合同期限（以年为单位）	占据比例
10年以上	32.6%
6—9年	18.6%
5年	34.9%
2—4年	9.3%
1年以内	4.7%

数据来源：世邦魏理仕日本。

团队进一步走访调研发现，对于租赁周期较长的合同可能与商业类型相关，比如通常便利店的合同在10—15年，而健身房等初始投资成本较高的物业可能合同会达到20年。但这对于一些小型零售比如奶茶店、餐饮店来说，未来的不确定性往往会造成业主及承租方都对10年的合同产生不安感。比如，奶茶业从2018—2021年短短三年在日本市场就经历了从流行到低谷。奶茶潮流趋势的飞速变化让承租者对5年期的合同都有所畏惧，更何况是10年的合同。

截至2024年8月，贡茶在所有扎根日本的中式茶饮品牌中，以168家门店牢牢占据第一梯队的位置。对比2013年在代官山开出首店的春水堂人文茶馆，经过超过十年的发展，也不过才开出15家门店。尽管蜜雪冰城在日本的动作明显加速，但奈雪门店关闭、喜茶门店暂缓，这对于后来者来说都是宝贵的经验教训。在中式奶茶品牌大规模进军日本市场之前，对于日本人的饮茶偏好趋势、消费能力，以及所在地的点位人流量、店铺租赁等因素都值得谨慎考量，及时关注单店盈利水平、观察市场流行趋势，才能在这个变化迅疾的市场中找准自我定位。

韩国：稀释冰美式的绝对浓度

如果说韩国人的"血液里流淌着冰美式"，或许没人会惊讶。在韩剧席卷东亚的21世纪初，无论是青春偶像剧还是家庭生活剧，无论是破案推理还是奇幻都市，韩剧中的韩国人除了离不开紫菜包饭和泡菜，还离不开的就是咖啡。

韩国咖啡评论协会朴永淳提及韩国和咖啡的渊源，要从1653年说起。当时一位名为亨德里克·哈梅尔（Hendrick Hamel, 1630—1692）的西方人和他的荷兰东印度公司船员航行至济州岛时，被海浪冲上了岸，他们被迫在朝鲜滞留了整整13年。有相关记载他们通过港口从事货物交易，其中交易的商品可能包括咖啡。1976年，世界上第一家发明和生产速溶咖啡混合包的公司在韩国诞生，这也是咖啡在韩国早期发展的佐证。在1999年星巴克进入韩国市场之前，因穿越偶像剧《屋塔房王世子》而大火的韩国本土咖啡品牌豪丽斯*（Hollys Coffee），早在1980年就在首尔江南开出了第一家门店，并在韩国当地拥有多家线下门店。《韩国先驱报》援引市场咨询公司欧睿国际（Euromonitor International）2020年的数据显示，韩国年人均咖啡消耗量位列世界第二，达到367杯，而当年的全球咖啡消耗平均水平为每年人均161杯。

因此，无论是来自中国台湾的早一批传统台式奶茶品牌，还是在新茶饮浪潮中闯出来的新中式茶饮品牌，来到韩国这个市场需要考虑的第一件事情，就是如何与咖啡竞争。

奶茶在韩国流行的时间并不长。奶茶最早开始被韩国人熟知并接受，应当归功于贡茶的影响力。2012年4月贡茶在韩国首尔开出第一家门店，这也是品牌在全球布局中的一步。2014年，同样来自台湾地区的品牌CoCo也开始在韩国寻找代理商和本地合作商，并在5月在首尔明洞开出首家门店。

老牌奶茶选手的加入的确给韩国奶茶业带来了生机，但

---

* Hollys Coffee 是源自韩国首尔江南的咖啡连锁品牌，深受韩国的时尚人士和都市精英追捧。

更大的变化发生在2017年。这一年私募股权公司Unison Captial通过支持韩国贡茶的所有人，收购了台湾母公司贡茶国际约70%的股份，贡茶在韩国得以被更加本土化的团队接管和运营。这一方面让贡茶在韩国的扩张获得了充足的资金支持，另一方面也给奶茶作为一种诞生历史并不悠久的饮品在韩国被大规模接纳打下了基础。

2018年，新生代品牌鹿角巷也决定进军韩国市场。品牌接过了原先韩国茶品牌O'Sulloc*的店铺位置，在新沙林荫大道开出了第一家门店。2019年，是众多新中式奶茶品牌抢滩韩国市场的年份。来自台湾地区的老虎堂、珍煮丹和万波都陆续来到首尔扎根。成立于澳大利亚的中式奶茶品牌顽徒也在首尔的明洞开店营业。新中式奶茶店已经开始成为韩国街道上亮丽的风景线。

2020年为疫情肆虐全球时期，奶茶业受影响明显处于低谷期。曾诗雅所写的《当奶茶卷到国外：闭店潮、珍珠泡沫与绑架传闻》对韩国的奶茶市场进行了调查。其中CoCo奶茶店经营者杨晋华（化名）接受采访说，疫情后首尔明洞的许多奶茶品牌都挂牌闭店了，包括鹿角巷、老虎堂和珍煮丹，唯一还坚持的三家奶茶品牌有贡茶、CoCo和顽徒。此外他还提道："和我们一起在江南开过的品牌有很多，比如日出茶太、

---

* O'Sulloc，知名的韩国茶品牌，以绿茶产品而闻名。

快乐柠檬、五十岚等等，但没有一家能坚持超过三年。"

贡茶是韩国名副其实的中式奶茶顶流。有韩国网友这样形容，"只要贡茶在韩国不倒闭，奶茶业就还有希望"。这虽然是一句笑谈，却多少反映了贡茶在韩国奶茶市场中的强势地位。而中式奶茶在韩国第一次对咖啡发起挑战，领头者就是贡茶。

回溯2016年前后贡茶被韩国本土团队接管之后的营销策略，可见其在明星代言、电视剧植入方面下的血本。贡茶首先在裴秀智和金宇彬主演的电视剧《任意依恋》的场景中，植入了大量关于贡茶的广告，并在脸书等网络社交平台上与电视剧联动宣传。贡茶还邀请红极一时的韩国明星李钟硕代言，并拍摄了一系列明星本人化身品茶达人的视频宣传片，这让品牌迅速收获了一大批女性消费者。等到2020年，贡茶还邀请新晋人气小生金路云并拍摄一组品牌宣传照片。

本土化营销的成功让贡茶在韩国屹立不倒。2015—2019年，贡茶在韩国开出了超过400家门店。根据韩国贡茶官网信息，目前品牌在韩国地区的门店数量已经超过900家。

2022年、2024年是中国新茶饮浪潮中崛起的新中式选手进发韩国市场主要年份。2022年11月，蜜雪冰城在首尔中央大学附近开出韩国首店。2024年1月、3月，茶百道和喜茶也分别在韩国首尔开出首店。

喜茶在出海进程中并未将地理位置临近的韩国选为首站，

反而在英国伦敦、澳大利亚墨尔本、加拿大本拿比、马来西亚吉隆坡和美国纽约陆续开店后，品牌才姗姗来迟，在首尔狎鸥亭开出了位于韩国的第一家门店。但从 2024 年 3 月到 9 月，短短半年之内，喜茶在韩国狎鸥亭、明洞、新沙洞、江南、弘大、建大等地共计开出六家门店，落子速度极快。

蜜雪冰城和茶百道的门店扩张速度也很快。截至 2024 年 9 月，蜜雪冰城在韩国门店也达到了七家（中央大学店、成均馆店、弘大店、水原站店、回基店、高丽大店、京畿道正往店），而茶百道也在建大、仁川、弘大、新村、蚕室、江南、狎鸥亭开出七家门店。

一个明显可总结的迹象在于，喜茶、蜜雪冰城和茶百道都选择了在大学城附近开店——距离年轻人更近的地方（贡茶和CoCo都在弘大有门店）。其中，首尔的中央大学、弘大和建大这些年轻人高度聚集的区域成为奶茶品牌瞄准的点位，毕竟年轻群体更乐于制造潮流，进而带动奶茶消费。除了本地学生和中国留学生外，大学城周边的商业生态还能吸引更多样化的国际游客群体。

当然后来者也沿用了贡茶采用过的明星代言策略。鹿角巷于 2020 年深度植入由李敏镐、金高银出演的大火韩剧《永远的君主》。该剧中男女主角大量重逢的画面背景都会出现可爱的鹿角，即鹿角巷的品牌形象。而茶百道在韩国邀请了生于广东深圳、目前为韩国男子演唱组合"SEVENTEEN"成员之一的文俊辉作为"夏饮大使"，以兼顾中韩两国的受众偏好。

除了营销和点位选择之外，奶茶在韩国想要和咖啡长期竞争，可能还需要在产品细节以及口味本土化上下功夫。顽徒从澳大利亚来到韩国后，不断找当地人磨合和测试韩国本土食客偏好的口味，并根据顾客的反馈重新调试产品。创始人林杰义在接受采访时谈及，顽徒在韩国最受欢迎的单品是豆乳绵绵茶鲜奶，因为韩国人对豆制品高度偏爱。而根据韩国网络社交媒体上对顽徒的点评，在韩国的中国食客反而对米麻薯、芋泥系列这类在国内能吃到的产品念念不忘。这都证明了产品保持原样特色对于身处异域的消费者也具有极大吸引力。

即使奶茶店菜单产品种类繁多，但得以于目前相对成熟的跨境供应链，中国的一些产品原料甚至可以做到百分之百打包运输到韩国。米麻薯、芋泥系列能够在韩国市场及时上新，可能多少得益于韩国和中国相对近距离带来的供应链优势。一些依靠产品细分赛道诸如柠檬茶之类的茶饮品牌缘此也能够打入韩国市场。

一个不得不关注的角度是韩国中式奶茶的门店装修和空间美学。在韩国，无数咖啡店、潮玩店、餐厅和服装店都在空间设计上深度内卷。喜茶目前在韩国开设的"喜悦空间"，在装修设计上与其在伦敦新牛津街和新加坡克拉码头等地的空间主题打造上尚有差距，整体感觉品牌更在乎单店的盈利能力和存续能力，在品牌内核和理念的完整传达上稍显逊色。

当然，在一场马拉松中，短时间的高下没有那么重要，众多新中式茶饮品牌能够在韩国这个市场集体挑战咖啡本有的绝对优势地位，哪怕稍微"稀释"一下韩国人"血液"中的冰美式浓度，也是一件值得拿出来说的事情了。

第四章

出海美国

很难和美国所有的消费者去说明中式奶茶的细分类别。对他们来说，无论是来自香港的丝袜奶茶，还是源自台湾的珍珠奶茶，抑或是新中式的芝士奶盖茶或鲜萃茶加奶，都没有太大区别。只要好喝，他们就有理由持续畅饮。

仅停留在好喝层面还远远不够。回溯过去数十年中式奶茶在美国的发展，单从门店数量、品牌规模和受众评价方面去探讨中式奶茶如何影响美国人的口感偏好，可以构建出在美食客对于食物和味觉偏好的走线图，但还不足以触及更深的层面。在中国新消费浪潮下，势头正猛的奶茶行业，如何漂洋过海到美国，这不仅是食物在文化传播中扮演的媒介作用，还关涉中美这两个巨量经济体之间在经济和文化等多方位的角力与相互影响。背后还有北美制茶人为了营生而努力创业的故事，也有日益崛起的亚裔群体的身份认同，还有新一代中式茶饮品牌打造者在美国的逐梦之旅。

为了找寻历史、当下与未来三方的交叉点，笔者在美国多地奶茶店走访中拟梳理一条更清晰的脉络。面对地跨50个州和1个联邦直辖特区的美国，所有中式奶茶店不可能一一详尽，但重点城市、区位和代表性奶茶品牌的扩张过程，值得一一记录。通过比较美国各州、各城市亚裔数量，中式奶茶落地美国的时间先后，这些个体的故事与集体社群的命运交织在一起，中式奶茶在美国发展70年的全景图得以徐徐展开。本章将以洛杉矶、西雅图和纽约这三个美国城市为案例背景，讲述中式奶茶在美国的发展历程。

一、一部奶茶流行简史

洛杉矶飘来奶茶香

2023年，美国独立电视台KCAL记者沙巴·塔克（Sheba Turk）拜访了位于洛杉矶市中心的华美博物馆*，这里正在举行一场名为"波霸秀"的展览。展厅布展用色鲜亮明艳，蓝色和黄色点缀的墙壁上讲述了木薯如何从南美传到中国，再被台湾地区人民制作成美味甜品的故事。一个高达三米多的奶茶杯占据了展厅了大部分空间。笔者对一条用奶茶塑料密封盖做成的连衣裙印象

---

* 华美博物馆，美国规模最大的华人博物馆。

尤为深刻。

如果不是长期关注沙巴的报道，笔者很可能会错过此次展览。过去十年来，美国各地的珍珠奶茶节如火如荼。2017年纽约的百老汇大街上就举办过珍珠奶茶节，2022年西雅图U-District街区的珍珠奶茶节吸引了超过17家奶茶店的加入，连俄勒冈州的比弗顿*（Beaverton）都举办过奶茶节。但毫无疑问，洛杉矶是美国当之无愧的中式奶茶聚集地。

根据联合国人口司在2020年的统计数据，超过240万中国移民居住在美国。MPI（多维贫困指数的英文简称）曾经对美国人口普查局2017—2021年的数据进行汇总，发现大约一半的中国移民都居住在加利福尼亚州和纽约州，在州人口总数中分别占比32%和19%，其中华人聚集度最高的四个县是加州的洛杉矶县和圣克拉拉县、纽约州的皇后县和国王县。因此，追溯洛杉矶的中式奶茶发展脉络，能够很大程度上还原美国中式奶茶的发展史。

第一杯中式奶茶如何在美国诞生很难考证。但20世纪下半叶有一个关键时间起点，从20世纪60年代开始，大量来自中国台湾的移民开启赴美潮，顺带让珍珠奶茶开始作为一种佐餐饮料，在美国落地生根。

---

* 比弗顿，美国西北部波特兰的卫星城，以多元化的经济、优质的教育资源和宜居环境著称。

　　多方资料显示，这一时期的中国台湾移民规模庞大且受教育水平很高。他们勤劳勇敢，相信通过双手的劳作和知识的力量可以改变自己的生活处境甚至下一代的人生轨迹。1965年，美国国会依据《哈特-赛勒法案》*（Hart-Celler Act）更新了部分移民制度后，分配给华人的移民配额有所增长。从那时起，受过高等教育、以高技能水平为代表的一批中华儿女前往美国寻找工作，并且他们能够通过稳定的职业收入为家庭成员提供经济担保，这让家庭团聚也成为可能。因此，大量先以个体就业方式入境，后期以家庭为单位在美国安顿的中国台湾移民，迅速成长为洛杉矶华人群体的重要构成。

　　1850—1900年，超过10万名中国人千山万水奔赴美国淘金，从事建筑铁路等行业，职业移民的兴起必然伴随着生活社区的建立，"华埠"一词就源于此。而这一时期，奶茶尚未发展出专门店，仅作为佐餐饮料或饭后饮品/甜品，出现在台式小餐馆菜单上的边边角角。

　　这一时期的奶茶店多以夫妻店、小档口店的餐厅为主。用料简单、制作便捷、成本低廉是主要特征。是否通过高品质的奶茶来满足食客需求或达成用户黏度，餐厅老板可能没想那么多。养活家人和按时足量给工人发薪水，才是他们要

---

* 《哈特-赛勒法案》是1965年美国总统林登·约翰逊签署的一项重要立法，旨在改变美国移民政策，推动移民来源的多样化，为大规模移民美国开启了大门。

考虑的事情。移民一代经营奶茶店的体会是，奶茶便宜是客人看中的，而餐厅赚钱是老板的要求。饱腹和盈利，这些基于生存线上的要求，是当时摆在所有人面前的迫切问题。因此，没有人会对价格不到1美元的奶茶的包装、口味有过多的要求。

1993年，年轻人黄吉米（Jimmy Huang）已经尝到了美国梦的甜头。在陌生的异乡，他从一家酒店的前台接待和行李服务员，转身成长为能够熟练掌握"珍珠"艺术的大师，跨度之大。1996年，他开出了一家名为"Tea Station"（加州茶栈）的奶茶门店。店里还将传统温热、甜蜜的奶茶创意性地与美国人热爱的冰饮做了结合。

加州茶栈的热风点燃了同样在洛杉矶成长的年轻华人的创业热情。2000年，于艾伦（Alan Yu）和程马丁（Marvin Cheng）在洛杉矶圣盖博*（San Gabriel Valley）开出了第一家"Lollicup"门店。为了推进业务全面和品牌一致性，他们分别在2001年和2004年创立了"Tea Zone"和"Karat"两个品牌。没有人能想到，此后Karat成为美国最大的泡沫茶供应商。

2008年，圣盖博开出了第一家"伴伴堂"（Half & Half Express Tea）。当地人马苏德·哈尤恩（Massoud Hayoun）

---

* 圣盖博为洛杉矶东部华人主要聚集地，约有100万华人。

是土生土长的洛杉矶人，去过中国，也在纽约生活过，对中餐相当热爱。其对伴伴堂给出的评价是：蜂蜜奶茶味道自然，喝完让人充满活力。同时也调侃：如果没有去尝过年轻人喜欢的珍珠奶茶，圣盖博之旅就不够完整。

很多亚裔美国人心水的第一家珍珠奶茶店都是伴伴堂。据说这是首家提供"热蜂蜜波霸"的奶茶店，当然更多人对伴伴堂的记忆是煮面锅和鳗鱼饭套餐。这些提供珍珠奶茶和台湾小吃的综合餐饮店，充斥于在洛杉矶出生或成长的90后、95后的青春记忆之中：放学之后的补课时光，大家会挤在这些店里写作业，偶尔还会分享中文或者日文的漫画书。奶茶店里流淌的不仅是书卷气，还有青少年暧昧的社交气息。

冯氏兄弟（FUNG BROS）2013年在油管（YouTube）大火的神曲 Bobalife 是那一代亚裔社交生活的真实写照。在加州灿烂的阳光下，MV的镜头扫过年轻女孩曼妙的曲线，触及年轻一代亚裔的恋爱话题，加上歌词好记，旋律好听，珍珠奶茶自此逐渐在美国主流社会开始拥有姓名。该视频累计收获了超过250万次播放，歌词中提到的奶茶店"Factory Tea Bar"至今还在运营。

2010年前后，洛杉矶的奶茶业竞争逐渐升温。用标准化作为品质保证，以连锁方式规模化扩张的奶茶品牌开始陆续打入美国市场。源自台湾的贡茶、CoCo、快乐柠檬、日出茶太等都是代表选手，它们和诞生于加州的部分当地品牌"Boba Time"、"Boba Guys"一起，构筑了美国奶茶业的"半壁江山"。

从圣盖博到罗兰岗

在主要依靠汽车出行的美国，城市半径往往可以通过驾车时长来界定，一个小时左右的单程通勤时长并非罕见，以中心城市为核心辐射向周边城市的大城市都市圈得以成形。

洛杉矶是绝对意义上的大城市，它与周边的工业市（City of Industry）、罗兰岗（Rowland Heights）、帕萨迪纳（Pasadena）、蒙特利公园市（Monterey Park，以下简称"蒙特利"）一起，组成了一个所谓的"大洛杉矶地区"。当来自某一个种族移民的人口持续上升时，族群也因为过高的集聚效应开始产生反作用，从而产生所谓的人口外流。当圣盖博、蒙特利的华裔人口密度逐渐触顶时，一部分移民开始向工业市、"钻石吧"（Diamond Bar）、罗兰岗、天普市（City of Temple）迁移。奶茶店也伴随着移民生活区的迁移而随之迅速扩展。

2015年之后，洛杉矶奶茶业发展已渐趋成熟，并出现了较为明显的类别细分。但食客们已经能够普遍地把提供芒果班戟、芝麻布丁、烧仙草等产品，并拥有较多室内用餐空间的甜品店与奶茶店做明显区分，鲜芋仙、凤城甜品等甜品店就是这一类甜品店铺的典型代表。尽管它们也能提供口味接近奶茶的饮品，但与较好的室内用餐体验和快速点单、现场制作的奶茶店门店还是出现了较大差别。前者更强调用餐体验和社交过程，后者强调功能性的解渴、快速点单并获取的便捷。

甜品店和奶茶店相互竞争食客"饭后钱包"的过程中，奶茶店率先发起了变革，并揭开了奶茶2.0时代的序幕。根据作者吉姆·瑟曼（Jim Thurman）2017年在美食杂志 *Eater LA* 发表的一篇文章显示，Tan Cha（探茶）当年在罗兰岗的门店已经推出了一款奶盖绵密醇厚的提拉米苏奶茶，而快乐柠檬在工业市、天普市和蒙特利的门店都推出了一款咸芝士奶茶。此外，北美美食自媒体"吃货小分队"在2015年探店时就发现一家名为"Bleu House"的奶茶店。它们提供"颜值"颇高的"盆栽奶茶"。生活方式资讯媒体"咕噜美国通"还记录过走红亚洲的"灯泡造型奶茶"，在工业市的 MJ Cafe & Tea house 中有售卖。可以说，奶茶在口感质地、外观颜值上开始全面升级，还有部分奶茶店甚至覆盖了消费者从"喝奶茶"到"吃甜品"的需求。这一时期，奶茶店的变革速度明显快于甜品店。

这波美国"奶茶升级战"还值得重点关注的原因是，除了和当地甜品店平行竞争下的自发变革，还有开始承受来自中国"新茶饮"升级并出海下的暗暗压力。

一个不得不提及的重要信息是,大洋彼岸的中国在此时也正在上演着一场奶茶升级战。

2014年,新茶饮头部选手喜茶首次走出江门落户东莞,芝士奶盖茶横空出世,风靡一时。2015年11月,以车厘子、草莓打下鲜果茶"江山"的奈雪在深圳开出首店。仅仅一个月后的年末,喜茶也宣布进入深圳并在海岸城开出首店。中国的两个新茶饮头部选手在一线城市的首次交锋,时间线就卡得异常紧张。

随着奈雪和喜茶迅速进入上海、北京,全面覆盖一线城市后,新中式奶茶已经和新鲜原料、现场制作等关键词画上等号,随之还有提供少冰、去冰等选项,调节糖度等细节服务,门店空间设计注重自身美学,太多维度被囊括进对一家奶茶店的评价体系。一时间,新中式奶茶将奶茶这一饮品改头换面,被联想至"植脂末、奶精"等标签的奶茶被抛诸脑后,似乎已是旧式奶茶的代名词。

这场奶茶新消费浪潮波涛汹涌,甚至卷到了美国。随着华人留学生群体和职业移民数量的猛增,这群人对当时的美国市场售卖的奶茶开始"严格要求"。一群在罗兰岗的奶茶店店主敏锐地察觉到,尤其是对于部分刚刚到美国的华人留学生顾客来买奶茶时,总是会将之和喜茶、奈雪相比较,如果感到不满意的,还会发上几句牢骚。

2015—2016年，洛杉矶大都市圈的奶茶店中提供的产品，创新程度上明显要落后于同期的中国奶茶品牌。两个明显差异在于：第一，国内奶茶已经全面上新了芝士奶盖茶、水果茶等品类，而美国当地能够在奶茶制作中添加新鲜水果的门店很少，奶茶中的果味多来源于浓缩果酱；第二，美国奶茶口味选择局限，常见的巧克力、抹茶、橙子、芒果和草莓等口味已经不能够满足消费者的需求了，因为此时的新中式茶饮，已经开始把红柚切片、把车厘子洗净，添加至杯中了。

可以这么概括：奶茶从中国卷到美国。喜茶、奈雪在国内与海外通路打开后，已经在消费者心中建立了关于新茶饮的标准。高于这个标准或许不会得到赞扬，但低于这个标准会在很大程度上招致批评。这一时期，美国奶茶业在中国奶茶业迅速发展的压力下"自发内卷"，更像是一种被迫加速。这并非本土现存消费客群部分需求的升级，而是新兴消费客群需求猛烈变化后直接带来的外部压力。

洛杉矶中餐饮市场的这种外部压力不仅体现在奶茶领域，中餐饮其他品类市场同样承受重压。2017年，酸菜鱼品类火遍全中国。大众点评当年的统计数据显示，酸菜鱼单品门店在一线城市迅速扩张，其中上海高达2 560家、北京1 050家、广州1 527家。以2017年12月"太二酸菜鱼"进驻上海徐家汇商圈的美罗城为标志，酸菜鱼品类在全国扩张的野心已然显露。相比之下，2018年之前洛杉矶中餐厅里只出现过"鱼火锅"这种主打菜品，但这仍然是处于火锅赛道内部对锅底或原料进行创新的升级，以酸菜鱼为单品的专门店尚未出现。

柔似蜜*永远甜蜜

此时美国中餐饮市场的变化速度也开始紧跟国内餐饮业的创新步伐。在探茶等奶茶店快速创新，菜单更新速度已经与国内奶茶品牌旗鼓相当时，老虎堂、三喵制茶等开始扛起了洛杉矶奶茶业的大旗。前者在全球范围内带火了"虎纹黑糖"这一款奶茶，这和国内当时乐乐茶的代表性大热产品"脏脏茶"在外形上有相似之处，而乐乐茶创造性地兼容了国内新茶饮的所有潮流趋势，不仅芝士奶盖水果茶口味清新，连老港式饮品杨枝甘露也做得十分精妙。

绝大部分奶茶店在2019年元旦钟声敲响之前，都完成了核心原料的换代更新。用新鲜芝士、鲜奶和淡奶油搅打出来的奶盖，已经不是什么新鲜事了；水果茶中的水果品类，从苹果、橙子和芒果扩展到新鲜现切的草莓、葡萄和血橙；部分注重茶味的奶茶店也完成了茶底更新，不再是红茶、绿茶、茉莉花茶的老式三件套，四季春、乌龙茶、云雾青和金凤茶

---

* 柔似蜜（Rosemead），美国加利福尼亚州洛杉矶县的一个城市。

王开始走进消费者的视野，甚至连乌龙茶底中，都可以再细分提供白桃乌龙、樱花乌龙和人参乌龙等多种选择。

洛杉矶的奶茶业从业者不敢懈怠。2018年，喜茶宣布要进驻迪士尼小镇，这被外界理解为其打算进军美国市场的信号。两年之后，奈雪的创始人彭心在公开场合宣布，奈雪可能要在纽约开出美国第一家直营店——这家店被内部称之为"美国梦"项目，选址在美国新泽西州东卢瑟福市的美国梦道路1号，光从名字和位置就足以见头部奶茶品牌当时的野心。

只不过，谁也未曾预想一场波及全球的流行病会在此后到来。奈雪的美国梦项目只能暂缓，官网上至今还能在门店列表中找到这家店的信息，仿佛追逐梦想的脚步从未停歇；而北美食客千呼万唤的喜茶，也未如大众所料落地加拿大的多伦多以灭"山寨品牌"的跟风，在美国西海岸开出的首店2024年才姗姗来迟。尽管国内的头部奶茶品牌势头猛烈，但由于缺乏对海外市场的了解和出于对各地员工健康安全的考虑，它们事实上延缓了进军海外市场的步伐。而疫情流行这三年，却给美国新中式奶茶的发展提供了一个独特、自由的窗口期。

美国当地的奶茶品牌得以在窗口期内慢慢追赶与国内奶茶业在供应链上的差距，比如加快冷链运输、储藏原料等技术的提升。美国奶茶从业者开始对当地能够采购到的原料有了更深入的品质甄别和价格比较。可以说，这一时期国内奶茶业和美国奶茶业在各方面均呈上升势头，但彼此相对独立互不影响，并未形成直接竞争的格局。

2020—2023年，洛杉矶奶茶业已经大致形成规模庞大、细分类别成熟的格局，纯茶店、奶茶店和鲜果茶店已经有明显的门类差异。几乎所有拥有忠实粉丝的奶茶品牌都有了自己的代表性产品。耀记、六茶、White & Brown、Motte Tea Cafe、三喵制茶等新生力量，和五十岚、鹿角巷等成熟品牌一起，促成了洛杉矶奶茶业的繁荣火爆。

柔似蜜永远甜蜜，洛杉矶永远充斥着奶茶清香。尽管有人倾向于把临近圣盖博的"Rosemead"翻译为罗斯米德，但笔者偏爱叫它柔似蜜，这会让人想起在品尝奶茶时的那一口甜。这一让人联想到奶茶香甜的译名，也透露出当地亚裔流淌在血液里的烙印——对奶茶的爱，也是某种文化的外化形式。

二、一场奶茶消费景观

　　如果说从洛杉矶的奶茶业可以窥见一部奶茶在美流行简史，那西雅图的奶茶业更像是一场杂糅了科技人才骄傲与亚裔狂欢的消费文化景观。奶茶店由于亚裔移民新贵和华人留学生的大量涌入，反向推动了西雅图奶茶业的不断更新与内卷。新中式奶茶的浪潮抵达这片海湾时，各品牌会发现当地的华裔经营者早已习得了国内新中式奶茶的营销手法，也深谙"奶茶颜值"会让品牌溢价。与国内相似的是，当地的奶茶也正在从普通的日常美食，逐渐转为中产阶级的一种代表性消费。

　　从中式奶茶的流行到亚裔随之的"现身"，是一个漫长、复杂的过程，这种景观不仅发生在洛

杉矶，也发生在西雅图。作为一个亚裔人口流入速度遥遥领
先于全美都会圈的城市，西雅图奶茶业的沸腾，如这座城市
日渐庞大的科技移民群体以及越发高耸的城市塔吊一样，势
头向上。有一句话调侃道：没有一家奶茶店落地西雅图时不
会大排长龙。不仅队伍长，价格也高。一杯网红奶茶的价格
甚至能卖到税后近10美元。对于奶茶店排长队、高价格的讨
论度越高，就会越引发关于新中式奶茶热潮的讨论，而其背
后主要追捧于此的亚裔群体及其阶层属性就越会被置于公众
视野中讨论，由此便可借着新中式奶茶创造属于自身社群新
的标识。借着从美食到构建流行文化风潮的路径再到族裔形
象的现身，新中式奶茶受追捧在进一步深化亚裔身份认同的
同时，也增强了其在种族文化背景下美国社会中的话语权。

贝佐斯在前面排队

2023年，人们对西雅图穿着"饭团外卖"绿色制服、穿
梭于街头的快递员已经见怪不怪了。普吉特湾的美国年轻人，
已经感受到新兴中国元素对这一城市的影响。"Weee"*上订购
新鲜蔬菜最快可以第二天送达，平安夜下单的中式奶茶送到
手里还是热的。而TikTok，这个来自中国、席卷全美的短视

---

* Weee是北美最大的亚裔购物网站。

频网络社交应用，已经成为美国千禧世代的精神家园。

和洛杉矶的奶茶业比起来，西雅图的奶茶业在规模上可能很难叫板。毕竟在2017年之前，这里的奶茶店屈指可数。尽管歇脚亭、功夫茶、日出茶太这些老牌选手是早一批的拓荒者，但它们基本集中在西雅图市中心的唐人街和华盛顿大学U-District街区附近，那里的一些台式、港式餐厅如"沸点"、"找茶"和美心，以及甜品店"85度C"等，也部分具有奶茶店的功能。

但西雅图的奶茶店在当时并非没有可取之处。2015年4月，一家名为羊の金露（Young Tea）的奶茶店在唐人街国际区成立。店主卡洛琳·李（Caroline Lee）此前从未想过开一家珍珠奶茶店，因为人工香料和甜度让其对这种饮料的健康度表示怀疑——直到其儿子和朋友出去玩偷喝奶茶时，作为母亲，对儿子的爱让她改变了对奶茶的看法。羊の金露在开业后一直以新鲜原料而出名，不用合成糖浆而选择自己熬制红糖，即使是一些作为奶茶辅料出现的芋头、红豆等食材，也尽量选择新鲜原料而不是芋头奶粉或者罐装红豆。

当地甚至还小范围地出现过一波独立奶茶品牌崛起之势。同样开业于2015年的"空白格咖啡馆"（Blank Space Cafe），其首家门店位于西雅图邻近的城市贝尔维尤（Bellevue）——亚马逊（Amazon）的发家地。店内不仅提供珍珠奶茶和从纽约进口的马卡龙，还提供带有珍珠圆子的华夫饼和冰淇淋。

2016年时，有食客在店内尝试了桂花味的绿茶热饮，还加了点仙草冻，此后他对这款茶饮念念不忘。两年后创始人黄佩吉（Peggy Huang）跃过华盛顿湖在西雅图开出了另一家门店，品牌在整个大西雅图地区都小有名气。

这一时期，西雅图城市内由华裔经营的奶茶店，选址基本上跟随两个思路：一是选择亚裔高度集中的商业区或者生活区，一般进驻唐人街和华人超市所在的商业广场就是例证；二是选择留学生集中、年轻人高频活动的生活区——华盛顿大学附近即是理想区位。从商业角度来说，人流量的基数才是盈利的基础。

2017年，TikTok还没有正式进入美国，谷歌在西雅图联合湖南边正对亚马逊的大楼刚开始施工，脸书和苹果公司在西雅图扩张计划还没有官宣。这个城市还没有成为各大公司的香饽饽。沿着5号快速路一路向北，班布里奇岛的轮廓若隐若现，派克街市场的星巴克全球首店总是人来人往，市中心的梅西百货（Macy's）还没有沦落到要卖楼的地步，一切都处于商机即将爆发的前夜。CoCo在这一年临近感恩节才姗姗来迟，"双十一"购物节试营业期间早就排起了长队，似乎想要动摇歇脚亭、功夫茶早先在此打下的根基。但谁也没有想到，后发制人者是快乐柠檬。

2018年7月，距离快乐柠檬进入美国市场已经过去了四年，虽然已经在纽约、波士顿、旧金山、洛杉矶等美国重要城市开出门店，但这些城市当地的奶茶业竞争仍相当激烈，快乐柠檬在等待一次真正意义上的出圈大爆。

在西雅图，快乐柠檬终于迎来了一次重要机遇。2019年4月，官宣离婚没多久的美国电商亚马逊创始人杰夫·贝佐斯（Jeff Bezos）被人拍到在快乐柠檬贝尔维尤门店前和儿子一起排队购买快乐柠檬。他们买了三杯经典款珍珠奶茶，还被拍下并上传至各大论坛后又陆续在社交网络上发酵快速传播。快乐柠檬经此迅速在美国科技圈和西海岸出圈。

两个关键要素由此改变了奶茶在美国大众中的形象。首先，当然若是富商杰夫·贝佐斯排队都要喝的奶茶，那么大量涌入大西雅图地区科技公司集群（包括西雅图、贝尔维尤、瑞德蒙德）的职业移民*群体如华裔软件工程师、数据分析师会买奶茶也是再自然不过的事了，由此嗜好这种饮品成了一种群体、阶层的偏好，无形中提升了奶茶的地位；其次，贝佐斯排队的这家店并不是一家位于亚裔聚居地或者大学街区旁的街边店，而是位于贝尔维尤城市中心最核心位置的高端购物中心[该中心还拥有蒂芙尼、博柏利（BURBERRY）和加拿大鹅（Canada Goose）等高奢品牌入驻]。

可以说，奶茶第一次以高端大气的姿态进入到美国大众的

---

* 职业移民，为管理学领域术语。在美国定义为根据美国法律，政府允许任何美国劳工市场上短缺的合格人才，通过技术或特殊人才的资格，申请美国的合法永久居住权。

主流消费视野之中。无论是大西雅图地区还是对美国本土的奶茶业来说，这都是一个新中式奶茶趁势出海的绝佳机会窗口。

把奶茶开到爱马仕旁

很显然，没有人愿意错过这个机会。其他新中式奶茶玩家，紧紧追随CoCo和快乐柠檬的脚步，随即在此扩大自身的市场版图。各品牌稳步有序地向城市核心地段的高端购物中心进发，这是新中式奶茶在大西雅图都市圈布局过程中的必然一步。

2019年3月，水果茶赛道中的代表选手一芳，在西雅图北边城市林伍德（Lynnwood）开店。品牌进驻的阿尔德伍德购物中心（Alderwood Mall）是一个辐射周边城市的庞大商业综合体，兼容办公、零售、餐饮和电影等多种业态。其位于5号州际公路、405号州际公路和525号州际公路交界处以西，占地足足1.4万平方米。美国零售巨头梅西百货、杰西潘尼（JC Penny）、西尔斯（Sears）以及西雅图本土高端百货诺德斯特龙（Nordstorm）都进驻于此，此地从而形成了强大的品牌集聚效应。

2019年9月，快乐柠檬也趁着东风，进驻了位于西雅图南边城市塔克维拉（Tukwila）的一家名为西田南方中心（Westfield Southcenter）的巨量级购物中心。而作为新中式奶茶在西雅图的先发者CoCo，直到2023年1月才在这家购物中心开出门店。

2020年3月，随着全球新冠疫情在美国扩散，所属西雅图的金县（King County）也随之出台一系列限制餐厅人流的措施，但这并没有延缓新中式奶茶前进的步伐。快乐柠檬在这一年向西雅图市中心开店，而一芳也直进西南，拿下了贝尔维尤的店铺。

更多新锐奶茶品牌如雨后春笋般出现在西雅图。一个名为"别对我尖叫"的奶茶品牌在2020年的暑假亮相于华盛顿大学街区，有留学生惊叹于其招牌产品"芝芝莓莓"的口感，已经完全不输于喜茶。而就在几个月前，新中式奶茶品牌"茶千岁"也落地华盛顿大学附近，只不过它没有抢到"别对我尖叫"所在的主街位置。

新中式奶茶仿佛完全没有被全球新冠疫情可能带来的负面影响吓退。一家走差异化路线，先强调"茶底"再谈配料珍珠、"QQ冻"的新中式奶茶品牌茶汤会也在西雅图的秋天到来前开出了位于西雅图唐人街的首店。

有从业者感慨茶汤会选择此时在唐人街开店是明智之举。2020年进入华盛顿大学街区的新中式奶茶品牌如"别对我尖叫"、茶千岁等，很大可能上是在疫情大范围传播之前就拿下了点位，等于是租赁合同提前签好了。但谁又能想到2020年3月前后，美国大部分高校开始全面推行网课，很多中国留学生随即返回中国，这或多或少影响了客流量。而茶汤会却在这个节点上选择在唐人街开店，那边空置门店多，租赁价格比起大学街区有优势，客流量不以中国留学生为主，看似一种妥协，实则以退为进早日站稳了脚跟。

还是在这一年，双店齐开的一芳水果茶一时间风头无两。2020年8月，品牌位于西雅图北边埃德蒙兹华人超市的门店启动试营业，而另一家店则位于贝尔维尤的Bravern商场。

一芳拿下的贝尔维尤门店位置，可能处于整个大西雅图都会圈顶级的商圈。古驰在这里的门店金光闪闪，路易威登的玻璃一尘不染，而爱马仕的门店占据了商场入口最好的位置，旁边还时不时停满百万级别的豪车——是的，你没看错，大西雅图地区的唯一一家爱马仕门店，不在西雅图，而在贝尔维尤的一芳水果茶店旁边。

不过仔细想来这也很合理。尽管笔者只拜访过这家爱马仕门店一次，但当时店里的客人大部分都是华人或亚裔，或许VIP客户还可以附带得到一杯免费的一芳水果茶，如果导购愿意花两分钟出门为其购买的话。奢侈品与奶茶店皆进入高端购物中心，某种程度上也是惠及双方的事。对于闪亮耀眼的奢侈品商圈来说，这体现了其充分考虑顾客需求，其位置可以让大部分华裔客户顺带品尝到符合其口味偏好的"中式水果茶"；而对于奶茶品牌来说，能和顶奢品牌比肩，自然就完成了品牌价值的翻倍和品牌地位的提升。

一场全方位的提升

根据多方调研报告显示，美国大众对珍珠奶茶的兴趣逐渐上升。IBISWorld[*]的数据显示，2018—2023年，美国珍珠奶茶行业的企业数量平均每年增长21.2%。Rentech Digital[**]的数据显示，截至2023年12月4日，美国的珍珠奶茶店数量高达7 801家。

全球最大的搜索引擎搜索趋势也显示，2019—2024年，美国关于珍珠奶茶的关键词搜索始终处于波动上升，并在2023年1月达到过一个高点。而根据地理区位划分，对珍珠奶茶兴趣排名前五的州分别是纽约州、新泽西州、华盛顿州、罗得岛州和马里兰州，分别位于美国西海岸和东海岸的北部。

根据笔者对部分奶茶店的走访，发现疫情期间奶茶在美国的热度也并未消退。其中一个原因在于，受中国国内零售业态的影响，诸多在美中式奶茶店的经营者很早就有了外卖派送的服务。在因疫情禁止堂食期间，部分美国餐厅、咖啡馆和果汁店的线上销售转型相对缓慢，甚至有些餐厅和饮品

---

[*] IBISWorld是一家全球知名的市场研究公司。

[**] Rentech Digital专门为全球所有企业提供解决方案。

店才因此首次开始在Uber Eats和Doordash*上开设账户，但这对于早就熟悉外卖派送流程的中式奶茶店主来说不是难事。有从业者提到，在其他饮品店还在寻找防漏外卖杯的供应商时，中式奶茶从业者自己所在的门店早就把纸袋、杯托、防烫防漏的纸杯和吸管等一整套物料准备齐全了。

此外，华裔经营的奶茶店普遍会与华裔创始团队开发的外卖软件——"熊猫外卖"和"饭团外卖"进行合作（这也是海外华人在使用外卖服务时高度使用的两个平台）。和国外主流外送软件采取的自雇司机模式不同，饭团外卖甚至搭建出与国内外卖相似的专送模式即司机专门服务于饭团外卖平台，从而避免了自雇模式下司机流动性大、配送时间不确定的问题。比起Uber Eats、Doordash动辄一小时起步的配送时间，熊猫外卖和饭团外卖的顺畅及时配送，让消费者对华裔经营的奶茶店有了很大改观。

不仅仅是服务体验的提升，西雅图华裔经营的奶茶店还引领了当地奶茶业"奶茶配料"的全面升级。上一代奶茶店所提供的"topping"（也就是小料）种类相当有限，基本集中于果酱、果干、糖粉、巧克力碎等品类，但受新中式奶茶影响，新一代奶茶店开始迅速创新。

前面已经提过的，以一芳为代表的水果茶店，让美国消

---

* Uber Eats和Doordash为美国外卖送餐服务平台。

费者开始知道爱玉、布丁和仙草冻虽然都是果冻，但风味和口感有明显区别；而茶汤会的"QQ Noodle"，将果冻做成了长条状，引起了很多食客的好奇；"别对我尖叫"更是做出了水果茶底和芝士奶盖的结合。在此之前，西雅图的奶茶店几乎没做出口感如此接近国内新茶饮口感的芝士奶盖。

产品包装上，彼时喜茶、奈雪在国内已经引领了纸吸管、CPLA吸管（可降解吸管）取代塑料吸管的浪潮。为了顾客更好地品尝出芝士奶盖和茶底在口感上的层次性，喜茶还用过一款旋转杯盖。当同类奶茶店还在使用塑封盖的时候，西雅图华裔经营的奶茶店，受国内标准的影响，已经开始注重奶茶包装的升级——在芝士奶盖茶、纯茶和牛乳茶的冷热包装、杯盖选择上，已经有了明显向国内的靠拢。甚至部分奶茶店还提供玻璃杯、小熊杯等网络流行的造型来吸引顾客的注意力。

空间美学上，这一时期的奶茶门店装修设计开始出现质的突破。前一代华裔经营的奶茶店总面积不大，以随买随走的小档口为主，即使设有座位的门店，也大多是因为店内还提供小食而非仅仅售卖奶茶。但新中式奶茶尤其强调门店的装修风格，美学空间的建构极大程度地改变了消费者对品牌的感知和印象，风格化的装修甚至会提升奶茶的"奢侈品化"。

以奶茶品牌吃茶三千为例，其在贝尔维尤的门店设计中，尤其强调"茶历史"的元素。整体空间以绿植缠绕的立柱为分割，设计了一个"L形"线以引导人流，进门处右手边的墙壁上悬挂了16个不同颜色、相同造型的茶罐，白色空间辅以大量树叶为装饰，并用金属雕刻的中文字写上了"六年传茶情，百年传人爱"的标语。在点单柜台处，还放置了店内使用的所有茶叶的样本罐和萃茶机，并在座位区摆放了品牌自传故事的册子供客人翻阅。

而CoCo位于万怡酒店一层的门店，墙面装饰了一个抽象版的世界地图，并标注了品牌已经入驻的全球性城市如伦敦、北京和纽约。门店空间中以品牌的代表色橙色为主，并辅以绿色、木色来营造自然、清新的氛围感。照明以暖色调为主，其空间更适于朋友间温馨的聚会聊天而不是强调效率的冰冷的商务会谈。

可以想见，在门店铺开速度、服务体验、产品包装和空间美学上，这一时期西雅图众多华裔经营的奶茶店开始了一场全方位的升级。这些受新中式奶茶浪潮影响而催生的新一代奶茶店，开始彻底打破珍珠奶茶甚至是中餐厅低廉的既有印象，由此也用新风貌展现了华人社区形象的转变。

2017—2023年，笔者多次实地走访西雅图的奶茶店，发现店内就餐的非亚裔顾客比例在逐渐提高。通过和他们的交谈得知，TikTok、Instagram等社交媒体在这波奶茶走红中发挥了重要作用。

探店博主上天入地，试图翻遍城市的每个角落以找到这个城市最好喝的奶茶店，无数标题为"××城市最好喝的

××家奶茶店"的帖子在互联网空间中随处可见。美国网友也热衷"DIY"（手动自制）奶茶。关于黑糖珍珠奶茶的食谱，点击量过十万是家常便饭。一个TikTok博主在奶茶店工作，她拍摄了一段视频：一位客人点一杯"No Topping"（不加小料）的奶茶，最后收到饮料时询问为什么这杯奶茶中"没有珍珠"。博主吐槽道，谁来救救她，向顾客解释："珍珠就是小料的一种啊！"这个无厘头视频在TikTok上播放量超过了百万次，新的评论还在不断涌入。

可以想象，以甜蜜作为底味的中式奶茶，配上传承千年的清香茶叶，对嗜甜的美国食客有着"致命性"的吸引，再加上新茶饮品牌空间设计和产品呈现上十足的视觉冲击力，辅以洗脑的背景音乐，一旦上传到Youtube Shorts、TikTok或者Instagram Reels，视频很容易形成"病毒式"传播。

奶茶商品化程度的高度扩散是这一时期奶茶走红的典型标志。除了奶茶店提供的现制奶茶，灌装的新中式奶茶也开始成为本土商超、便利店饮料货架上的常客。另外，一些原本只出现在华裔所经营的奶茶店的配料，在受到食客肯定后开始在其他领域爆火。比如，当添加在奶茶中的麻薯开始走红后，当地商超开始售卖麻薯预拌粉；而紫薯和芋泥更是一度从奶茶火到咖啡、冰淇淋、蛋糕等多个领域，诸如Coffeeholic House、203℉ Coffee、Anchorhead Coffee和Sip House等多家咖啡店推出了紫薯拿铁。美国本土杂货零售商"缺德舅"（Trade Joe）

在2022年曾推出过"紫薯季"专场，售卖包括紫薯曲奇、紫薯松饼预拌粉和紫薯果泥等一系列以紫薯为原材料的产品。

尽管奶茶并非直接对标咖啡、果汁等饮品，但它多少影响了其他类饮品门店的客流量。竞争对手再也无法忽略它的存在，纷纷推出包含类似珍珠、爆珠和QQ冻口感的饮品：唐恩都乐在2021年的夏天上新了草莓味的爆爆珠；汉堡店Sonic上新了蓝色和红色莓子味道的珍珠冰饮；诞生于西雅图的星巴克也在这一年的冬天开始测试将珍珠搭配到咖啡基底的饮料中；而大本营位于明尼苏达的Caribou咖啡似乎是最早感知珍珠奶茶火热会影响饮品业的美国本土饮料连锁，早在2018年，就把类似珍珠口感的椰子味气泡小果冻作为辅料搭配在柠檬水里卖给顾客。

重要的是"珍珠"作为一种超越食物领域的流行文化符号的全面传播。年轻人爱逛的礼品店里开始售卖奶茶周边，如钥匙扣、吊坠和印有奶茶图案的笔记本，还有小女孩背上了造型为珍珠奶茶的手包——它们过于精致小巧，有些甚至连手机都塞不进去。等到迷因*（Meme）区也开始出现珍珠奶茶约会的相关热梗时，喝奶茶已经成为"一种前沿、潮流的生活方式"。一个大学图书馆里流行的迷因是，"别人疯狂赶

---

*　迷因是网络流行语，指在同一文化氛围中，人与人之间传播的思想、行为或者风格。

due时需要补血槽，而我只需要一杯珍珠奶茶就可以"。

等到2024年4月华盛顿大学的樱花盛开时，西雅图的食客们才意识到，当地U-District街区的珍珠奶茶节已经举办了三届。到了2024年夏天，喜茶在夏季的末尾悄然进入了这座城市，而其所在的门店位置，正是一芳水果茶此前占据的西雅图高端商场的门店。

奶茶内卷与TikTok风靡

此时的国内，新中式奶茶已经在饮品市场大旗飘扬。手捧一杯星巴克已经不再是中产阶层彰显生活方式的唯一选择，去城市最核心的商圈，购买单杯价格30元以上的奶茶或者水果茶，并配上店内烘焙的面包、甜品拍照打卡，也可以成为中产阶层彰显生活方式的一种替代性选择。奶茶的地位由此提升，其从平价的日常消费品转向为暗示阶层地位、审美趣味的中产消费品。

大西雅图都会圈同样如此。中式奶茶店在完成了原料供应、产品包装、室内设计和服务水平的全面提升后，参与这场"流行文化风潮"的亚裔美国人自身感受了前所未有的存在感。

很难用语言来描述这种微妙的感觉。但有一点明确的是，新中式奶茶的热浪席卷美国后，以奶茶为切口，中式食物开

始在全球美食口味的层级中被看见的可能在提升，中餐饮的
地位也随之攀升。而围绕奶茶所衍生的亚裔文化也开始在美
国主流社会拥有了一个稳定输出的窗口。

这个窗口或许狭窄但很必要，因为这代表美国主流社会
不得不直面的事实——如同TikTok在美国一路高歌。尽管
有反对派多次对其表达数据隐私和安全性的担忧，但丝毫不
能影响这款社交软件的风靡。哪怕40多岁的亚裔周受资代表
TikTok站在听证会上，承受来自美国政客长达5个小时的不
断质询，也不能摁灭这款社交软件的火爆。

当北美刮起短视频旋风后，在TikTok上分享、打卡新中
式奶茶店，进而吸引熟悉奶茶文化的中式茶饮爱好者在线上
或线下聚集时，多少会因TikTok这款来自中国的社交应用而
感受到亚裔自信。奶茶和TikTok，两个看似毫不相关的东西，
产生了联结。前者是亚裔带起的一股饮食风潮，后者又是他
们在社交媒介上可以表达自我认同的主场。因此，在与自身
文化底色亲近的中国所发明的社交媒介上再分享中华美食时，
自尊感与自豪感又升了一个层次。此外，日益增长的亚裔科
技移民群体来到西雅图，他们与奶茶的流行、TikTok的风靡
一道，促成了这座美国城市少数族裔文化的空前多样。

2020年，谷歌、脸书和苹果等科技公司在西雅图发起的
扩张计划已经规模显著。科技大厂的掌舵者不约而同地把公
司落地于西雅图，无形中极大地提升了多样化人才的聚合度。

随之而来的是，拥有高科技技术及不同种文化背景的年轻人开始涌入西雅图甚至整个华盛顿州。

2016年，每周大约就会有50名软件开发者流入西雅图的人才就业市场，到了2022年，这个数字还在翻倍。华盛顿大学计算机系每年毕业生的数量，已经赶不上这里科技大厂的巨大需求了。为了提高教学楼的承载量，盖茨和米兰达的基金会捐赠了1 500万美元帮助该校的艾伦计算机科学与工程学院建造教学楼，亚马逊也为此贡献了1 000万美元。

教室和实验室的扩建与更新得以招揽更多的学生。亚马逊甚至在该学院设置了两个年薪100万美元的教授职位，来推动机器学习领域的发展。2022年，艾伦计算机科学与工程学院发现，当年申请次年入学计算机学院的人数已经高达7 587人，这一人数超过了该校经济学、政治学、护理学和机械工程专业当年申请人数的总和。

尽管硅谷向来被视为培育科技新秀的摇篮，谷歌、苹果这样的明星公司都从那里诞生——无数的投资人和机构手握热钱，用鹰眼睥睨着一群排队等待项目汇报的年轻人，再从他们当中择优选择下一代的财富创造者——但总有人厌恶这种机会主义。原本驻扎硅谷的部分科技移民开始逃离旧金山，他们一路北上穿过俄勒冈来到西雅图来寻找一种所谓的"成就感"，比起在硅谷的夹缝中绝地求生，参与建设一座正在兴起的城市，更符合他们对成功者的想象。

在世邦魏理仕此后的一项研究中，科技行业应届毕业生把西雅图列为移民城市的首选。他们调查发现，2022年2月到2023年2月，西雅图初级水平的科技工作者"移民率"为15.2%，远高于奥斯汀（9.7%）和旧金山（9.1%）。大量华裔、印度裔科技劳动力也随着这股科技移民浪潮，流入这座原本城建规模并不起眼的城市。印度官方甚至打算在西雅图新开出一个领事馆办公室，以协助解决印度裔科技移民遇到的签证问题。

从西往东，沿着亚马逊和微软的大本营，从西雅图到贝尔维尤再到瑞德蒙德，一个大西雅图都市圈迅速成形。

《西雅图时报》援引美国人口普查数据称，2022年西雅图家庭收入中位数会达到115 400美元的历史新高，这比所有美国家庭的收入中位数（74 750美元）高出大约54%。在全美国50个最大城市中，只有3个城市家庭总收入高于20万美元的户数，远远多于家庭总收入低于5万美元的户数，而西雅图就是其中之一。提到西海岸时，在大众的常规印象中，除了硅谷附近的旧金山和圣何塞，第三个城市就是西雅图。

高耸入云的塔吊也在见证着这座城市的扩张。一个计算机专业刚毕业的学生只要进入俗称的"FAANG"*，就会拥有

---

* FAANG，是华尔街对脸书、亚马逊、苹果、网飞和谷歌的缩写，意指美国市场上五大最受欢迎和表现最佳的科技股。

一个百万年薪的起点。从新人入职工牌上的照片，就可看出其微笑都洋溢着骄傲。如果亚马逊的工牌还是黄色的，那恭喜了，这代表着个体已经熬过了职业生涯初期五年可能会发生的突如其来的裁员和来自上层的"PUA"，经过历练进入了事业稳定期。

对西雅图奶茶业来说，科技移民的兴起对之有两个明显利好：第一带来大量年轻人口，使得奶茶业消费者的基本盘迅速膨胀；第二，这群人有极强的消费能力并对奶茶有较高的消费意愿（如前所述）。

奶茶业碰上这一科技移民增长时期会迎来一波新的发展高潮。在被高端商场接纳后，部分奶茶品牌陆续进驻写字楼等办公场所，这是离这群科技专业人士最近的地方。2020年，快乐柠檬拿下西雅图市中心联合湖南部的一处档口，就在亚马逊办公楼的一层。2018—2023年，快乐柠檬在整个大西雅图地区（驾车20英里，半小时之内）包括肯特（Kent）、图克维拉、博特尔（Bothell）和林伍德等地共计开出14家门店，成为名副其实的地区性奶茶巨头。

从国内新茶饮浪潮中"厮杀"出来的新玩家，还在不断加入这一市场。来自杭州、成立于2016年的弥茶（Mi Tea）先后在贝尔维尤和西雅图开出两家门店，后者作为"Plus门店"，甚至在设计风格上做出了明显空间区隔以彰显品牌调性。来自广州的愿茶（Moge Tea）2022年才来到华盛顿大学街区，但仅仅半年之后就又在贝尔维尤开出了门店。

西雅图奶茶业的层级化就此突显。一个已经形成的"金字塔"顶端是，在西雅图都会圈奶茶连锁门店规模超过10家的，只有快乐柠檬和歇脚亭两个品牌；在这之下，是目前规模在3—10家的中型连锁如一芳、"别对我尖叫"等。其次是刚起步的独立品牌或者入场稍晚的连锁品牌。最后是部分黯淡退场的上一代奶茶店。有消息称，2024年刚开业的"麻古"奶茶取代了之前歇脚亭某家门店的位置，而另一家在纽约开启的奶茶品牌"瓷禧"（Teazzi）也即将在西雅图开出门店。

在这一派热闹中，西雅图的奶茶业走向了一种狂热的竞价。

某家新开的奶茶店动辄排队2个小时起步，大量食客不得不在西雅图的寒风中默默等待。因此有人不惜开车2小时北上，只为了去温哥华买一杯正宗的喜茶。除了排队时长，价格方面，部分网红奶茶店单杯的价格甚至直指10美元，这个价格大约是星巴克中杯拿铁的两倍，但暧昧中约会的单身男女可能必须为此买单，毕竟借由奶茶就能唤起诸多闲聊的话题，比尬聊彼此的职级和薪水强多了。

用单杯咖啡的价格作为基线来衡量一杯奶茶价格的走势，是一个直观而有效的方法。西雅图一杯贵的奶茶能买两杯咖啡并不是夸张。作者谢尔曼（Sherman）根据Saving point[*]

---

[*]　Saving point 为一个商业数据内容分析网站。

的数据分析了全美咖啡价格最贵和最便宜的城市，随后发现在全美单杯咖啡价格最贵的前十个城市之中，西雅图以单杯3.92美元位于首位，而西雅图所在的华盛顿州还有其他五个城市上榜，分别是奥林匹亚（City of Olympia）（3.76美元）、肯纳威克（Kennewick）（3.49美元）、塔科马（Tacoma）（3.49美元）、布雷默顿（Bremerton）（3.32美元）和斯波坎（Spokane）（3.17美元）。

有观点认为，珍珠奶茶在西雅图价格的走高可能并不是成本、店租等原因导致的结果，而是品牌方发现奶茶作为一门利润率较高的生意时，定价越高反而越流行。大众对流行的追逐又反过来促进了珍珠奶茶的火爆以及奶茶价格的持续走高。

更深远的影响在于，无论排队2小时还是单杯10美元的奶茶，在TikTok等社交媒体上对奶茶的讨论度越高，置身这场奶茶文化潮流背后的亚裔群体就越被看到。对奶茶的消费，已经远远超越了食物食用本身价值的范畴，而走向了一场彰显消费者与支持者自身消费水平和社会地位的追逐。某种程度上，是塑造这场消费景观的亚裔群体在增强社会话语权和吸引注意力的方式，最终目的是在此消费场域中建构起一种更为自信、强势的身份认知，来抵消在美国社会的边缘化和无力感。

但当食物被赋予了更丰富的功能和深厚的意义之后，这场饮食潮流的消费者、参与者与围观者，就可能很难纯粹地享受奶茶入口的美妙滋味了。

三、一次由奶茶打响的"战斗"

纽约永远打头阵

当我们讨论奶茶在美国的走红，具体来说是新中式奶茶如何"征服"美国的饮品市场甚至美国社会时，纽约一定是绕不过去的。原因很直接，纽约在全球流行文化和消费景观中所占据的主导地位，注定了其是所有品牌的梦想高地。

2011年7月底，日出茶太在纽约地区的第一家门店正式开业。母公司六角国际事业股份有限公司董事长王耀辉亲自飞往法拉盛的旗舰店，他的亲自剪彩彰显了对美国市场的重视。毕竟，早在2006年进入美国市场的日出茶太花了整整五年，才从西海岸的加州跨越大半个美国来到东海岸的纽约。

那一年的冬天，CoCo 也在纽约市中心莱克星顿大街和东二十四街的交叉口开启了其在美国市场的征程。门店邻近的巴鲁克学院有很多来自商学院的学生，他们对这个来自东方的神秘珍珠奶茶品牌充满了好奇。

彼时，功夫茶成立才不过一年。其创始人之一的王宏仁是美国乔治·华盛顿大学金融系年轻的高才生。2008 年金融危机的余波仍在，他在纽约一家信托银行分行的工作也因为大环境的低迷而受到影响。于是 2010 年他决定用手里攒下的钱创立功夫茶。

业内人士或许没有想到，王宏仁这个此前在茶饮行业没有经验的年轻人，此后能够打造出一个席卷全世界的珍珠奶茶连锁巨头——这是早期几家最大的珍珠奶茶连锁品牌之一。功夫茶在短短几年之内在全美的门店拓展到 100 家，到 2017 年的全年营收额已经达到 5 000 万美元，如今全美门店已经超过 350 家。

除了功夫茶和 CoCo，日出茶太还有一个值得敬畏的对手。虽然中国国内食客对"Vivi Bubble Tea"可能没那么熟悉，但这个早在 2007 年就在纽约开出首家门店的当地奶茶资深玩家，以曼哈顿岛南边属于唐人街的摆也街（Bayard Street）*为大本

---

* 摆也街，作为纽约唐人街的重要组成部分，是华人社区文化与商业活动的集中地。

营，其后向北延伸至阿斯托利亚，往东扎根法拉盛，朝南往布鲁克林，开出的门店更是密密麻麻。

中式奶茶的流行也让亚裔之外的商人都敏锐地嗅到了商机，印度裔美国人安查尔·兰巴*（Anchal Lamba）决定拿下贡茶在纽约的代理。2014年4月，她顺利在纽约法拉盛新世界美食广场开出了第一家贡茶加盟店，并此后一路成长为贡茶在美国的大型特许经营商。

几乎同年，快乐柠檬的美国首店也选在了纽约法拉盛开业。相比于品牌在西雅图的扩张速度，其在纽约的步伐明显是谨慎且克制的——整整两年，品牌仅仅在罗斯福岛、长岛和布鲁克林分别增开了三家门店。

2018年初，来自杭州的弥茶空降纽约。仅仅几个月后，一家诞生在广州、以水果茶走红的奶茶品牌"愿茶"也随后到来。尽管入场时间较晚，但经历过国内新茶饮激战的品牌显然更习惯快速走量、"大火猛攻"的方式。短短五六年之内，愿茶已经在法拉盛、曼哈顿、布鲁克林、东村和亨廷顿开出近20家门店，成为名副其实的纽约街区巨头。

2019年9月，一芳水果茶的经营者张杰夫（Jeff Chang）曾经的梦想已然实现。这个年轻的男孩在一芳法拉盛首店开

---

* 安查尔·兰巴是一位近30岁的年轻女性，是主管多家奶茶店的老板，其管辖门店涉及纽约市及美国其他各州。

业后，曾许下心愿，"一芳在纽约不只要摘下一个苹果，而是要种下一整片的苹果园"。2018年6月到2019年9月，品牌在纽约的门店数量已经拓展至六家。

2018—2020年，是奶茶2.0时代品牌们打入纽约的一个高峰期。强调茶底味道的奶茶品牌瓷禧在2019年的春节前抢滩纽约。

同年在南京德基广场凭借"虎纹"走红的奶茶品牌老虎堂，也把美国首店选在了纽约。总裁杨敏宗乘坐十几个小时的飞机风尘仆仆前往纽约没有白费。开业当天排队的人流一直延伸到地铁口。而主打现制珍珠的"幸福堂"再也坐不出了，2020年初春寒料峭，通过纽约同仁堂的老板和商会的关系，迅速在法拉盛打开了市场。

等到喜茶闯入这个满是由钢筋混凝土浇筑的现代商业丛林时，纽约的中式奶茶店的密度，已经可以和法拉盛中餐厅的密度相睥睨了。但已经在新加坡站稳脚跟、在英国颇享美誉的喜茶，此时正是意气风发的时刻。无论是从出海深度还是门店规模看，在国内新茶饮浪潮中早一批崛起的头部阶梯选手中，喜茶已然领先诸多品牌半个身位了。2023年12月8日，通过时代广场旁的竖版大屏幕，喜茶宣布美国首店正式上线。

喜茶在纽约门店的区位很好——百老汇大道1407号，距离时代广场、帝国大厦等纽约地标性建筑步行不过10分钟。

当然其周边的中式茶饮店竞争也很激烈，方圆1.6公里范围内至少有超过15家奶茶店。贡茶和一芳水果茶距离其仅仅一个街区，旁边又是"大名鼎鼎"的"丧茶"。2007年就进驻纽约的奶茶品牌Vivi Bubble Tea和2010年成立的功夫茶在这奶茶店密集的方圆1.6公里内均开设了两家门店，对其他品牌有明显的压制意味。而2019年前后开始走红的新锐奶茶品牌"沐白"和被周杰伦带火的麦吉奶茶，也在附近开出了门店。

沿着喜茶旁边的第六大道往南走到联合广场再到唐人街，会发现奶茶店的密度持续走高。这些店都各具特色："趴趴茶"的品牌形象是一只戴帽子的棕色泰迪熊，店里的美式奶茶很好喝；以"黑糖珍珠奶茶"打响名号的幸福堂2021年也在以前卫与美食著称的东村开出了一家奶茶店，声称珍珠的熬煮时间往往在四小时以上；2018年一家名为Debutea的奶茶品牌在汤普森街亮相，店主放弃了原本的律师工作，想要让纽约的食客品尝正宗的中国奶茶和水果茶，进而转行奶茶业。

和洛杉矶、西雅图相比，纽约曼哈顿唐人街奶茶店的发展更为锐意进取。这里奶茶品类的更新速度与国内的几乎完全同步，诸如紫薯、芋泥这些在国内流行的小料，都可以在店内尝到。甚至一些突然火起来的爆款产品——2021年曾有网友发帖称，当时国内大火的苦瓜柠檬茶就可以在纽约布鲁克林一家名为"茶言蜜语"（Onlyone）的店里找到同款产品。

纽约的奶茶门店还开始售卖非奶茶产品，并打造风格强烈的文化空间，这是纽约奶茶业远超于其他海外奶茶业的一点。当地奶茶店在产品上的探索在此也呈现两种方向，一种是"旧品新做"，另一种是完全大胆的创新。

前者的典型例子是"朝茶"。该品牌成立于2018年，在纽约州、新泽西州和宾夕法尼亚州等地区拥有超过20家门店，全美门店高达40多家。店里除了提供水果茶和奶茶，炸色鲜艳的韩式炸鸡也很受消费者的欢迎。2023年，威斯康星州一位拥有多家餐厅的经营者赛琳娜·成（Selina Cheng）在纽约一场活动上认识了朝茶的创始人，她非常认可朝茶店内炸鸡的品质，于是将其带去了威斯康星。

坦白讲奶茶店卖炸鸡并不是新鲜事，功夫茶也有提供炸鸡这一产品的门店。2010年之前开在中国县城的奶茶店，本就不仅仅纯卖奶茶，搭售炸鸡、汉堡、鸡蛋仔等小食往往能提高客单价，并且能够增加复购率，奶茶店那时更多的是扮演了一个速食餐厅的角色。这种餐饮模式非常适用于小城市、消费者有限的背景。此后以奈雪、喜茶为首的新茶饮品牌虽然打破了大众对上一代奶茶店的固有印象，但也不只卖奶茶。奈雪一度把欧包的销量做到与奶茶的销量拉平的程度，喜茶也上架过冰淇淋、气泡水等产品。

而朝茶的聪明之处在于，其把炸鸡这个不是创新的食品做成一个创新化的产品线，而并非局限于菜单上一个看似平平无奇的单品。其所售的韩式炸鸡有"江南Style"、韩式酱油蒜、芝士等多种口味选择，官网首页也有大幅页面宣传，在多个美食论坛以及餐厅评论网站中，你都能看到在美食客对其炸鸡味道的肯定。

而位于埃尔德里奇街（Eldridge Street）的"Solely Tea"，则是大胆创新的"文化潮流空间"的代表。如果打开品牌的官网，你会怀疑这是不是一个售卖奶茶的门店，因为主页的大部分空间，都被耐克鞋占据了。单价超过500美金的耐克Air Max 97和Off-White联名款"Menta"、Sacai日本时装设计师阿部千登势以耐克经典款——LD Waffle进行的改良款，都能在店里找到。作为纽约首家把运动鞋和奶茶相结合的零售店，Solely Tea在彰显特定潮流文化上，的确远超同行。只要消费者一进入这个空间，会感受到品牌理念的传达比起售卖产品，似乎更为重要。

有一点可以肯定，一双耐克限量版球鞋搭配一杯奶茶成交的利润肯定比单纯卖一杯芒果冰挣钱多了。Solely Tea高度接近国内部分咖啡品牌打造的"线下文化体验空间"。"奶茶+球鞋"的品类组合一方面让消费者形成了强烈反差的记忆点，另一方面会让店主和消费者有"直接交流"意愿，在一个喜欢球鞋的人开的店里买一杯他自己做的芒果冰沙，这很酷。

纽约对于美国各快销品牌的意义与地位，某种程度上相当于上海之于国内快消品牌。一个全球性城市充分的包容性会给任何一个品牌大展身手的机会，但同样，激烈的竞争也要求每一个来此淘金的品牌必须展现自身的独特性，或许这就是Solely Tea在一众奶茶品牌中脱颖而出的理由。

丝滑的融解

2017年春节，笔者在洛杉矶的圣盖博广场和朋友吃年夜饭，饭后照例去买一杯奶茶。当时纽约的老虎堂还没有开业，喜茶还没有进入纽约。如今2024年，喜茶已经正式在洛杉矶的比弗利山庄、纽约的百老汇大街开店，快乐柠檬成为西雅图数量最多的奶茶连锁，在纽约的中式奶茶产品更新速度已经和国内几乎没有差别。中式奶茶漂洋过海的进程看似铺垫漫长，但好像也不过一两个冬夏就已经抵达了彼岸。

国外的奶茶门店里一般总是能看到亚洲面孔，但逐渐地会发现非亚裔顾客的数量在明显提升，尤其是在纽约、洛杉矶或者西雅图这种亚裔居住密度相对较高的城市。

如同人类学家、社会学家讨论的那样，当一个族群的数量日益庞大时，无论是从数据事实层面的叠加累计，还是从无形的神经感知层面看，和TikTok席卷全球一样，新中式奶茶在美国的走红已经成为亚裔文化在北美社会声量愈加重要的标志之一。

因此当我们讨论新中式奶茶在美国的走红时，背后往往隐藏着一个更广阔的议题。奶茶作为一种食物媒介，其在文化传播的语境下到底扮演了什么角色？

纽约大学做食品研究的教授克里希南杜·雷（Krishnendu Ray）曾在2016年出版的《种族餐厅经营者》（*The Ethnic Restaurateur*）中提到，如果某个国家或者地区的经济持续上扬，该国家或者地区的食物流动至别国后在当地整体饮食文化中被忽视、被"贬低"的情况往往会得到改善。他用"英国开始出现高端印度餐厅"的例子来支撑这一结论。同样在美国，如果中国的经济持续上扬，中餐饮在北美餐饮体系中会获得更正面、客观的评价。具体而言，美国大众对中餐饮整体印象可能会随之上调，而中餐饮在"全球口味层级"的地位也会迎来上升。

在世界餐饮业主流声音中，法餐、中餐一直被当成东西方饮食文化的代表。一些名厨争霸比赛中，在最后一轮争夺冠军往往也是法国厨师与中国厨师之间的对决。但在北美大陆，日料、法餐可能被理解为视为高级料理，中餐在北美想要走进高级料理的序列仍需付出更多。

尽管获得米其林认可的中餐饮连锁鼎泰丰在美国开出了诸多连锁，但这条攀登美食序列顶端的道路的中餐饮同伴似乎不多。服务绝佳的海底捞把火锅做到了极致，但在美国的中餐厅经营者眼中，这并不代表全然的胜利，因为火锅仅是庞大繁杂的中餐类目下一个非常细分的品类。中国的八大菜系，中华料理的炸、煎、炒、蒸、煸等技法，溯源任何一个分支，背后都有深厚的烹饪历史和技法。其中一些品类都有过出海之路。

此前，把熊猫作为品牌标志的美国中式快餐连锁"熊猫快餐"（Panda Express），启蒙了一批美国食客对中餐饮的认知，爆炒虾球、宫保鸡丁等菜名才开始匹敌左宗棠鸡和小笼包。但尝过的人都知道，它们不算地道的中餐。价格也比较廉价——13.99美元的套餐还比不上普通西餐厅一份意面的价格。这总让人感慨：中餐"廉价"的帽子似乎很难摘掉。

但如今，价格可以变得"昂贵"的奶茶有可能改变了这一现象。

走进一家装修精致的新中式奶茶店，一般店里的空间明亮，还配有错落的绿植形成强烈的视觉冲击，随手一拍发在北美社交媒体上便能获得大量转发和点赞。新中式奶茶店给海外食客带来的耳目一新，会让人感觉中餐饮在全球餐饮序列的层级也有所攀升。

在此背景下，奶茶的走红仿佛是可以丝滑融解中西文化壁垒的速溶剂。奶茶逐渐成为中餐饮的代表符号之一，其流行连带着让中餐饮在全球餐饮评级或美学序列层级中获得了更往上走的可能，连带着背后所代表的族群也日渐显形。走红的消费现象变成了走红的潮流文化，而在这股潮流文化背后除了国人、亚裔为主导的推动，其他族裔也日渐加入其中。

日本料理的Omakase[*]（无菜单料理）在美国走红的现象也可以解释这一原理。在日本经济高度繁荣的时期，美国洛杉矶的日裔聚居地"小东京"在1966年迎来了第一家寿司店。2000年前后，经历泡沫经济危机的日本经济短暂复苏，高端日料包括寿司和Omakase的热潮也开始在美国兴起。基本上每一次日本经济复苏，就会带动日料在美国的一波风潮。纽约的Masa餐厅成为美国第一家米其林三星的日料餐厅，主厨高山正义随后又在洛杉矶开出了一家"银座寿司店"。自此，洛杉矶开启了高端Omakase的狂潮，单人价格在500美元以上的Omakase屡见不鲜。

一个国家或地区在全球文化影响力的扩散范围和深度，某种程度而言，是其经济发展水平的折射。而新中式奶茶在全球的扩张和此前提及TikTok在全球的流行，某种程度上也是中国经济发展水平的映射。前者是一种创新的美食在美国的流行，后者是一款网络社交应用在全球的火爆。两者看似毫不相关，却都是在全球化背景下展现中美政治、经济和文化相互交织与影响的载体。在此，新中式奶茶作为休闲美食，TikTok作为社交工具，以丝滑甜蜜、轻松娱乐的方式，在美

---

* Omakase，餐饮业内的专有名词，即"厨师发办"，一切由厨师决定。这类餐厅以日本料理店居多。

国社会的话语体系中彰显了一种主流的、宰制文化之外的表达。在这种新表达长期浸润、根植于人们日常生活习惯之后，不受消费主义和主流文化话语干扰的新身份认同会出现。

一个典型的例证是，新一代的中式奶茶店逐渐更重视奶茶本真的味道，由此希望也能让在美国的食客（包含在美华人）品到原汁原味的中式奶茶，而不是一种更符合当地人喜好的冰沙口感。原因在于，传统奶茶店最初在打开北美市场时，选择了用珍珠冰沙来吸引北美食客，但很多华人移民都不认为这是正宗的奶茶。"左宗棠鸡的故事我并不想重演，本真的中国奶茶味道已经足够好，改良版的美式奶茶不是我想要做奶茶的初衷"，一位90后奶茶品牌创业者告诉笔者，他考察过纽约、西雅图和洛杉矶的很多奶茶店，也跟一些同行交流过，很多奶茶店经营者都希望保持奶茶"原有的味道"，"中式奶茶就是中式奶茶，不应该为了美国市场做奇怪的改变"。

基于对大量美国奶茶店的观察，笔者发现部分位于亚裔生活区的奶茶店，的确有着自己的坚守和骄傲。即使奶茶在当地没有破圈，其他族裔的食客不贡献任何购买量，在美奶茶店家仍然可以依靠亚裔的消费者生存下去。

从商业角度而言，如果不做改良，这当然会让中式奶茶在美国当地食客中的渗透速度变慢，也会在短期内影响单店盈利或者品牌市场占有率。但很多奶茶从业者仍坚守立场。

某种程度上，亚裔群体对中式奶茶的口味和受欢迎度的自信，是与东方国家在世界经济格局中地位的提升并行的。

但这种骄傲和自信，有时也会容不下一丝丝他者的评述。2017年，《纽约时报》发表一篇了关于"珍珠奶茶在美国流行"的文章，个别用词把珍珠形容为"斑点"，并称珍珠奶茶是一种遥远的、异国情调——带有上位者/西方对下位者/东方的想象、贬低与物化的意味——的饮品，有部分食客表示赞同但亚裔美国人强烈反对，随后《纽约时报》迫于争议道歉了。此番争执有趣点在于，亚裔认为这种由奶茶带动的流行文化专属于他们，因此其定义似乎也要由这个群体来守护。族群内部能够接受内部对于奶茶的彻骨批评，却无法接受来自族群外部的一丝丝诋毁与挑剔。

从笔者来看，《纽约时报》的那篇文章并不一定真的隐含恶意。对于一个原本日常生活没有接触过珍珠奶茶的人而言，能够对另一个族裔的饮食产生好奇与关注，并品尝很多珍珠奶茶进而跟进报道，这不是一件需要批评的事情。写作者本身可能只是想要展示一种文化的独特性，但没有谨慎甄别用词的准确性。如果能够通过"喝奶茶"这件事，让界限分明的族群能暂时放下成见，这似乎也是一种消解冲突、弥合差异的方式。

但东西方之间隐形的文化壁垒，不同社群之间认知的鸿沟，真的能通过奶茶的火热和TikTok的流行来达成消弭吗？

最隐匿的抗争

可能未必。

2024年初，笔者在北美一节创意写作课上，阐述了个人对于珍珠奶茶走红美国以及背后亚裔崛起等现象的观察。文章主要讨论了西雅图大都会区的中国留学生和部分高收入亚裔职业移民对奶茶走红美国所发挥的影响力，以及这些群体对自身的职业发展困扰和担忧。有一点很讽刺，这些群体是"昂贵"的新中式奶茶的主要购买人群，他们作为消费者助力了新中式奶茶在美国市场的发展，但他们自身也时刻面临着裁员、失业的风险，进而失去合法身份的忧虑。文章的结尾笔者这样写道："我希望有一天他们不用担心，被裁员后的60天内就要离开美国，我希望有一天他们在结束了一天繁忙疲惫的工作后，可以真正安心地享用一杯甜蜜的奶茶。"

或许是英文写作表达能力欠佳，抑或是双方文化背景的差异，一位美国同学在邮件告诉我，她很难理解这篇文章中情感的割裂。她提及，希望我只围绕一个重点，明确要唤起读者的哪一种情绪，比如让读者"感到快乐并喜欢珍珠奶茶"，或者让读者"对试图融入美国的亚裔群体感到同情"，这也许会让文章更加精彩。

我并不否认这样的意见或许会让文章逻辑清晰且结构紧

凑，但某个瞬间我还是感受到轻微的冒犯。那种冒犯来源于我认为她没有能够体会到我试图表达的部分亚裔群体对于珍珠奶茶复杂的情感。当异乡人的职场之困、思乡之情、消费之乐和政治之见，全都凝聚在一杯小小的奶茶之中时，其实代表着该群体文化在美国主流文化语境下的被忽略、生存和表达空间的压缩，以至于该群体只能通过消费族群美食行为这一个狭窄的途径来彰显自我，并调整不适的部分来平衡自我，从而找寻、重塑、稳固身份认同。

就像我反复和周围的美国朋友解释珍珠奶茶和芝士奶盖茶的区别，并且推荐他们去品尝原叶茶、水果茶，这些都被包含在奶茶大类下的细分饮品，这某种程度上支撑、塑造了我的文化自信。在很多私人聚会和公共场合，我都会不厌其烦地推荐新中式奶茶，甚至去各大超市搜罗原料，制作菠萝水果茶、玫瑰乌龙烤奶等饮料，来让美国朋友体验真正的新中式奶茶的魅力。

每当听到有新开的奶茶店时，我都会毫不犹豫地冲过去购买，并且拍下店内空间、菜单价格等信息进行详细比较研究。狭窄的书桌旁堆满了我记录的各种品牌资料，以及拍下的无数张照片。有时候我问自己，我真的如此热爱奶茶吗？还是这是我彰显与表达亚裔身份的路径之一？

或者严格来说，我是否把奶茶当成了一种工具？每当我不断地向周遭传达我对奶茶的热爱时，是否只是因为在美国的文化语境中，奶茶已经被认为是一个独属于亚裔的文化标识之一？要知道，其实我也很喜欢咖啡，但在星巴克的诞生地讨论中国咖啡，似乎很难与当地听众产生共振。

在某个狂风大作的夜晚，我突然意识到，当我选择阐述奶茶在美国的走红以及背后亚裔的崛起时，已经代表了我渴望自己的声音被听见、被看到——瞬间我理解了"波霸自由"（Boba Liberal）一词的含义。

亚洲创意的市场营销总监肖宇轩，在美国工作生活多年。他帮助过众多中国餐厅、饮料和零食品牌进入美国市场，并长期为他们提供战略建议。他向我提到，"波霸自由"一词的诞生，意味着奶茶/饮品已经成为部分人群表达其身份的工具，并且随之产生了对于亚裔身份认知和亚裔政治诉求的讨论和思考。

《城市词典》（Urban Dictionary）中说，这些生活在西方（通常是美国或者加拿大）的东亚或东南亚中上阶层，他们自认为是自由主义者，但他们的自由主义意识形态，以及与自由主义的联系只是一种增强他们贴近白人或假装自己是白人的手段。这些"波霸自由主义者"会利用他们的亚洲面孔和对外宣称自己能代表在西方的整个亚裔群体，但他们在阐述观点时所依据的却是"白人自由派"（white liberals）所制定或常用的那些政治语汇、看法与论调（talking points），而非真正基于亚裔群体自身的需求或议题出发。同时，他们的具体言论大多沿用白人自由派的话语体系，从而让许多亚裔真实的、迫切的议题被遮蔽或轻视，进而造成对亚裔群体实际处境的忽略与扭曲。专栏作家曹玛丽在一篇文章中引用了《城市词典》的定义，并记录下她对"波霸自由"的有趣观察。她提到：

> 当亚洲人渴望成为白人自由派时，他们将同龄人称为波霸自由主义者。波霸自由主义者展现亚洲特征——比如喝昂贵的波霸饮料——来宣扬他们的亚洲资历。照片墙上也可以看到他们穿着高级时装自拍。他们喜欢谈论《摘金奇缘》和《尚气》*等电影。但似乎听起来很肤浅。

也许笔者也有那种发表肤浅言论的时刻。但笔者并不认为，当提及奶茶在美国的走红时，那些贡献大量销售额、引领珍珠奶茶消费热潮的亚裔群体在享受奶茶甜蜜而拥有存在感的同时所面临的困扰就不值得被讨论。在笔者看来，他们的困境并没有被夸大。

很多困境之所以成为困境，是因为问题始终隐藏于表面之下。当我们沿着中餐饮在美国走红的历史进程，再次审视奶茶

---

* 《摘金奇缘》、《尚气》是围绕亚裔中心的好莱坞电影。

在美国的走红时，新的困惑随即而来：为什么在这一轮各行业消费升级中在美国出圈的是奶茶？为什么奶茶可以与不同于其他中餐饮品类的方式，在民间渠道中率先引发了中西文化交流、融合的讨论？饮食可以作为一个跨文化的突破口。

因为所有与饮食相关的劳动分配中，以经营饮食为中心的企业，可能是外来移民谋生和实现阶层向上流动为数不多的路径之一。而奶茶在餐饮行业中，又是当时准入门槛较低、市场竞争尚不充分的行业。因此许多小企业主开设奶茶店，因为这能够在短时间迅速养活自己、家人和雇员。以这些亚裔奶茶店店主对自身文化下餐饮的细分类别的了解程度，肯定远远超过美国当地企业家，甚至超过同族裔中不了解特定餐饮细分类别的企业家，这极大提升了亚裔经营奶茶店成功的可能性。因此，移民企业家在餐饮行业中占比相对较高，这与独立机构FPI*提到的纽约69%的餐馆老板出生在外国相吻合。

来自美国的学者诺亚·埃里森（Noah Allison），长期研究移民企业家的口味偏好和城市的后工业化。他在对纽约皇后区罗斯福大道的走访中，发现正规劳动力市场存在关于语言能力、受教育水平和熟悉当地文化的门槛，从而将更多在外国出生的移民劳动力排除在外。因此在外国出生的移民劳

---

* FPI为FPI Consulting的简称，成立于1982年，是一家独立的全球性商业咨询机构。

动力为了生存，很可能会在薪酬、休假、保险等多项福利方面做出让步，这通常会让劳动者的权利无法得到充分保障。而餐厅后厨，正是他们的集聚之所。

在看不见的一些角落，从事厨师、刷碗工、清洁工等职业的移民一代日复一日的工作，可能用这股坚韧在托举他们的下一代。他们相信进入餐饮业，很有可能让美国梦成真。波士顿"Mei Mei"餐厅的创始人李艾琳（Irene Li）曾在文章中讨论过移民进入餐饮行业的选择，她提到：

> 美国梦还包括为子孙后代提供更好的生活和更多的机会。对于移民餐馆老板来说，这有时意味着确保他们的孩子最终不会经营家族餐馆。

这似乎是很多移民一代的选择。在笔者和一些华裔餐厅经营者的交谈中，他们都提到经营餐厅只是生存方式——一种支付下一代高昂教育成本的手段。他们并不期望下一代继承餐厅——尤其是夫妻店之类的独立门店而非一个餐厅或者食品品牌——甚至希望他们的后代远离。餐厅的盈利只是确保他们的孩子未来可以有机会接受更好的教育，进而叩响法学院、医学院或者华尔街金融机构的大门。

而在这条即使已经相当狭窄的向上流通的路径中，中餐饮店经营者往往有很多难以言说的苦楚。并非餐厅老板延长营业时间、并非后厨和服务员提供高品质的食物和服务，就能让一家奶茶门店在当地站稳脚跟的。从申请营业执照到获得各项卫生消防许可，这中间都要和当地市政的审核机构、入驻购物广场的业主和管理方，甚至是与门店相邻的店铺交涉，这些都面临着多重变数。一家奶茶店经营者曾提及，当其所经营的门店和当地一家主流咖啡品牌进驻同一个购物广场时，物业运营方在最初合同中提及，整个购物广场的停车位为多家门店的顾客共享使用，但实际情况是，距离主出入口更近的当地主流咖啡品牌的门店经营者，直接拒绝奶茶店的顾客使用咖啡店附近的停车位，这往往导致奶茶店的顾客因为停车难而放弃点单，而这个问题持续了半年也无法解决。

从这个角度来说，开奶茶店更像是一种华人移民群体集体向上流动的漫长征程之一。它代表了在华人移民第一代向第二代交接的过渡时期——某个阶段的生存方式，这不是一种以个人理想为主导的职业追求，而是一种最朴素的生存方式。

美国主流社会显然嗅到了美食与族裔间的联系。因此一些政治人物开始学会巧妙迎合。2016年，时任民主党的总统候选人希拉里·克林顿（Hillary Clinton）在初选前，曾前往纽约皇后区法拉盛中心一家功夫茶品尝珍珠奶茶。当她满脸堆笑地赞扬起手中的饮料并称自己很喜欢珍珠奶茶时，媒体并没有给她预想中的回应。嘲讽随即而来，谁不知道这是一场美国政客讨好美国亚裔选民的作秀？至于华裔议员杨安泽（Andrew Yang）就更深谙其中的意味与结果了，他一边喝着珍珠奶茶，一边向众人挥手致意的画面，至今还在各大社交媒体上流传。

当权者或者渴望拥有权力的人之所以这么做，是因为在他们的竞选规划中，代表性饮食可以被当作一种吸引选票的武器和塑造人设的方式，这是一种"政治正确"的表达方式。事实上，政治人物用群体的代表性饮食去争取特定群体选民好感的例子并不少见。2018年，唐纳德·特朗普（Donald Trump）在白宫外交厅欢迎北达科他科州立大学野牛队时，也曾经在摆满麦当劳汉堡、福来鸡三明治和其他快餐的桌子后面发表讲话。因为快餐是代表美国文化极为鲜明的标签之一。作者瑞秋·苏格（Rachel Sugar）在文章中指出，"特朗普很有效地利用了快餐。在竞选过程中，他用在私人飞机上吃肯德基和麦当劳的方式，让人们摆脱了对他曾经结过三次婚、是亿万房地产富翁的印象"。这背后的含义在于，精英人士似乎不会吃这种（过于常见普通）的快餐食物，但当大众看到所谓的政治精英或特权人物如此亲民地品尝他们日常也会吃的美食时，也许会对这些人物生出好感。类似的，当亚裔美国人看到潜在的权力者认可本族裔的饮食文化时，自然会产生把票投给他的行为。

2016年，洛杉矶的奶茶店刚刚开始变革。2018年，西雅图奶茶店的调性已经开始试图与中国新茶饮的调性接轨。2023年，笔者已经被纽约大学周围的奶茶店的密度所折服，到2024年，喜茶、书亦烧仙草和茉莉奶白等这些在国内知名的奶茶品牌，已经在美国开启了它们新的事业版图。

当奶茶从一种经济现象、文化符号演变成可利用的政治符号时，可以说，新中式奶茶这种发展速度和扩散程度远超所有人最初的设想。奶茶当然是种饮食，但当某种饮食成为某种族群偏好的饮食习惯和特性时，就成了一种文化标识，包裹着集体的共同记忆、日常生活和文化认同。当亚裔通过奶茶来表达自我的身份认同，进而大胆提出政治诉求；当奶茶成为美国的权力拥有者想要亲近和讨好亚裔选民的工具与桥梁时，奶茶早已经超越了饮食的范畴。它既可以是某些亚裔个体借助自我塑造的工具，又是某些人群可以利用实现自己目的的工具。

第五章

奶茶出海的未来

一、路径分野的背后

从 2018 年喜茶、奈雪、蜜雪冰城等新中式茶饮品牌纷纷把目光投向东南亚，到 2019 年霸王茶姬在马来西亚市场破局，再到 2020 年以后受全球新冠疫情影响头部品牌出海动作稍有停滞，至 2023 年开始喜茶、奈雪加快海外市场布局，以及茶百道、书亦烧仙草、沪上阿姨等第一梯队中的奶茶品牌纷纷落子海外，一个整体趋势是中国新中式奶茶品牌掀起的新茶饮浪潮，开创了一个奶茶的"大航海时代"。

重新回溯主要奶茶品牌在东南亚、欧洲、北美和澳大利亚等地市场的出海进程，各品牌玩家之间还是有相对明晰的路径分野的。

避其锋芒

喜茶、奈雪两大明星奶茶品牌高举高打，最早期出海时仍然遵循在国内走的"高端"路线，一个打造海外旗舰店，另一个开辟海外主题灵感店，差异之下不变的是都对高端购物中心高势能点位的甄选。

在喜茶、奈雪发力东南亚市场的2018年，霸王茶姬在国内一众新茶饮品牌中尚未成为顶流。彼时其在云南昆明的全球首店开业不过短短一年，即使在云南地区口碑较好，但偏居一隅，尚未被头部选手视作威胁。再者，霸王茶姬发展初期还陷入过被消费者指责"与另一国风品牌茶颜悦色太过相似"的议论中，因此也并未入选众多投资人青睐的榜单。

市场的有趣性就在于嬗变的突发性。2018年10月，霸王茶姬刚刚成立海外事业部，喜茶和奈雪就在当年年底于东南亚市场开出了直营的海外门店，但不到一年后的2019年8月，霸王茶姬一个转身同样去到了东南亚市场。

一场商业之战在这里悄然无声地拉开序幕。但霸王茶姬选择了避其锋芒，与其在国内初期采取的偏安一隅、低调沉默的策略一样，霸王茶姬避开了喜茶、奈雪高举高打的新加坡市场，反而投身于收入水平和消费水平相对较低的马来西亚市场。

2019—2022年，数据能最直观地展现出头部奶茶品牌与非头部奶茶品牌两个阵营在商业策略上的差异性，以及选择方向的重要性。喜茶、奈雪多走大店模式，主要选择购物中心一层点位或者商业街人流量最大的店铺，这三年间喜茶和奈雪各自在新加坡的门店数量都没有突破五家。

霸王茶姬在此阶段展现了超强的执行力和超速的扩张。2019年8月到2022年12月，其品牌门店数量在马来西亚增加到48家。品牌并未追求所有的点位都是购物中心等大人流量地，车站、街边店等非最优选择也被容纳至品牌点位批准范围之内，因此霸王茶姬迅速跻身为马来西亚奶茶业前三的玩家。

有分析认为，疫情期间喜茶、奈雪之前走通的大店策略，某种程度上短暂拉过品牌的后腿。大店意味着高房租和低坪效，这些特质在禁止堂食等特殊时期反而会成为劣势。因此二者在2020—2022年忙着解决国内门店销量下滑的问题，以及应对逐渐成长起来的第二梯队的竞争选手，根本无暇顾及新加坡等东南亚市场的竞争，这给霸王茶姬留足了窗口期。而霸王茶姬在马来西亚市场的规模、势能一旦形成，即便之后奈雪和喜茶再进入大马市场，也很难撼动其位置了。

2018—2019年，蜜雪冰城的出海举动也值得解读。作为绝对低线价格带的强势玩家，秉持着"平价高品质"的理念，蜜雪冰城在海外市场布局与定位也精准地瞄准了相应的目标客群。品牌既没有选择新加坡或者大马市场，也没有选择欧美市场或者澳大利亚市场，其考察了地理位置的接近性、人口数量的庞大和中产消费力的崛起等指标判断后，进入了茶饮市场有待蓬勃发展的越南、印尼等。在这些市场中，蜜雪冰城的成功之处在于其不仅通过空间美学和品牌IP打造出相比自身以往更高端的形象，同时通过平价易获得性快速占据了市场。

到了2023年，国内奶茶业竞争进入白热化与高度饱和阶段，出海成为品牌在开发新品类之外另一条盈利增长的曲线。头部品牌出海布局动作陡然加快，而第二梯队的选手如茶百道、茉莉奶白等也开始启动出海进程。

在此之前，喜茶长期坚持品牌直营模式。但面对全球市场的分散化，品牌很难做到深入每个国家和地区市场去研究，想要短时间快速在全球范围内打响名声，开放海外合作是最好的选择。另一方面，彼时的喜茶也需要海外门店的利润增长来缓解国内门店经济效益增长放缓带来的压力。

2023年喜茶开放海外合伙人的申请，彼时覆盖的国家包括日本、新加坡、泰国、越南、马来西亚、美国、加拿大、阿联酋、澳大利亚、印度尼西亚、菲律宾、英国等，到2024年10月，官方微信小程序上显示开放合作的国家和地区更新为10个，澳大利亚、美国、英国、新加坡、马来西亚、韩国、日本、加拿大，香港及澳门地区仍然在列表中，但印尼、菲律宾、越南和阿联酋等国家从列表中消失了，虽然尚不确定喜茶是否已经与这些国家和地区的独家特许经营者签订了合同，但从目前[*]的喜茶全球扩张版图来看，至少这些暂时从列表中消失的国家和地区不是喜茶主要瞄准的市场。

喜茶的野心显然在欧美——在消费者已经表现出强势购买力的市场。2023年喜茶强势登陆海外市场，8月在英国伦敦市中心苏豪区开出欧洲首店；10月在澳大利亚墨尔本和加拿大本拿比（近温哥华）两店齐开；12月，喜茶的商标出现在纽约时代广场的巨幅显示屏上，并在百老汇开启了对美国市场的征程。而到2024年，韩国首尔狎鸥亭店、法国巴黎快闪店开出，越来越多的国家和地区开始出现喜茶的身影。

表5.1　喜茶海外首店开业时间及地点

海外首店开业时间	国家和地区
2023年8月	英国伦敦苏豪区店
2023年10月	加拿大本拿比店、澳大利亚墨尔本店
2023年12月	美国纽约百老汇店
2024年3月	韩国首尔狎鸥亭店
2024年7月	法国巴黎快闪店

喜茶在海外市场的强势登陆无疑给众多国内奶茶品牌点

---

* 截至2024年7月。

燃了信心。以美国为例，喜茶登陆纽约后，2024年2月，奶茶品牌书亦烧仙草也在旧金山开出美国首店，两个月之后，茉莉奶白也将在美国纽约开出首店。根据网络职场社交应用领英的信息，平台上已经有"CHAGEE USA"也就是霸王茶姬美国的账号注册信息，再根据众多网友在加州大学尔湾分校线下招聘会上拍摄的照片，霸王茶姬2024年秋季已经开始启动在美国的人员招聘，预计2025年上半年有望在洛杉矶、尔湾开店。[*]

出其不意

茉莉奶白创始人张伯丞在接受媒体采访时曾提及，海外市场也有差异化的层级之分，针对不同的市场分层，品牌应当根据自身定位来做好战略选择。在喜茶向着欧洲市场高歌猛进的2023年，霸王茶姬在欧美市场中所谓的"重点国家"（如英国、美国、法国）似乎都少有动作，这不仅让昂首以盼的海外消费者，也让试图加盟的海外奶茶从业者充满困惑。

从2023年喜茶和霸王茶姬二者的海外门店扩展势头来看，喜茶目前的海外门店呈现多点开花、全面铺开的趋势，

---

[*] 2025年3月25日，霸王茶姬向美国证券交易委员会（SEC）提交招股书，股票代码为CHA。根据NBC、Eater LA等媒体消息，霸王茶姬美国首店位于洛杉矶Westfield Century City Mall。

而霸王茶姬的海外门店仍然主要集中在东南亚的马来西亚和新加坡等地；从数量级上来说，喜茶全球范围内的海外门店截至2024年5月尚未超过100家，而霸王茶姬的海外门店已经超过130家。纵观全球市场来看，霸王茶姬还是尽量避开了与喜茶的正面交锋。一个例证是，行业内多名从业者认为霸王茶姬欧洲首店可能会落地法国巴黎而不是英国伦敦，一方面是因为喜茶在伦敦市区目前门店分布已经相对密集，另一方面是霸王茶姬在法国巴黎奥运会期间落地了线下快闪活动，加上品牌代言人郑钦文在巴黎奥运会网球项目上顺利夺冠，这一波品牌营销反馈热烈，因此品牌很有可能在巴黎落子，作为其进入欧洲市场的敲门砖。另一个例证是，喜茶高调进入纽约、西雅图等美国大城市，但霸王茶姬在进入美国市场时，却避开了这些喜茶先发制人的点位。

从这些动作和布局来看，2023年的霸王茶姬，在海外市场似乎又一次避开了喜茶的锋芒。有观点认为这也是霸王茶姬品牌战略的高明之处。作为新中式茶饮的代表之一，喜茶来到陌生市场也需要付出巨大的消费者教育成本，这些成本让领头者承担未必不是好事，而霸王茶姬虽晚点入场但可以面对一个相对成熟的消费者市场。另一方面，霸王茶姬主打原叶鲜奶茶，和喜茶主打的水果茶、芝士奶盖茶在产品特色上还是略有区别，在不确定消费者接纳程度的情况下，谨慎进入陌生市场也是考虑到单店盈利能力和长期生存可能的稳妥之举。

有分析师认为，头部奶茶品牌出海时基本上还是选择尽量避开对方的"主火力区域"，基本上还是秉承"先到先得"的原则，除非是某个不得不去占夺的市场。像东南亚市场中新加坡和大马就属于"不得不抢"的市场。但奈雪在2023年的东南亚布局中，就绕过这两个国家而选择泰国，并且出手就是200平方米的大店模式并采用直营方式管理，这就是各奶茶品牌都有意识地想要回避直接竞争压力的表现。

但2023年的霸王茶姬，已经成长为一个巨大的"猛兽"，成为所有新茶饮玩家都不得不忌惮的对手。这一年，霸王茶姬一改过往主要进攻国内二线城市市场的策略，开始锋芒毕露地向一线城市市场发起攻势。根据公开信息和多家统计机构数据，2023年初霸王茶姬的门店数量规模还在1 000家左右，到年末，这个数字已经上升到3 511家。有统计指出，这一年当中的某3个月内霸王茶姬的开店数量甚至超过了1 000家。如果把2023年新增的约2 500家门店分摊到每月来计算，相当于霸王茶姬平均每月新增门店数量约208家，平均每天新增门店数量约7家。当创始人张俊杰2024年5月在上海的品牌全球发布会上说出"全面超越星巴克中国区"的豪言壮语时，此时的门店数量已经突破4 500家。

在加盟商疯狂涌入霸王茶姬的2023年，拨打品牌的加盟热线永远是忙音状态，各个区域的加盟商手拿着无数履历材料和财力证明书，希望能够闯入加盟面试的决赛圈。品牌在2023年更注重品牌形象的塑造和门店点位的竞争力，因此最有实力拿下核心商圈一楼核心点位、商业街外围客流量最大的临街门店的加盟商，才有资格拿到最终的入场券。

当然，喜茶在海外快速"攻城略地"的2023年，也并未放慢国内市场的扩张速度。根据喜茶发布的《2023年度报告》，截至2023年年底，喜茶门店数量已突破3 200家，其中事业合伙门店超2 300家，这个数字虽然和霸王茶姬的2 500家新增、3 500家总量不相上下，但考虑到喜茶2016年获得A轮1亿元融资的时候，霸王茶姬还没有成立，后者的发展势头已经相当惊人了。

总体来说，对喜茶而言，2023年绝对是压力猛增的一年。这一年，在消费者认知中处于奶茶价格带第二梯队、第三梯队的选手，纷纷强势走到台前。蜜雪冰城截至2023年第三季度的全球门店数量高到36 000家；从浙江发家的古茗紧随其后，门店数量高达9 000家；而兼顾出海和国内市场的茶百道，门店规模也在7 000家上下。而蜜雪冰城2023年前9个月的营收甚至高达154亿元。这些都给头顶明星光环的喜茶带来了压力。

反向出海

在众多出海的奶茶品牌，也有一些战略独特的选手。

2018年，在喜茶、奈雪等头部品牌刚刚开始探索出海之路时，一个2012年成立于广州的奶茶品牌愿茶，在出海的道路上很早就迈出了步伐。

在2020年1月之前，愿茶已经在全国拥有近400家门店，海外门店已经遍布北美、欧洲、澳洲和东南亚等地区。根据品牌官方微信公众号的全球代表门店统计数据，截至2022年3月，愿茶在美国的门店已经达到20家，分布于纽约、新泽西州、弗吉尼亚州和马里兰州等地；在大马的门店也接近10家。此外，阿联酋、黎巴嫩、荷兰等国家也有愿茶的线下门店。可以说，就出海响应速度和门店分布广度而言，愿茶无论是在2020年之前还是在2024年当下，都是不容小觑的选手。

笔者和一些早期在美国、欧洲开过奶茶店的经营者有过交谈，他们大多都听说过愿茶这个品牌。令人惊叹之处在于，愿茶当时在国内的名气远远不如新茶饮中其他被广泛提及的品牌，先不说与喜茶、奈雪相比，可能其知名度甚至比不过古茗、茶百道、茶颜悦色等。但就是这样的品牌，能够绕开竞争激烈的国内市场，很早就去海外市场"一城一店"地拓荒，这种前瞻性的目光让人钦佩，而品牌能够在知名度不高时说服海外经营者有信心加盟，也是一种能力。当然，部分从业者对愿茶的出品品质也给予了高度认可。有很多反馈在于，愿茶当时的海外门店，很早就能够快速和国内供应商接轨，而当时水果茶刚刚在国内兴起时，海外很多品牌都没有反应过来及时更新品类，但愿茶的美国门店则反应非常迅速。

诸如愿茶之类在早期另辟蹊径的选手并不在少数，来自杭州的奶茶品牌弥茶成立不过两年，2018年就在纽约开启了北美市场的探索。尽管这些品牌在国内的知名度不及头部品牌，但不得不承认的是，它们作为先驱者，用相当长的时间成本完成了对海外消费者的市场教育和消费习惯培养，一定程度上为后来众多新中式奶茶品牌的出海打下了良好的基础。

在海外成长起来的新中式奶茶品牌中，也有"诞生海外，反向内销"的选手。来自澳大利亚的奶茶品牌顽徒，于2018年在澳大利亚黄金海岸市（Gold Coast）开设首家门店，随后又进入了韩国市场。直到2022年7月，才在湖北省武汉市开出了国内的首家旗舰店。

2022年的中国新茶饮市场，普遍被认为是众多品牌开始降价、缩小门店面积的重要年份。品牌开始以生存为首要目标，并把单店盈利能力作为重要衡量标准。而顽徒在武汉却开出了一家面积大到1 200平方米的门店，上下贯穿共计六层，门店内部设置现制茶饮区、中空休闲区、品牌展示区、茶文化周边产品零售区以及带有科幻意味的主题营业区，并开启"白天奶茶，夜晚酒吧"的营业模式，将体验经济和零售空间做到了极致。这和当时奶茶业提倡极简、小门店的趋势正好相反，这也是一种充满勇气的创新。

大航海时代

如果把台式奶茶品牌贡茶、日出茶太、快乐柠檬集体出海的2010—2012年视为中式奶茶出海的第一阶段，那么以喜茶、奈雪为首的新茶饮头部品牌出海启动点的2018年则为中式奶茶出海的第二阶段，而众多奶茶品牌扬帆出海、头部品牌加快海外市场布局的2023年，就是中式奶茶出海的第三阶段。在众多媒体报道和行业报告中，第三阶段多被称为奶茶的"大航海时代"。

众多新中式奶茶品牌的举措撑得起"大航海"的赞誉。2010年后消费升级的浪潮逐渐席卷全国，几乎激活了所有消费品的升级。每种消费品的细分品类都具有了打碎重塑的机会和可能，所有已经在牌桌上的玩家和尚未坐上牌桌的选手都有了一次可以重新洗牌的机会。

奶茶、咖啡等饮品领域以客单价低、消费频次高、高曝光率为典型特征，它们是餐饮行业中轻体量的"快跑型"选手，几乎最早来到了台前，也最快迎来了变革，正好搭上了众多城市购物中心等商业综合体空间重组的风潮，碰上外卖、物流等极致效率型的服务方式变革的时机，又凭借着行业内原料品质的创新与升级，多种内外部因素促使奶茶行业成为最先掀起消费变革的领域，也成为中国新消费升级洪流中的先行实验者。

在多家奶茶品牌的出海旅途中，用持之以恒、弯道超车、谨慎布局这些词语都不足以形容它们乘风破浪的勇气。在传统台式奶茶品牌还尚未完全达成消费者教育的海外市场中，新中式茶饮品牌就对海外消费者开始了一场关于"奶茶品质升级和创新"的教育，这无疑是一场赌局。说赌局。一是因为筹码很大、成本很高。二是对双方来说，这并不是一场你死我活的战争，因为这些珍珠奶茶、水果茶、轻乳茶、芝士茶等新中式茶饮品牌，会和老牌传统奶茶玩家一起，共同推动作为中餐饮类目下的奶茶的全球化。

在全球化的背景下，各奶茶品牌之间不仅有竞争，更有合作和共赢。疫情时期的"珍珠"缺货潮来临，同一城市内的各品牌奶茶店就会相互协调剩余的珍珠奶茶原料库存；有品牌新开店门店客流量溢出时，会主动愿意为临近门店和竞争品牌引流；在装载着去往不同城市的原料集装箱滞留在同一个港口时，各品牌会互通消息，共同为货物上岸而努力。

这是在新消费时代中成长起来的品牌所有的姿态和风范，即使表面上的竞争激烈，但暗地里的合作不会消散。尤其是在海外市场，当一个来自异乡的食物品类、餐饮文化逐渐向当地主流餐饮文化发起挑战时，当然不能只有一个品牌吹响号角。多个品牌都齐心合力时，奶茶行业才会愈加繁荣，这一行业的"蛋糕"才会越做越大，路才会越走越宽。

二、跨区经营和本土化

供应链之困

在众多奶茶品牌出海的案例中，数个从业者反复提起的一个困局就是跨境供应链。在国内目前奶茶业已经高度成熟的背景下，第一梯队、第二梯队的品牌基本上都建立起自身完备的供应链系统，如果能够完全依靠品牌自家供应链供给，那奶茶原材料成本当然可以大幅降低，但这一点在目前来说还难以完全实现。

业内通常把奶茶制作全流程过程中需要的原材料分为新鲜短保原料、产品核心原料和包装材料三大类别。其中设计包装是基本能够依靠国内供应链达成丝滑衔接的。杯盖、杯身、杯套、吸管、外卖保温袋这些小包装的制作只要根据品牌要求的尺寸和材料，对于国内成熟的生产商完全没有问题，但难度在于产品核心原料和新鲜短保原料这两类。

对于冷冻果酱、冻干茶粉这类核心原料来说，只要通过海外食品安全检测并得到相关认证，报关手续齐备等，跨境供应效率和采购成本都能有所压缩，只不过往往检测流程和通关时间往往会长于包装类原料。一旦物流有所延误，可能会造成店内核心原料的短缺而无法顺畅营业。

新茶饮中一些创新类的产品线或者小众产品非常依赖于核心原料的稳定供给。比如芭乐、杨梅系列，即便国内有制备成熟的果酱或者罐头，但是国外检测机构对于这类水果的熟知程度远远低于草莓、葡萄和芒果这类大众水果，检测时间就会拉长。因此如果品牌在海外市场坚持想要上新这种产品线，就必须提前考虑到物流延长的问题。这也解释了为什么目前大多是做混合产品线的奶茶品牌能够率先出海，"柠檬茶专门店、椰子水专营店这种细分赛道在国内诞生了那么多品牌，但是能够在海外落地的这类门店少之又少，这就是一旦走进细分赛道，核心原料更为复杂，跨境供应的不确定性大大提高"，一位考察过加拿大、美国奶茶行业的研究者解释道。

难度最高的是新鲜短保类原料。如果把现有的奶茶分为芝士奶盖茶、水果茶、原叶鲜奶茶、小料茶（"小料茶"是指代包含仙草冻、芋泥、豆乳、芋圆、燕麦等固体含量较高，如同甜品一般的奶茶）这四大类，会发现都共同需要鲜奶、芝士、水果等新鲜短保原料。这类原料基本上需要从当地市场采购，为了最大程度还原国内相同单品的风味，在寻找可替代原料时，往往需要消耗大量的人力物力。以鲜奶为例，奶的醇厚程度（脂肪含量）、香气味道都可能会影响奶与原叶茶混合后的风味，而全球各牛奶产区的牛奶味道多少都有差异，这就是有时造成消费者认为"不够还原"的原因。对于新鲜水果类原料来说，要"还原"的难度就更大了。比如，首先国内果熟期采摘的水果如果不能在保鲜期到达，损失自然惨重，其次从当地水果中选择同类替代品，很难找到酸甜度、软硬度和果肉纤维相似的水果，再者包括欧美日韩在内的部分国家，西瓜、猕猴桃、柚子等水果的当地采购成本都远远高于国内的采购成本。这些都是跨境物流无法解决，必须留给当地产品采购团队去应对的难题。

一些水果的当地采购成本会高到离谱的程度。位于美国西雅图的奶茶创业者大卫对芝士葡萄水果茶非常喜欢。他曾经飞往中国上海、北京和深圳品尝过多家奶茶品牌的水果茶，也期望创建自己的奶茶品牌。喜茶进入美国市场时，他也考虑过成为其品牌合伙人，但因为供应链始终不能降低运输新鲜葡萄、青提的成本问题而最终放弃。

他团队中的产品研发伙伴这样和他算了一笔账。根据当

时他们创建品牌过程中想要主推的"阳光玫瑰水果茶"这一
单品，要保证在美国吃到的阳光玫瑰葡萄的口感和在中国吃
到的相似，在西雅图当地只能选择从一家韩国品牌的供应商
进货或者从商超直接购买。制作一杯600毫升的阳光玫瑰水
果茶，如果单果果径在2厘米左右，葡萄用量至少在6—8颗。
如果从西雅图当地商超或者品质水果供应商处采购果径2厘
米左右的阳光玫瑰，这一杯水果茶中仅6—8颗葡萄的成本就
有2.5美元到3美元，如果再加上包材、保温袋和人工以及茶
叶和芝士奶茶的成本，这样一杯水果茶若按照税前4.5美元
到5.5美元的定价售卖基本是不赚钱的。而同样品质的阳光玫
瑰葡萄，在加拿大的温哥华可以用在美国西雅图一半的成本
采购到。如果在新加坡，可能用十分之一的成本就能采购到。
如果在中国，这个采购成本还要更低。因此品牌经常面临的
困境是，一边消费者高频吐槽美国水果茶（尤其是以鲜果制
作）的高昂价格，另一边同类品牌不断在用可替代的B级水
果*，或者果酱来制作相似产品。因此想要坚守品质的一些独
立奶茶店很难有生存空间。

　　在这种情况下，要从品质和细节上复刻国内茶饮的产品，
的确是一件困难的事情。在水果茶的本土化上，更多品牌采

---

* 　B级水果是指在水果等级划分中外观品质稍逊于A级水果的一类水果，其
外观可能存在一些小瑕疵，如形状不规则、表皮有轻微擦伤或小斑点，但口
感和风味仍能够达到一定标准。

用的是要么全进口半成品果酱来保证口感的一致性，要么在当地选择量产供应稳定、价格相对可控的水果（比如把昂贵的阳光玫瑰葡萄替换成当地的青提），但这也意味着产品在香气、口感上与国内的相比大打折扣。"尤其是对一些中国消费者来说，他们喝下去的第一口可能就会觉得说，怎么没有在中国的好喝。"大卫说，这一类产品调整上的本土化其实是不得已而为之，供应链上的高昂成本让品牌某种程度上也在做妥协。

多名业内人士表示，水果茶由于自身损耗，加上冷链运输以及后期门店管理等环节，相比于传统的珍珠奶茶或者如今大火的原叶鲜奶茶，其全球化有一定的难度。一个最鲜明的反例就是霸王茶姬，其核心产品原叶鲜奶茶主打"茶+奶"，在供应链上能够做到极简，在工艺上又能做到标准化，因此易流程化操作，门店扩张也会随之加快，这也是该品牌能够在新茶饮浪潮后半程突然超越众多玩家的原因之一。

当然，还有一些看似很小的细节往往是决定产品本土化成败的关键。一位在美国的奶茶店经营者提及，由于咖啡店提供的糖种类繁多，光是代糖类的糖包就备有木糖醇、甜菊糖、赤藓糖等多种选择，因此奶茶店在制作奶茶中，往往要考虑当地消费者个体对糖类的偏好进而制作产品。

冰块质量也有可能会对奶茶的口味有所影响。茶百道韩国市场负责人王欢曾在接受媒体采访提及，由于韩国消费者偏好冰饮，因此茶百道采用了一种比方形制冰机价格更高的月牙形制冰机来保证产品口感。相关资料显示月牙冰只能做成实心冰，其融化速度慢，做外卖时与产品接触面积也比较大，比起其他冰形在降温效果上更为明显。

奶品选择同样会有所影响。贡茶澳大利亚负责人徐艾迪（Eddy Xu）曾提及，品牌内部研究发现三分之一的当地食客可能存在乳糖不耐或者偏好豆奶，因此贡茶成为澳大利亚首家推出豆奶珍珠奶茶的品牌。

此外，消费者的文化信仰也会成为品牌在择取原料时的因素。在欧洲地区，奶茶门店中食物的具体成分，是否符合素食和半素食者的饮食要求；在马来西亚和中东，奶茶店提供的饮品是否具有清真食品认证标签，这些细节都影响了奶茶本土化的成败。

创新的可能

在海外供应链水平无法与国内接轨的情况下，若有品牌还能够坚持引入新鲜水果或者茶品制作奶茶，以及上新一些对于国内受众都极为小众的创新产品，就显得尤为珍贵。

奶茶爱好者维克多一路从加州的旧金山、洛杉矶北上至犹他州的盐湖城、俄勒冈州的波特兰、华盛顿州的西雅图、加拿大的温哥华，随即往东转向多伦多和蒙特利尔，他到访过的奶茶店超过100家。在多伦多市中心的一家挞柠（Taning），当他看到菜单中售卖"青提油柑小茉莉"、"芭芭油柑柠檬"和"鸭屎香柠檬茶"等产品时，尤感惊喜，这是十分少见的。在和店员的简短交谈中，他得知尽管青提油柑小茉莉是店里的招牌产品之一，但点单量并没有特别高，一方面油柑作为一种水果在水果茶中使用频率并不高，另一方面是多伦多当地消费者对这一水果的熟悉度和认知度也不高，来点这一款产品的大多是中国人，并且还是店里的常客。尽管如此，店里还是保留对这款产品的供应，因为他们想要在多伦多激烈的新茶饮竞争中保持品牌独特性的优势。

当维克多到达位于纽约的鲜果茶品牌Debutea门店时，也惊艳于品牌将鲜果茶制作过程的透明化、公开化。Debutea将门店厨房打造成开放式空间，消费者能够透过玻璃看到门店内制茶师的整个制作流程：新鲜的荔枝被剥开红色外壳，透出晶莹剔透的果肉；饱满的芋头被光滑地削去外皮，露出内部的果实肌理。后厨的公开透明化，在某种程度上呼应了消费者对食品健康化、安全化和新鲜度的更高要求，也让纽约更多鲜果茶品牌意识到，供应链端还有提升的可能。

把目光投向其他国家和地区，在新中式茶饮全球化的调研过程中，一家来自贵州、出海中东的新中式奶茶品牌鹊茶引起了笔者的强烈关注。该品牌在迪拜接连两次创新推出刺梨和奈李系列的饮品，可以说是新中式奶茶出海进行本土化口味测试的成功范例，这背后也有跨境供应链的充分保障。

2022年1月，来自贵州安顺的金刺梨原汁被集装箱运至迪拜，当地门店抓紧测试调配，并在2月推出了8种包含刺梨的新饮品供消费者选择。短短5天内，刺梨系列茶品的销量高达500杯。

在此前书写奶茶出海中东章节中，我们已经了解了中东当地消费者对甜的热爱。因此奶茶店落地中东后通常的操作是增加糖分，但鹊茶的刺梨产品系列却是一个截然相反的例子。

迪拜鹊茶董事长、中东阿联酋贵州商会会长徐洁在接受媒体采访时提及，十年前自己曾试图在迪拜市场推出过刺梨饮品，但是并未成功，原因在于这种水果味道酸甜，并伴随一定涩感。因此这次与贵州当地公司合作推出刺梨饮品时，自己并没有大多信心，但结果出人意料。

刺梨系列试水成功后，2022年7月，鹊茶乘胜追击在迪拜市场开展了一场关于小众水果黄金奈李的品鉴会。当天邀请迪拜的饮茶人以及部分商超采购商在鹊茶位于Al Ghurair Center的旗舰店品尝奈李鲜果以及由奈李制作而成果茶和甜品。这种来自中国广东省乐昌市的黄金奈李表皮色泽金黄，口感清甜但果皮微酸，因此入口味道层次更为丰富，加入果茶后能够带来独特的口感。根据相关媒体的后续报道，这次品鉴会因此打开了广东黄金奈李在迪拜的销路，并为黄金奈李进入国际市场打响了名声，后续将有17万吨左右的奈李运抵迪拜。

某种程度上，贵州刺梨在海外的成功并非孤例，其和黄金奈李一起证明了在奶茶出海落地生根的过程中，本土化固然重要，但并非要一味迎合，适当的创新对于本土食客来说反而会带来味蕾上的新鲜感和刺激，这既塑造了新中式奶茶品牌的独特属性，也对当地市场具有创新价值，为后续产业链的更多可能性打开了通路。

代理权纷争

2010年前后众多台式奶茶品牌开启奶茶的第一波全球化旅程，显然是保守的。它们由于缺乏对异域市场尤其是异域消费者习惯和部分商业规则的了解，会选择与当地的运营商合作，这是一个合乎情理的选择。这既能够让品牌以更小的成本在一个陌生市场快速落地，也能够获得来自当地代理商在财务和法务上的支持以让品牌稳妥前行。在品牌母公司和当地代理商对彼此极为信任，并对开拓一个新兴市场野心勃勃的情况下，这的确是一条非常可靠的路径。

回溯新中式茶饮在东南亚地区的发展，以新加坡和马来西亚两个奶茶消费大国为例，贡茶和日出茶太当初都是通过与本土运营商合作，培养了两国消费者饮用奶茶的习惯。然而2017年新加坡的贡茶的代理权发生纠纷，马来西亚的日出茶太也开始和当地特许经营商对簿公堂。作为本地运营者的郑振良和吕伟立，也毫不犹豫选择与原先的合作伙伴分手，LiHo里喝和茶生活的诞生都是源于此。

几年后，在美国纽约大火的幸福堂奶茶也同样陷入了代理经营权的纠纷。2021年10月，幸福堂台湾母公司在一份声明中提及，此前2020年在纽约法拉盛开设的全美第一家幸福堂分店的确属于合法授权，但此后的美国品牌代理商并没有按照合同约定履行条约。幸福堂称"美国代理商在代理期间未按照标准作业程序，并通过不明供应商进货"，并指出幸福堂位于美国加州洛杉矶（罗兰岗、阿罕布拉）和得州休斯敦的门店均未得到授权。因此幸福堂台湾母公司决定停止与美国代理商的合作。美国幸福堂的首席执行官安德鲁在接受美国媒体 *Eater* 采访时回应称，台湾幸福堂的这些指控毫无根据，并且称这是一种不专业的攻击。一个小细节是，台湾幸福堂的这份声明中并未提及位于美国佐治亚州的幸福堂奶茶店有侵权行为。相关报道指出，这家幸福堂得到了台湾母公司的授权，因此后续位于纽约的幸福堂代理商也曾将佐治亚州的这家门店告上法庭。

在关于美国幸福堂纠纷双方各执一词时，澳大利亚的歇脚亭代理商也遇到了相似的处境。品牌母公司联发国际在与澳大利亚歇脚亭代理商长达九年的合作破裂后，双方也决定诉诸公堂。幸运的是，从2012年开始培养了一代澳洲人奶茶消费习惯的歇脚亭，最终有了一个相对平和的结局。母公司和澳洲代理商决定各退一步达成和解，而为澳洲歇脚亭工作的超过千名的员工也不会面临失业。

除了与代理商的纠纷外，有些品牌在海外市场还可能遭遇一些山寨纠纷，尤其是出现与自身品牌形象、标识和名称极其相似的现象，遭到其他品牌的恶意使用。

知识产权业内人士提起过喜茶在新加坡市场遭遇的一起商标权纠纷。根据当时网友拍摄的照片，新加坡当地出现了一家名为"HEETEA"（鸿瀚喜茶）的门店，其使用的品牌标识"小男孩"形象和喜茶标识的小人形象高度相似，并且其英文名字和喜茶的也高度重合。根据新加坡知识产权局公开的一份听证会记录，深圳喜茶和新加坡当地的"HEETEA"在2017年的不同时间发生了有关商标注册和成立公司等事项，下方表格详细列举了各事项发生的过程。听证员认为，根据事情发展的时间顺序，包括HEETEA成立了一个名为"HEYTEA Pte Ltd."的新商业实体，表明其出于恶意申请注册了该商标，仅仅是为了向申请人要求赎金或扰乱其业务。而最终新加坡商标局决定对"Heetea Pte Ltd."第30类下的HEYTEA商标予以无效宣告。有专业人士人员透露，这次喜茶母公司能够维护自己的权益存在一个关键前提是深圳喜茶

2017年1月就申请了商标，比HEETEA在5月的注册早了3个多月，这让深圳喜茶保证了自身能够获得在先注册的权利。

表5.2

日　　期	事　　件
2017年1月23日	申请人在第43类申请注册其在先商标： **HEYTEA**
2017年5月3日	Heetea Pte. Ltd. 成立
2017年5月12日	注册所有人在第30类申请注册商标： **HEYTEA**
2017年5月29日	Heytea Pte. Ltd. 成立
2017年10月5日	注册所有人在脸书上发布一张其门店已经安装了"HEETEA"装饰和品牌的照片。

注：根据听证会记录原文第16页翻译。

　　而在新茶饮浪潮跻身顶流的另一品牌茶颜悦色可能就没有那么幸运了。2018年，在韩国出现了一家与来自长沙的茶颜悦色在品牌标识和产品上相似度极高的奶茶店，其门店招牌中也包含"茶颜悦色"四个字。事件后期在网络发酵，长沙茶颜悦色在其官方微博回应称：尽管我们已经知悉茶颜悦色这一商标在韩国被抢注，但该行为在法律意义上是合法的，因此品牌"无权干涉"，并坦诚自身此前在商标保护上力度不够，因此多少有遗憾，希望大家对原创有尊重之心。

事实上，海外抢注商标的案例并不少见。2007年，国内食品公司"王致和"海外夺回商标权，而且还发现在这次商标案中败诉的对方公司甚至还抢注了老干妈、洽洽、今麦郎等食品品牌的商标。由于与海外国家的商标权纠纷往往需要两个国家的律师参与，在证据整理阶段工作就会很繁琐，中间需要支付高昂的律师费和文书费用，且诉讼周期漫长，无形中都导致了维权成本的提高。

因此，当品牌方尚未深入某个海外市场时，能够与当地的代理商或者独家运营商长期携手合作，是最为妥当的选择。但从贡茶、日出茶太、歇脚亭等早期传统奶茶出海过程中与海外地区代理商的纠纷争议中可以看出，一份长达十年甚至十年以上的长期代理合同往往可能为后期的合作埋下了纠纷火种。

漫长的时间充满变数，因为漫长的时间中充满了利益变化。对于从零开始开拓海外市场的代理商来说，尽管品牌母公司在初期可能给到了足够的支持，但在激烈竞争的陌生市场教育消费者的过程中，在数次产品研发、探索、测试中，在应对当地饮品市场在地化的营销过程中，都在暗中加注了代理商对品牌在海外市场话语权的筹码，进而与品牌母公司产生利益分配上的矛盾。如果品牌母公司在此情况下缺乏第一手信息，会进一步丧失对异地市场的管理调度能力，又或者品牌母公司强势到把早期代理商踢出局并选择新的代理商，这些都会削弱品牌在一个国家和地区的整体性形象与理念的输出，会为品牌的未来发展埋下隐患。

在品牌母公司和代理商利益捆绑交错下，在品牌旗下门店数愈加增长的过程中，越是藤蔓繁生，越是有交缠牵扯的风险。一个大型商业组织内部，也必然会隐藏更多的矛盾。品牌母公司和代理商，或是直营和加盟，这些模式既互补供应，又互相牵制，但很多时候基于品牌整体考虑，一些利益冲突尚未被搬上台面，但深陷其中的各方可能早已有所分歧。

尤其是加盟商。有句笑谈是：加盟商，并非顾客，才是品牌最大的韭菜。一些奶茶品牌的产品研发和创新程度可能早已和新茶饮发展的浪潮脱节，但凭借早期积攒的品牌效应，还可以在下沉市场或者海外市场收割一批心甘情愿入局的个体加盟商。尤其是当这些个体加盟商是新手，没有丰富的行业运营经验，也不太熟悉单店盈利测算时，向品牌母公司上交的加盟费、一次性设备费、原材料购买费和装修设计费就成了他们加入这一行业所交的"学费"。

如果经营不善，个体加盟商的损失金额还可以通过单店来计算，但区域加盟商的损失可能要翻倍来测算。一个从业者和笔者举了个例子，比如在某些海外市场的重点城市点位，品牌总部出于品牌形象长期输出的考虑，期望在当地打造一个走大店路线的特色门店，并且在加盟合同中要求该城市其他加盟商门店的开业时间必须晚于这家特色门店。但最初区域加盟商并未料想到特色门店的落地周期如此之长，这直接影响了该区域内其他门店的开业时间。于是房租、人力和水电全在支付的同时仍未开业，加盟商快半年的时间只能在等待中焦头烂额。有坚持下去的，只能数着折损慢慢耗；坚持不下去的，只能花钱赔偿或协商解除协议。

涉及品牌母公司和代理商、加盟商等多方因立场不同而产生的矛盾屡见不鲜。一旦矛盾被曝光到公共区域，各方都有可能是输家。在奶茶品牌出海的初期，有一些红极一时的新茶饮品牌，在全球部分国家和地区更换代理商，或者改变了最初的合作模式。这些高频发生的代理纠纷、名誉受损的事件，少则牵扯两三年，多则三五年，才能相对达成和解。而在这些拉锯战中，品牌母公司、创始人团队以及代理商几乎都面临着有争议的舆论以及各方的信誉扫地，最终导致品牌建立起来的美好形象在消费者心中坍塌瓦解。

在茶饮市场激烈的竞争中，一个品牌被抛弃，立刻就会有数个品牌补位。对品牌来说，任何一个行业内创新的时间节点没有赶上，任何一次发展机会被耽搁，几乎就很难再追赶，这是前方无数倒下的品牌用落幕写下的箴言。

三、奶茶之外，中式餐饮的进阶之路

中式餐饮出海小史

从台式奶茶品牌2010年开启奶茶出海的第一阶段，到新茶饮头部品牌2018年前后小范围探索出海的第二阶段，到2023年奶茶品牌集体出海的第三阶段，从中国饮品品牌的出海，可以看到中式餐饮过去一个半世纪以来在全球范围内落地生根并逐渐扩张的缩影。

最初在海外的中餐厅当然与移民的到来息息相关。虽然很难说清第一家海外中餐厅究竟何时开业，就算是锁定一个具体的地理范围内也很难溯源。但在美国范围内，2017年，纽约饮食博物馆（Museum of Food and Drink）举办了一场名为"Chow"（意为"炒"）的展览，其中提到美国有文献记载以来第一家中餐厅于1849年在旧金山开业。也有一种说法是，1911年开业于蒙大拿州的中餐厅北京楼（Pekin Noodle Parlor）——最初雏形是一家面馆——才是美国的第一家中餐厅。在作者理查德·格兰特（Richard Grant）的笔下，这家传奇餐厅还有着地下赌场和贩卖鸦片的惊人历史。由于19世纪60年代大量中国劳工来到蒙大拿从事挖掘金矿的工作并帮助修建铁路，因此部分中餐厅得以因华人群体的存在而发展。还有一份来自美国华人博物馆的记录显示，一位名为江孙芸的女士曾在1960年（也有说是1962年）于旧金山创办一家名为"福禄寿"的中餐厅，该餐厅因"餐品正宗"而广为人知。

无论是在蒙大拿的唐人街，还是在旧金山的唐人街，中餐厅数量与规模的高速增长、中餐饮品类被更大范围的受众所接纳，总是与中国移民的占比紧密相联的。根据王志永在《化危为机：1906年旧金山灾难与华人社会的变迁》一文中的论述：

> 1900年，托马斯·特纳（Thomas Turner）为美国工业委员会进行了一项对太平洋沿岸各州的中国和日本劳工的调查，他发现共有2.5万名华人生活在旧金山。1903年，梁启超估计旧金山的华人约为2.7万到2.8万名，旧

金山是美国华人最多的地方。如果从19世纪70年代到20世纪初，旧金山华人的人口数量假定在3万名左右，那么在19世纪70年代其占全美华人的比重超过17%，在20世纪初则达到25%。显而易见，旧金山华人是美国最大的华人群体，而且唐人街聚集着大量的华人。

同样，在美国森林服务局第一区和蒙大拿大学米苏拉分校关于早期中国移民的一份调查报告中提及，1870年蒙大拿州有近2 000名的中国居民，占该地区人口比例的10%左右，而1873年《纽约时报》的报道显示，纽约市当时的中国移民只有500人。

在奶茶出海美国的章节中，我们也详细讨论过在2018年前后奶茶在美国的迅速流行和新一波亚洲移民的崛起姿态有非常紧密的联系。2010—2024年，也因为亚洲新移民的快速膨胀，中餐饮的国际知名度、接纳度在全球范围内了呈现出提升和高度流行之势。

诞生于20世纪的全聚德、东来顺等中式餐饮连锁的出海虽略有坎坷，但2010年前后，以海底捞、眉州东坡为代表的主打火锅、创新川菜品类的餐饮连锁，不仅开启了中式餐饮连锁的出海浪潮，也的确在当地站稳了脚跟。

从海底捞分别在新加坡、美国开业的2012年、2013年算起，主打火锅、焖锅这一类中餐品类以专门店的形式开始集体出海。2014年，来自重庆的火锅品牌刘一手在加拿大开业，随后又拓展至美国。2017年，小龙坎等火锅品牌远赴新西兰。2020年前后，外婆家、云海肴、太二酸菜鱼等涉及中国地方菜系、中餐细分品类的中餐饮连锁都开始在海外市场大放异彩。

和奶茶业在2023年迎来饮品大航海时代一样，中餐饮的众多从业者也比较认可2023年为中餐饮出海的重要时间节点，因为该时期不仅是各餐饮连锁品牌扬帆出海的集中年份，更是上游供应端包括调味料、冷链物流和原材料加工处理等品牌，助力C端餐饮品牌出海的重要时间节点。这证明了在中国餐饮企业整体出海的过程中，产业链输出环节上实现上游落地的可能，也正是产业结构上的弹性分配和良性调整，代表了中国餐饮企业在出海中有能力完成从终端产品到上游供应链以及整体品牌的全面输出，充分证明在过去多年从生产产品到创建品牌的转变中，中国企业现已发展至品牌创建的重要阶段，品牌势能因此有了质变和效能的叠加爆发。

2024年，商务部服贸司负责人解读《关于促进餐饮业高质量发展的指导意见》称："弘扬优秀餐饮文化。从餐饮文化研究挖掘、传承、非遗保护、文化宣传、交流合作等方面提出任务措施，提升中华餐饮国际影响力。支持餐饮企业积极开拓海外市场，推动中餐厨师、原辅料等'走出去'……"

这些积极信号更加坚定了中餐饮品牌出海扩张的决心。

中餐饮的高端化

有分析认为，中餐饮目前出海较为顺利和受欢迎的品类，如奶茶、火锅、冒菜、麻辣烫、小笼包等，基本上具备三大共同特征。首先，标准化程度极高，比如奶茶行业可以使用的智能奶茶冲泡机、火锅行业使用的单份标准克重食材（食材可以在供应商那里完成清洗、切分和装配封口，火锅店只需保证冷藏条件）；其次，这些品类在海外市场出现和渗透的时间都较长，市场教育的成本已经相对较低，比如火锅、小笼包、炒饭等；再者，部分品类拥有稳固的味觉记忆和可辨识的视觉符号，比如产品的造型可摆成九宫格、形如太极的火锅，以及成品展现视觉冲击力较强的奶茶。

接下来要探索的问题也很明确。为什么当下的这次中餐饮流行全球的浪潮中，奶茶以绝对强势的位置，成为中餐饮代表性品类站上出海的潮头？笔者认为这和奶茶的"轻量化"有非常重要的关系。

轻量化具体说来在于，相比于其他餐饮品类，一个奶茶单店对投资者的资金规模要求、运营者的运营管理要求相对都没有很高。以上一代出海成功的中餐饮连锁鼎泰丰、熊猫快餐和海底捞举例，它们在供应链端的复杂程度上以及门店厨房的实际管理难度上远远高于奶茶店。毕竟一个包含50道以上菜品的餐饮连锁，各类食材采购、运输、存储和处理的工作量大、成本也高，即使拥有中央厨房的生产和集送支撑，一线门店也需要有热食处理的空间，加上有可能涉及的生食操作，卫生监管标准也会相应提升。而奶茶品类几乎很少涉及生食处理、明火烹饪环节，在人员规模和门店管理上的难度明显降低。

此外，以奶茶这种轻量化的食品为载体去完成中国内部、甚至是全球范围内代际之间话语风格的重塑，遭遇的阻力也可能是"轻量化"的。具体来说，网络社交媒介的升级背景使得世界范围内年轻世代的消费行为和日常生活习惯产生了巨大改变，而奶茶的流行正好在这一当口发生。年轻世代在这个当口可以通过以奶茶对咖啡（带有浓重西方色彩的饮品）、纯茶（带有传统文化及长辈偏好的饮品）这两类全球性饮品的替换，再将之作为消费符号、社交符号，来呈现代际话语有所转变的事实。一个细节是，年轻世代在海外推广奶茶品牌时，与上一代经营者在产品打磨上有一个明显区别：他们更希望奶茶以最还原中式本味的样貌出现，而非以更迎合当地食客口味偏好的改良版姿态出现。因此即便奶茶无法在海外某个具体市场实现破圈，他们也不会抹除与否认支持"中式本味"的顾客群体所具有的影响力。这种中餐饮出海"无改良版"的奶茶，和上一代推广的小笼包被加上芥末酱、烧烤酱等"口味魔改"之后流行于海外的存在有巨大不同。年轻世代主理下的奶茶品牌在海外推广中式奶茶产品时有更强烈的文化自信。他们试图再创造一种新的流行于全球的中式美食，来向上一代中餐饮人宣称"这是我们的时代"，用新中式奶茶为媒介来做这种宣称，如同奶茶的口味般，是柔滑不激进又让人记忆深刻的。

　　轻量化更重要的特征还在于，在海外市场的目标用户从有品牌认知到产品购买再到对品牌忠诚的整体链路的"短平快"。首先，奶茶客单价和火锅、麻辣烫等其他中餐饮品类的价格相比，具有绝对优势（海外用户购买奶茶的消费决策时长不会太长，至少不会因为价格高昂望而却步）；其次，奶茶从制作到拿到成品再到入口饮用的时间也很快，不像火锅、冒菜等需要等待一段时间，消费者能够在看到实物后迅速品尝并再次加深对品牌、产品的印象和认知；再者，奶茶相比于小笼包、北京烤鸭等其他中餐饮品类食品更加便携且易在公共场合等户外场所展示，具备更高的社交分享和讨论属性，尤其在网络社交媒体上。相比那些讲究"火候"技艺的小笼包、北京烤鸭、左宗棠鸡等上一代海外中餐代表，奶茶这一讲究"水的艺术"，从中餐馆菜单边角的位置跃升为独立门店并大规模品牌化，也开启了中餐饮全球化的另一条路径与模式。"火"与"水"的对比，不仅意味着中餐饮的美食形象从"浓烈火候"转向"轻盈流动"，也隐含了海外的年轻一代置身于中餐饮集体出海的互动中选择了不同于上一代既定选择的代表性中华料理。奶茶之所以成为他们对中餐饮的新印象，除了"轻量化"特征更易在海外落地与复制，也因其在社交媒体和年轻消费文化中更具时尚与互动属性。随着新世代将在社会各界接过上一代交过来的接力棒，奶茶作为一种甜蜜、便捷且富含新中式文化意味的美食，正成为他们心中最能代表当代中国风貌的餐饮符号之一。

用奶茶的成功去畅想其他中餐饮品类的创新路径，具有一定的启发。在产品更新和迭代中，中餐饮的各个细分品类是否应该提升菜单更新的速度，是否应该在部分菜品上做出更多本土化口味的调整，在门店的空间美学、品牌整体形象传达中式文化方面，是否应当有一套相对完整的战略，而不是相对割裂、破碎的拼凑？

事实上，中餐饮长时间在全球餐饮层级的美学和流通上来说，没有处于相对高阶的位置，想要走入"高端餐饮"（Fine Dining）的序列，甚为艰难。这一点从美国的混合菜系中，欧陆菜系为主导就可以看出端倪。法餐、意大利餐往往处于高端餐饮的金字塔顶端，而泛太平洋菜系、墨西哥菜、中华餐饮等则相对处于次一层。即使在亚洲国家的众多料理中，中华餐饮明明可以以菜系多样化和品种的数量级优势取胜，但相比日料和韩餐，西方食客对于中餐"高端"的认可度显然不如前两者。

　　日料实现高端化的路径得益于日本经济的迅速发展以及日裔在美国社会的深度融入。二战后日本经济进入高速发展期，期间名义GDP平均增速超过10%，大量日本企业涌入北美和欧洲，日本在海外的不动产投资也逐年高涨，这让日本政府和国民都积累了大量财富，并在消费端急剧释放。日料高端化的过程几乎和其经济指数的上升趋同，一定程度上这和法餐进化的路径相似，并借鉴了法餐"正餐佐酒"的模式，以寿司、Omakase、寿喜锅等"正餐+清酒"为代表，并辅以匠人的手作方式、餐厅中极致的服务体验，这些都共同推动日料内涵与美学走向高端化。而韩餐的高端化路径，则是用单品去强化食客记忆，通过泡菜、部队锅等单品在韩剧、韩国综艺等流行文化载体中的高频出现来给观看者顺带灌输一个强烈的记忆点来实现的。因此，由众多细分品类支撑起来的中华餐饮体系，再配合中国经济近些年的快速发展，短期内在海外市场也可以打造一个更统一、更鲜明的记忆点，以及一个能够支撑起高端形象认知的品类，以此实现中餐饮在全球餐饮序列中一路向金字塔顶层进发的可能。

　　奶茶就是一个突破口。如今在海外，走进一家家风格主题明确、装修充满中式文化韵味的奶茶店，就能拿到随手一拍就能在社交媒体上引起大量转发和点赞的产品。在这些新中式茶饮店内，收音机的开关声、配料间的水流声、制冰机的嗡鸣和制茶师的交谈，与刻板印象中中餐厅昏暗的灯光、杂乱的后厨和油烟中厨师模糊的脸，形成了鲜明的对比。你会从各种感官中体会到，中餐饮呈现出更活泼、鲜明、崭新的样貌。

没错，中餐饮长期在全球餐饮序列中被低估，而奶茶率先打破了西方对中餐饮的刻板印象，并承担起引领中餐饮集体出海、进阶的吹响号角的角色。奶茶可以以这种全球食客都可接受的甜，以丝滑的穿透力，为中餐饮在全球口味评级中重新正名。

而关于此前讨论过的"波霸自由"，以及崛起、身份认同愈加明晰的华裔始终对奶茶"正宗性"的坚持，则意味着年轻世代更坚持自我表达的张扬和自由，更加珍视包裹在民族共同记忆中的情感和味道，当然也更加看到饮食背后政治意涵以及通过此获得政治权利表达的窗口。他们的发声与崛起也有助于中餐饮在全球口味评级中的提升。

奶茶之甜的流动性与穿透力

千百年以来，甜，这种人类最喜欢的一种味觉，一直在介入、改变和影响人类社会的生产与消费。对糖的发现和利用，让新几内亚岛上的蔗糖随着西方军队、奴隶主和商人传播到全球，而后造就了种植园经济的繁荣，带来了阶级地位的流动，也同样促成了日不落帝国商贸的繁荣以及资本主义的进一步扩张。西方新生的中产阶级和贵族一起，拥护着欧洲殖民统治者的政治经济统治秩序及连带其塑造的味觉信仰。

常人很难抵制甜的诱惑，食甜过后那种从大脑深层弥漫的多巴胺快感，被现代工业精心巧妙地炮制并藏匿于各类精制食品之中。当糖与咖啡、茶叶或者奶等饮品相融时，无论遇上酸涩、微苦或者醇厚的味道，糖都高度展现了其适配性，也因此催生了更多饮品与糖融合，以及与糖的消费和生产。

西敏司曾在《糖与权力》中重点解读过与糖紧密相联的权力感知和消费现象，季羡林也曾在《糖史》中到谈及地区经济与制糖工艺和当地饮食偏好及权力阶级流动之间的联系。关于糖的制造隐藏着资本主义剥削的路径。19世纪的工人阶级通过饮用含糖的茶或咖啡来获得更多能量，从而能更高效地投入生产工作，以满足资本家，创造出更大的价值——这和当下含糖的奶茶在社交媒体语境中作为"打工人的安慰剂"有异曲同工之处。它以满足生理能量需求的基本功能为表征，又拓展出满足情感性需求的多重社会意义。品饮奶茶感受到的甜与"兴奋"却往往会让人忘却了审视的视角，即使是对新一代原料新鲜、口感新颖、包装时尚的奶茶，本质也不过是让都市白领更加专注于工作的商品，但消费者本身与各界媒体却赋予了其诸多美好的意义。

　　在这一波奶茶全球化的进程中，新中式奶茶有一个关于味觉的鲜明标签：不甜、健康。这种追求与西方餐饮中的"甜蜜至上"相反，消费它的年轻世代和新中产试图通过对这种口味的拥护传递另一层意义：他们并非单纯的体力劳动者，已经不需要通过摄入大量含糖饮品来满足日常工作所需的能量；他们对于奶茶的消费，早已脱离了其功能性需求，而是上升为一种社交互动、情感共鸣上的精深需求，基于此产生的内在消费驱动力，会让他们感到隐在的联结感。这种由群体反向建构与打造的消费信仰、消费行为和消费意义，会让群体进一步认可和强化自我身份认同。

　　当新中式奶茶以原料新鲜、现制工艺等标签在全球掀起一场奶茶变革时，变革的技术、升级的消费和碰撞的文化对卷入其中的人事物都产生了多种叠加的影响。在奶茶粉冲泡的工业化时代过后，大众对奶茶有了更高品质的需求，大众对鲜果食材及原型食物更向往，此时冲泡类茶饮似乎又回归至手作工艺。而手工现制工艺在当下超高需求量的市场中，能够满足人们对茶饮品质的追求，却没法满足规模化的出品需要，因此又倒逼上游供应链和预制工艺的进一步发展。等到整个产业链条中的每个环节都得以提升后，产业集群又可以迎来扩容和转移阵地的机会，品牌便有更大的空间与时间以沉淀和发展，这是目前中国奶茶品牌在"奶茶大航海时代"下的处境。

　　当预制和现制在你进我退中螺旋上升，当奶茶传播中展现经济与文化的交融与碰撞时，无论是奶茶火热全球这种文化现象，还是奶茶企业集体出海这种商业行为，奶茶出海既考验着中国餐饮行业产业链升级，反映了国际国内双循环的可实践性；又展现了一个新的中国形象建构，连带也会重塑海外华裔在当地的形象与地位。新中式茶饮以其丝滑的甜穿透打破中外商业文明与文化品味上的隔阂，这是奶茶作为一种媒介、一种符号，不断地长期传播后的作用与结果。不过，当在海外的你手捧一杯奶茶喝上一口时，立马感受到的是丝滑的甜，然后脑海中会复现其在国内饮啜时的图景。奶茶出海，是一种对外传达中式文化的商业行为，但反向也能让在外的国人与华人借此感受到故乡味的复归。

资料来源

第一章

1. AAN建筑设计工作室.喜茶白日梦计划项目[EB/OL].[2018].https://www.gooood.cn/
heytea-daydreamer-project-china-by-aan-architects.htm.
2. 奥纬咨询.美美与共,寻访万千期待——2022美好生活洞察[EB/OL].[2022].https://
www.oliverwyman.cn/content/dam/oliver-wyman/v2/china-new/publications/2022/sep/
chinese-consumer-lifestyle-insights-2022-v7.pdf.
3. 春水堂人文茶馆.茶的起源[EB/OL].[2025].https://www.chunshuitang.com.tw/origin/.
4. 界面新闻."奈雪PRO"来了,茶饮店开始卖精品咖啡[EB/OL].[2020-11-24].https://
m.jiemian.com/article/5314282.html.
5. 上海市民生活指南.上海奶茶简史[EB/OL].[2022-06-13].https://m.thepaper.cn/
newsDetail_forward_18533768.
6. 华安证券.现制茶饮投资探讨:拥抱极致性价比与下沉时代[EB/OL].[2024].https://
www.sohu.com/a/782991560_121640652.
7. 徽宗设计研究室.眷茶·洞天福地记[EB/OL].[2021].https://www.gooood.cn/juantea-
cave-paradise-china-by-huizong-design-and-research-office.htm.
8. 佳禾食品.佳禾食品首次公开发行股票招股说明书[EB/OL].[2021-04].https://pdf.
dfcfw.com/pdf/H2_AN202104191486236907_1.pdf.

9. 加减智库设计事务所.茶理宜世2024全新概念店设计[EB/OL].[2024].https://www.gooood.cn/charlies-tea-2024-new-concept-store-design-by-pmt-partners-ltd.htm.

10. 蒋运宁，邓崇岭，陈传武，王明召，付慧敏，刘升球，邓光宙.13个柠檬品种在广西桂林的引种研究初报[J]南方园艺，2020，31（3）：40-45.

11. 界面新闻.茶颜悦色上市前途不明，天图等资本退出股东行列_东方财富网.[EB/OL].[2024].https://finance.eastmoney.com/a/202406143104385790.html.

12. 空间站建筑师事务所.拾柴手作苏州观前街店[EB/OL].[2024].https://www.gooood.cn/shichai-handmade-suzhou-guanqian-street-store-by-spacestation.htm.

13. Li, P., & Cao, D. Six Bubble Tea Chains Plan IPOs in Bet on China Consumer Revival[EB/OL].[2023-07-24].https://www.bloomberg.com/news/articles/2023-07-24/chinese-bubble-tea-chains-brew-ipos-ahead-of-consumer-revival?embedded-checkout=true.

14. 人民论坛."小镇青年"消费崛起为哪般[EB/OL].[2020].http://paper.people.com.cn/rmlt/html/2020-04/28/content_1986854.htm.

15. 品牌星球.喜茶推出茶咖子品牌"喜鹊咖"[EB/OL].[2023-11-29].https://www.brandstar.com.cn/news/6610.

16. 虎嗅网.收购乐乐茶，能解决奈雪所有烦恼么？[EB/OL].[2022-12-10].https://m.huxiucdn.com/article/738533.html.

17. 投资界.奈雪的茶创始人彭心也开始做VC了[EB/OL].[2021].https://en.jiemian.com/article/8555682.html.

18. 王泽华.基于SWOT分析的茶颜悦色发展研究[J/OL].电子商务评论，2024，13（03），4041-4047.https://doi.org/10.12677/ecl.2024.133492.

19. 界面新闻.奈雪的茶降低加盟费用，还是比喜茶和古茗贵[EB/OL].[2024-02].https://m.jiemian.com/article/10853562.html.

20. 香飘飘.成长之路-香飘飘官方网站[EB/OL].[2020].https://www.zjxpp.com/about/develop.html.

21. 薛之白.新闻人间：县城贵妇[N/OL].联合早报，2024.https://www.zaobao.com.sg/news/china/story20240316-3158709.

22. 詹丹晴.年终盘点丨从热捧到被约谈，新茶饮的联名戏码还唱得下去吗_奈雪_品牌_游戏[N/OL].南方都市报，2023-12-26.https://static.nfapp.southcn.com/content/202312/26/c8443539.html?enterColumnId=1207.

23. 郑晓慧.疯狂挖掘小众水果，能解新茶饮的爆品焦虑吗？[EB/OL].[2021-07-06].https://www.cbndata.com/information/249367.

第二章

1. 8world.CEO面对面-贡茶（新加坡）董事经理郑振良（第一部分）[EB/OL].[2015-05-08].https://www.youtube.com/watch?v=yDWoqSx9FEI.

2. Asia, I. R. Malaysian bubble-tea stoush now question of loyalty[EB/OL].[2017-02-23]. https://insideretail-asia.translate.goog/2017/02/23/malaysian-bubble-tea-stoush-now-question-of-loyalty/?_x_tr_sl=en&_x_tr_tl=zh-CN&_x_tr_hl=en&_x_tr_pto=wapp.

3. BBC中文网.印尼总统大选.[EB/OL].[2019-04-17].https://www.bbc.com/zhongwen/simp/chinese-news-47946596.

4. 曾国章.Tealive获中国伙伴注资1 000万，建珍珠粉圆制造厂[N/OL].马来西亚东方日报，2023-11-16.https://www.orientaldaily.com.my/news/business/2023/11/16/611114.

5. 茶主张.WEDRINK opens over 3000 stores in Indonesia[EB/OL].[2023-01-19].https://www.timesnewswire.com/pressrelease/wedrink-opens-over-3000-stores-in-indonesia/.

6. Chiang, S. Coffee chains are crowding Singapore in hopes of jump-starting their global expansions[EB/OL].[2023-12-25].https://www.cnbc.com/2023/12/26/coffee-chains-are-crowding-singapore-to-jumpstart-their-global-expansions.html.

7. Chong, C. Far from game over: From boom to bust to boom again, bubble tea is back in business[N/OL].新加坡商业时报，2019-05-31.https://www.businesstimes.com.sg/opinion-features/features/far-game-over-boom-bust-boom-again-bubble-tea-back-business

8. Chua, S. Old-school bubble tea brands: where are they now[EB/OL].[2022-06-20].https://hungrygowhere.com/food-news/old-school-bubble-tea-brands/.

9. 萃茶师.海外首店 | 马来西亚的第一杯萃茶师[EB/OL].[2023-04-25].https://mp.weixin.qq.com/s/NxRCSUeUB_oMk-1MspZ1DA.

10. 东亚论坛.Nopriyanto Hady Suhanda | East Asia Forum[EB/OL].[2024].https://eastasiaforum.org/author/nopriyanto-hady-suhanda/.

11. Duc, T. China's Mixue leads store count for popular milk tea beverage in Vietnam[EB/OL].[2023-06-06].https://theinvestor.vn/chinas-mixue-leads-store-count-for-popular-milk-tea-beverage-in-vietnam-d5257.html.

12. Editor. Malaysians' bubble tea frenzy[EB/OL].[2019-06-24].https://katamalaysia.my/culture/malaysians-bubble-tea-frenzy/.

13. 法国卫生部.营养标签系统[EB/OL].[2025].https://www.santepubliquefrance.fr/en/nutri-score.

14. FoodieFC.快乐柠檬[EB/OL].[2011-01-02].https://foodiefc.wordpress.com/2011/01/02/

happy-lemon/.

15. FoodieFC. Share Tea 歇脚亭（North Point）[EB/OL].[2011-10-23].https://foodiefc.blogspot.com/2011/10/share-tea-north-point.html.

16. 国家标准化管理委员会.[EB/OL].[2015].https://std.sacinfo.org.cn/gnocHb/queryInfo?id=433719A14183776C2381E888A773E90E.

17. 海峡时报数据库.New "bubbly" a hit with youth[EB/OL].[1992].https://eresources.nlb.gov.sg/newspapers/digitised/article/straitstimes19920527-1.2.63.6.2.

18. 海峡时报数据库.Another draw is the foamed tea[EB/OL].[1993].https://eresources.nlb.gov.sg/newspapers/digitised/article/straitstimes19930924-1.2.75.7.2.

19. 海峡时报数据库.Teens use tea house notice board to talk to each other[EB/OL].[1993].https://eresources.nlb.gov.sg/newspapers/digitised/article/straitstimes19930924-1.2.75.7.1.

20. 海峡时报数据库.Merry widows and sweet temptations[EB/OL].[2025].https://eresources.nlb.gov.sg/newspapers/digitised/article/straitstimes20050409-1.2.47.26.

21. 韩爽.新加坡克拉码头喜茶白日梦计划[EB/OL].[2019-07-04].https://www.archdaily.cn/cn/920211/xin-jia-po-ke-la-ma-tou-xi-cha-bai-ri-meng-ji-hua-moc-design-office?ad_source=search&ad_medium=projects_tab.

22. 何诗冉.霸王茶姬获超3亿元融资，在东南亚已有近40家门店[EB/OL].[2021-10-20].https://www.brandstar.com.cn/in-depth/2625.

23. 黄慧婷.欢庆霸王茶姬获得清真认证 撕杯有礼惊喜活动再度回归[N/OL].马来西亚东方日报，2023-09-26.https://www.orientaldaily.com.my/news/ufood-food/2023/09/26/599415.

24. Huiwen, N.Taiwan's Tiger Sugar bubble milk tea to open at Singapore's Capitol Piazza in early November[N/OL].海峡时报，2018-10-31.https://www.straitstimes.com/lifestyle/food/taiwans-tiger-sugar-bubble-milk-tea-to-open-at-singapores-capitol-piazza-in-early-nov.

25. TODAY. It Takes Six People To Make Tiger Sugar's Brown Sugar Bubble Milk[EB/OL].[2018].https://www.todayonline.com/8days/it-takes-six-people-make-tiger-sugars-brown-sugar-bubble-milk-1760291.

26. Jan, Y. Bubble Tea[EB/OL].[2014].https://www.nlb.gov.sg/main/article-detail?cmsuuid=2ad089b4-a01c-4d92-b98a-e1002af7b0ad.

27. 界面新闻.喜茶海外首店日均销量2 000杯 品牌称与国内持平[EB/OL].[2018-11-22].https://m.jiemian.com/article/2647689.html.

28. Khor Reports. Boba Boom: The Rise of Boba and the Sugar Strikes Back[EB/OL].[2019]. https://www.khor-reports.com/data-analysis/2019/11/12/boba-boom.

29. Koh, F. Taiwanese bubble tea brand Gong Cha returns on Dec 1 with new drinks.[N/OL]. 海峡时报, 2017-11-29.https://www.straitstimes.com/lifestyle/food/taiwanese-bubble-tea-brand-gong-cha-returns-on-dec-1-with-new-drinks.

30. Kolesnikov-Jessop, S.Economies of Southeast Asia Look Solid[N/OL].纽约时报，2010-06-29.https://www.nytimes.com/2010/06/30/business/global/30rdbseaover.html#.

31. Lai, K. BUBBLE TEA CRAZE in Southeast Asia[EB/OL].[2020-06-18].http://miseenplaceasia.com/bubble-tea-craze-in-southeast-asia/.

32. Lee, L. Y. Healthy bubble tea?Shops tweak recipes ahead of Nutri-Grade label deadline in Dec[N/OL].海峡时报，2023-11-26.https://www.straitstimes.com/singapore/bubble-tea-operators-finalising-menus-ahead-of-nutri-grade-labelling-requirements-in-dec.

33. 中国茶饮 狮城飘香[N/OL].联合早报, 2023-10-07.https://www.youtube.com/watch?v=7lGY32oX7LM.

34. 李蕙心.江培生取得特许经营权 贡茶11月重回本地市场[N/OL].联合早报, 2017-08-05. https://www.zaobao.com.sg/sme/news/story20170805-784726.

35. Lim, I. Boba brand Xing Fu Tang's Taiwan HQ says will take legal action against Malaysian franchisee | Malay Mail[N/OL].马来邮报，2019-10-31.https://www.malaymail.com/news/malaysia/2019/10/31/boba-brand-xing-fu-tangs-taiwan-hq-says-will-take-legal-action-against-mala/1805484.

36. 新华丝路.李晓渝.霸王茶姬以品质开拓新加坡茶饮市场[EB/OL].[2022-03-03]. https://www.imsilkroad.com/news/p/478330.html.

37. 21世纪商业评论.罗丽娟.专访喜茶创始人聂云宸：我每天都很焦虑，要走的路还很远[EB/OL].[2018-10-30].https://www.sohu.com/a/272265160_202972.

38. May, A. Subang Jaya Becomes "Bubble Tea Street" As Another Store Is Opening In The Area[EB/OL].[2019-03-07].https://hype.my/2019/165017/subang-jaya-becomes-bubble-tea-street-as-another-store-is-opening-in-the-area/.

39. Nguyen, U. Foreign Franchises in Vietnam: Case Studies[EB/OL].[2023-06-13].https://www.vietnam-briefing.com/news/foreign-franchises-in-vietnam-departures-successes-and-the-in-between.html/.

40. Post, T. J. Mixue on the march: ice cream serves soft power for China in Southeast Asia[EB/OL].[2023-08-14].https://www.thejakartapost.com/opinion/2023/08/14/mixue-on-the-march-ice-cream-serves-soft-power-for-china-in-southeast-asia.html.

41. Statista. R. Hirschmann. Singapore: coffee consumption volume 2021[EB/OL].[2024-05-29].https://www.statista.com/statistics/877309/singapore-coffee-consumption-volume/.

42. 商海数码商业媒体.大马奶茶之父 | Tealive创办人吕伟立[EB/OL].[2024-01-15]. https://shanghai.com.my/%E9%9A%90%E5%BD%A2%E4%BC%81%E4%B8%9A%E5%AE%B6/elementor-34522/.

43. 世邦魏理仕.商业地产报价[EB/OL].[2024-03].https://www.cbre.com.sg/properties/retail/details/SG-SMPL-3223/one-raffles-place-retail-1-raffles-place-singapore-048616.

44. 世界新闻报.印尼排华暴乱成无头案[N/OL].[2008-03-27].https://cctvenchiridion.cctv.com/special/C20995/20080327/103566.shtml.

45. 世界银行.Expanding Middle Class Key for Indonesia's Future[EB/OL].[2020-01-30]. https://www.worldbank.org/en/news/press-release/2020/01/30/expanding-middle-class-key-for-indonesia-future.

46. Siahaan, M. Indonesia: production of mango 2023 | Statista[EB/OL].[2024-05-08]. https://www.statista.com/statistics/706514/production-of-mango-in-indonesia/.

47. Soh, R.泡着奶茶继续冲-Bryan Loo吕伟立 死地而后生.马版 | MALAYSIA-《品PIN Prestige》[EB/OL].[2022-11-20].https://www.pinprestige.com/my/lifestyle/people/the-founder-of-tealive-bryan-loo/.

48. Statista. Countries with the Largest Number of Starbucks Stores Worldwide 2018 | Statistia[EB/OL].[2024-11-25].https://www.statista.com/statistics/306915/countries-with-the-largest-number-of-starbucks-stores-worldwide/.

49. Surya Aditiya. Belum Kantongi Sertifikat Halal, Begini Jawaban Mixue Indonesia[EB/OL].[2022-12-28].https://www.viva.co.id/bisnis/1559794-belum-kantongi-sertifikat-halal-begini-jawaban-mixue-indonesia.

50. Tan, J. Chatime vs Tealive: The Legal Drama Brewing in Malaysia[EB/OL].[2018-07-09].https://ringgitplus.com/en/blog/lifestyle/chatime-vs-tealive-the-legal-drama-brewing-in-malaysia.html.

51. Trisya Frida. Mixue Akhirnya Dapat Sertifikasi Halal MUI[EB/OL].[2023-02-17].https://www.viva.co.id/bisnis/1575880-mixue-akhirnya-dapat-sertifikasi-halal-mui.

52. Foodie FC. KOI Bubble Tea (AMK)[EB/OL].[2010-08-22].https://foodiefc.wordpress.com/2010/08/22/koi-bubble-tea-amk/.

53. UTAR Education Foundation. (2019, July). *Instilling leadership qualities among future leaders*. Https://News.utar.edu.my/News/2019/Aug/6/3/3.Html.

54. VietNamNet. Đầu tư bạc tỷ, chủ cửa hàng Mixue nhượng quyền nổi giận vì chính sách

giá[EB/OL].[2023-09-29].https://www.vietnam.vn/dau-tu-bac-ty-chu-cua-hang-mixue-nhuong-quyen-noi-gian-vi-chinh-sach-gia.

55. VietNamNet. Chủ cửa hàng kinh doanh nhượng quyền Mixue ngồi "nhặt bạc lẻ", làm không công[EB/OL].[2023-10-04].https://www.vietnam.vn/chu-cua-hang-kinh-doanh-nhuong-quyen-mixue-ngoi-nhat-bac-le-lam-khong-cong.

56. 日经中文网.王征.2022年日本人均GDP为3.4064万美元[EB/OL].[2023-12-26]. https://cn.nikkei.com/politicsaeconomy/epolitics/54410-2023-12-26-08-59-11.html.

57. Wei, T. T. Taiwanese bubble tea brand TP Tea opens first store in Singapore at Changi Airport[N/OL].海峡时报，2018-06-27.https://www.straitstimes.com/lifestyle/food/taiwanese-bubble-tea-brand-tp-tea-opens-first-store-in-singapore-at-changi-airport.

58. 新加坡旅游局.乌节路[EB/OL].[2019].https://www.visitsingapore.com.cn/see-do-singapore/places-to-see/orchard/.

59. 新加坡旅游局.用本地人的方式点咖啡[EB/OL].[2020].https://www.visitsingapore.com.cn/editorials/order-kopi-like-a-local/.

60. 新加坡贸易与工业部.新加坡2023年经济调查[EB/OL].[2024].https://www.mti.gov.sg/-/media/MTI/Resources/Economic-Survey-of-Singapore/2023/Economic-Survey-of-Singapore-2023/FullReport_AES2023.pdf.

61. 新加坡住房和发展局.HDB | 19052023--New-Portal-to-Help-Residents-Find-Budget-Meals-in-the-Heartlands[EB/OL].[2023-05-19].https://www-hdb-gov-sg.translate.goog/cs/infoweb/about-us/news-and-publications/press-releases/19052023--New-Portal-to-Help-Residents-Find-Budget-Meals-in-the-Heartlands?_x_tr_sl=en&_x_tr_tl=zh-CN&_x_tr_hl=en&_x_tr_pto=wapp.

62. Yahya, Y.Bubble tea firm Gong Cha promises bigger, better comeback in Singapore[N/OL].海峡时报，2017-06-10.https://www.straitstimes.com/business/bubble-tea-firm-gong-cha-promises-bigger-better-comeback-in-singapore.

63. 易佳颖.霸王茶姬独家回应：新加坡门店"一夜变脸"是品牌主动升级[N/OL].21世纪经济报道，2024-01-16.https://www.21jingji.com/article/20240116/herald/c0b57c8a2fdc7e0f8bdde18da76d4b71.html.

64. 印度尼西亚驻加拿大领事馆.CONSULATE GENERAL OF THE REPUBLIC OF INDONESIA IN VANCOUVER, CANADA[EB/OL].[2024].https://kemlu.go.id/vancouver/en/pages/indonesia_at_a_glance/2016/etc-menu.

65. 越南新闻网.Cainiao PAT Logistics Park welcomes new warehousing partner Mixue[EB/OL].[2024-03-18].https://vietnamnews.vn/advertisement/1652200/cainiao-pat-logistics-

park-welcomes-new-warehousing-partner-mixue.html.

66. 詹丹晴，王希.重启海外市场！坚持直营的奈雪拼得过其他新茶饮吗[N/OL].南方都市报，2023.https://m.mp.oeeee.com/a/BAAFRD000020231204883387.html.

67. 张天磊.茶饮品牌"霸王茶姬"进军东马市场，首店选址沙巴州最大商场[N/OL].中国日报，2022.https://ex.chinadaily.com.cn/exchange/partners/82/rss/channel/cn/columns/sz8srm/stories/WS62d4f213a3101c3ee7adfa22.html.

68. 中华人民共和国外交部.新加坡国家概况[EB/OL].[2024-10].https://www.fmprc.gov.cn/web/gjhdq_676201/gj_676203/yz_676205/1206_677076/1206x0_677078/.

第三章

1. BBC. British Museum is the most-visited UK attraction again[EB/OL].[2024-03-18]. https://www.bbc.com/news/uk-england-london-68577122.

2. Bi, Y. Bubble Tea in den Grenzen des Diskurses: Wie ein massenmedialer Bericht die Präsenz von Bubble-Tea-Läden in Deutschland beeinflusst[EB/OL].[2016].https://media. suub.uni-bremen.de/handle/elib/4203.

3. 毕马威日本.IFRS16号深度解释系列[EB/OL].[2020].https://assets.kpmg.com/content/dam/kpmg/jp/pdf/2020/jp-ifrs-leases-2017-07-07.pdf.

4. BUSINESS WIRE. Gong cha Appoints New Global CEO Paul Reynish[EB/OL].[2022-08-01].https://www.businesswire.com/news/home/20220801005081/en/Gong-cha-Appoints-New-Global-CEO-Paul-Reynish.

5. CBI. What is the demand for coffee on the European market? | CBI[EB/OL].[2022-12-23]. https://www.cbi.eu/market-information/coffee/what-demand.

6. 每日人物.曾诗雅.当奶茶卷到国外：闭店潮、珍珠泡沫与绑架传闻[EB/OL].[2022-03-14].https://mp.weixin.qq.com/s/XbNlzOzx8Jpc1GEtCieV4g.

7. 稲垣康武.「タピオカ終わった」は本当か 今も行列？ブームのその後と"ネクスト"不在の背景は.朝日电视台；テレ朝NEWS[EB/OL].[2023-09].https://news.tv-asahi. co.jp/news_economy/articles/000314106.htm.l

8. 达杨，平心."日本城"杜塞尔多夫扯起中国旗[EB/OL].[2004-05-02].https://www. dw.com/zh/%E6%97%A5%E6%9C%AC%E5%9F%8E%E6%9D%9C%E5%A1%9E%E5 %B0%94%E5%A4%9A%E5%A4%AB%E6%89%AF%E8%B5%B7%E4%B8%AD%E5 %9B%BD%E6%97%97/a-1187878.

9. Emirates 24 | 7.[EB/OL].[2024-08-02].https://www.emirates247.com/business/economy-

finance/saeed-alsuwaidi-8-4-growth-in-uae-coffee-market-by-2029-2024-08-02-1.733660.

10. Global Coffee Report. The Future of the Chinese Coffee Market[EB/OL].[2024−08−07]. https://www.gcrmag.com/the-future-of-the-chinese-coffee-market/.

11. 広瀬 涼.第3次タピオカブームを振り返る.ニッセイ基礎研究所[EB/OL].[2020−11−15].https://www.nli-research.co.jp/report/detail/id=66112?site=nli.

12. 国际咖啡协会.咖啡市场报告[EB/OL].[2022−05].https://www.ico.org/documents/cy2021-22/cmr-0522-e.pdf.

13. Hall, N. Gong Cha Tea goes national[EB/OL].[2018−09−10].https://franchisebusiness.com.au/gong-cha-tea-goes-national/.

14. 华侨华人蓝皮书.第六部华侨华人蓝皮书发布[EB/OL].[2016].https://hqhrlps.hqu.edu.cn/info/1007/1637.htm.

15. Intercultural Cities Programme.Hamburg, Germany-Intercultural City[EB/OL].[2024]. https://www.coe.int/en/web/interculturalcities/hamburg.

16. 莱茵邮报.杜塞尔多夫市长：兔年万事如意[EB/OL].[2022].https://m.huanqiu.com/article/4BjaOSLow5c.

17. 蓝庆新.中阿合作行稳致远惠及各方[N/OL].光明日报, 2024−05−31.http://www.qstheory.cn/qshyjx/2024-05/31/c_1130155252.htm.

18. Leadgle. CUKCUK & 360IT-The pair helped The Alley successfully opened its first Germany location in the outbreak of COVID−19−CUKCUK.COM-The software for management of restaurants, café and foods[EB/OL].[2020−03−18].https://www.cukcuk.com/blog/details/newsid/229/cukcuk-360it-the-pair-helped-the-alley-successfully-opened-its-first-germany-location-in-the-outbreak-of-covid-19/.

19. 36氪.奶茶出海欧洲，一场漫长征途[EB/OL].[2022−06−28].https://36kr.com/p/1804711011910920.

20. Magbanua, D. Gong Cha counts on decadent drinks to capture Middle East market[EB/OL].[2024−11−12].https://qsrmedia.com/executive-insights/exclusive/gong-cha-counts-decadent-drinks-capture-middle-east-market.

21. Maiko Atsumi. タピオカティーが流行った３つの理由[EB/OL].[2019−03−27].https://note.com/atsumimaiko/n/n5b34b6fceadf.

22. Neha Mukund. Gong Cha expands to Saudi Arabia with its new store in Riyadh[EB/OL].[2024−09−12].https://ffcc.global/gong-cha-expands-to-saudi-arabia-with-its-new-store-in-riyadh/.

23. Park, Y. KOREA webzine_Trends & Traditions[EB/OL].[2018−09].https://www.kocis.

go.kr/eng/webzine/201809/sub03.html.

24. Portal, W. C. Gong Cha signs largest master franchise deal for Middle East launch[EB/OL].[2024-01-01].https://www.worldcoffeeportal.com/Latest/News/2024/January/Gong-cha-signs-largest-master-franchise-deal-to-da.

25. 華流カフェ、日本に上陸[N/OL].日本经济新闻,2023-10-24.https://www.nikkei.com/article/DGKKZO75555180U3A021C2FFJ000/.

26. タピオカがヤクザの資金源に「こんなに楽な商売はない」[N/OL].日本周刊邮报,2019-07-17.https://www.google.com/url?q=https://www.news-postseven.com/archives/20190617_1393174.html?DETAIL&sa=D&source=docs&ust=174297154358382 8&usg=AOvVaw0wT-HQ17FKi5Oz6CxRoV3K

27. 世邦魏理仕日本.临街店面固定期限租赁合同的实践.CBRE│世界最大手*の事业用不动产サービス│賃貸オフィス・貸し倉庫・貸店舗[EB/OL].[2009-06-04].https://www.cbre-propertysearch.jp/article/fixed_term_lease-vol1/.

28. World Health Organization-Regional Office for the Eastern Mediterranean. Sedentary Risks[EB/OL].[2025].https://www.emro.who.int/about-who/regional-director/sedentary-risks.html.

29. Statista. British Museum visitor numbers 2008-2018│Statistic. [EB/OL].[2024].https://www.statista.com/statistics/422343/british-museum-visitor-numbers-uk/.

30. Statista. Japan: coffee consumption frequency 2020[EB/OL].[2024-05-30].https://www.statista.com/statistics/1175530/japan-coffee-consumption-frequency/.

31. Statista. Tea: Weekly consumption in the UK 2006-2019[EB/OL].[2025-03-13].https://www.statista.com/statistics/284484/weekly-household-consumption-of-tea-in-the-united-kingdom-uk/.

32. Tests rebut claims about carcinogenic German bubble tea[N/OL].台北时报,2012-09-10.https://www.taipeitimes.com/News/taiwan/archives/2012/09/11/2003542499.

33. 新浪新闻.台海网.华人在柏林创珍珠奶茶品牌欧洲已有106家连锁店[EB/OL].[2021-07-25].https://news.sina.cn/sa/2012-07-25/detail-ikmyaawa4060535.d.html.

34. Teamate. Teamate in Düsseldorf-Bubble Tea im modernen Teehaus[EB/OL].[2024].https://teamate.eu/#stores.

35. Tea.co.uk. UK Tea and Infusions Association. UK Tea & Infusions Association-Tea Glossary and FAQ's[EB/OL].[2015].https://www.tea.co.uk/tea-faqs.

36. 投中网.我，90后，在韩国卖奶茶月入百万[EB/OL].[2022-01-04].https://letschuhai.com/korea-milktea-wantu.

37. 新华网.你好，中东[EB/OL].[2016-01-15].http://www.xinhuanet.com/world/2016-01/15/c_1117786978_2.htm.

38. 一财网.迪拜国际金融中心：中国四大行当地业务量翻倍[EB/OL].[2016].https://www.chinanews.com.cn/m/fortune/2016/02-28/7776225.shtml.

39. Yoon-seo, L. Work culture, pandemic fuel Koreans' craving for caffeine-The Korea Herald[EB/OL].[2023-03-14].https://www.koreaherald.com/article/3081100.

第四章

1. Allison, N. Migration & Restaurants: Mapping America's Most Diverse Thoroughfare[EB/OL].[2017-03].https://gradfoodstudies.org/2017/03/01/mapping-migration-restaurants/#_edn9.

2. Batalova, J. Chinese Immigrants in the United States[EB/OL].[2023-01-09].https://www.migrationpolicy.org/article/chinese-immigrants-united-states-2023.

3. Chao, M. How did trendy boba tea become a symbol for liberal, upper-class Asians? | Mary Chao[EB/OL].[2022-11-25].https://www.northjersey.com/story/news/columnists/2022/11/25/boba-liberals-the-derisive-term-for-privileged-asian-liberals/69672282007/.

4. Business Insider.Dean, G. Starbucks is testing out its own version of boba-style iced coffee[EB/OL].[2021-12-29].https://www.businessinsider.com/starbucks-boba-bubble-tea-iced-coffee-tapioca-popping-pearls-drink-2021-12.

5. Fiscal Policy Institute. Three Ways Immigration Reform Would Make the Economy More Productive[EB/OL].[2013-06-04]https://fiscalpolicy.org/wp-content/uploads/2013/06/3-ways-reform-would-improve-productivity.pdf.

6. OnMilwaukee. Fredrich, L. First TsaoCaa in Wisconsin is serving ultra-crispy Korean fried chicken & boba tea[EB/OL].[2023].https://onmilwaukee.com/articles/tsaocaa-bubble-tea-and-fried-chicken.

7. The New York Times. Kaufman, J. Bubble Tea Purveyors Continue to Grow Along With Drink's Popularity.[EB/OL].[2017-08-16].https://www.nytimes.com/2017/08/16/business/smallbusiness/bubble-tea.html.

8. Li, I. Let's Stop Putting Immigrant-Owned Restaurants Into A Box.[EB/OL].[2019-03-11].https://www.wbur.org/news/2019/03/11/immigrant-owned-restaurants-incentives.

9. Lu, C. The Debut of Tea[EB/OL].[2018-06].https://medium.com/@chenglinlu/the-debut-

of-tea-b73eecdf49bf.

10. Sherman, E. New Study Found the Most, and Least, Expensive States To Buy a Cup of Coffee In.[EB/OL].[2021−12−09].https://matadornetwork.com/read/coffee-cost-state/.

11. Sugar, R. Fast-food restaurants represent the best and worst of America[EB/OL].[2019−06−26].https://www-vox-com.translate.goog/the-goods/2019/6/26/18700762/fast-food-america-adam-chandler-drive-thru-dreams?_x_tr_sl=en&_x_tr_tl=zh-CN&_x_tr_hl=en&_x_tr_pto=wapp&_x_tr_hist=true.

12. Tea & Coffee.Caribou Coffee Launches Bubbles Beverage Line-Tea & Coffee Trade Journal[J/OL].[2019−01−03].https://www.teaandcoffee.net/news/19723/caribou-coffee-launches-beverage-line/.

13. Thurman, J. Six New Fangled Asian Iced Teas to Sip in San Gabriel Valley[J/OL].[2017−12−20].https://la.eater.com/2017/12/20/16624784/cheese-tea-asian-boba-san-gabriel-valley-los-angeles.

14. U.S. News & World Report. Tran, L. Moving Beyond Bubble Tea[J/OL].[2016].https://www.usnews.com/opinion/articles/2016-05-13/asian-american-voters-are-left-behind-in-the-2016-presidential-election.

15. NBC News. Wang, C. How L.A. became the hub for omakase, bite by bite[EB/OL].[2023−09−30].https://www.nbcnews.com/news/asian-america/l-became-hub-omakase-bite-bite-rcna105853.

16. Yang, A. Reviewing Vivi Bubble Tea's matcha with red bean and boba! What spots in NYC should I review next? | By Andrew Yang [EB/OL].[2022].https://www.facebook.com/watch/?v=518622335804925.

第五章

1. Museum of Food and Drink. CHOW-Making the Chinese American Restaurant[EB/OL].[2017].https://www.mofad.org/chowexhibition.

2. GRIMES, W.半个世纪前，她将地道中餐带到美国[EB/OL].[2020−10−29].https://cn.nytimes.com/obits/20201029/cecilia-chiang-dead/.

3. Hall, N.Gong Cha Tea goes national. Franchise Business[EB/OL].[2018−09−10].https://franchisebusiness.com.au/gong-cha-tea-goes-national/.

4. HFG法律知识产权所.中国喜茶在与新加坡山寨纠纷中获胜[EB/OL].[2022−02−15].https://hfgip.com/zh/news/29994.

5. 李小霞.茉莉奶白获阿里本地生活领投近亿元融资，茶饮还有新故事 | 专访-36氪[EB/OL].[2024-10-08].https://www.36kr.com/p/2984763867832066.

6. 美国华人博物馆.江孙芸-Museum of Chinese in America[EB/OL].[2019].https://www.mocanyc.org/collections/stories/%E6%B1%9F%E5%AD%99%E8%8A%B8/?lang=zh-hans

7. 美国蒙大拿大学米苏拉分校，美国森林局第一区.Chinese Pioneers On Your National Forests[R/OL].https://www.umt.edu/chinese-in-montana/documents/chinese_forestbrochure.pdf.

8. Mishchenko, N. A History of Chinese Immigration to New York-The Peopling of New York City[EB/OL].[2009-05-11].https://eportfolios.macaulay.cuny.edu/seminars/drabik09/articles/a/_/h/A_History_of_Chinese_Immigration_to_New_York_713b.html#cite_note-0

9. 平南.与台湾母公司官司达成和解歇脚亭奶茶澳洲代理权不变[N/OL].澳洲新报，2024-07-05.https://www.acd.com.au/australian-news/yutaiwanmugongsiguansidachenghejie-xiejiaotingnaichaaozhoudailiquanbubian/.

10. Shey, B. Xing Fu Tang Boba Chain Alleges U.S. Franchise Operator Is Misleading Customers[EB/OL].[2021-10-21].https://houston.eater.com/2021/10/21/22738751/taiwanese-boba-xing-fu-tang-allegations-misleading-customers.

11. 王志永.化危为机：1906年旧金山灾难与华人社会的变迁[J/OL].华侨华人历史研究，2018, 2. http://www.chinaql.org/n1/2018/0713/c420265-30145603.html.

12. 西敏司.甜与权力[M].朱健刚，王超，译.北京：商务印书馆，2010.

13. 幸福堂台湾.幸福堂商标声明[EB/OL].[2021-10-18].https://www.instagram.com/p/CVKmUj8vfIO/.

14. 新加坡知识产权局.（2021）.IN THE HEARINGS AND MEDIATION DEPARTMENT OF THE INTELLECTUAL PROPERTY OFFICE OF SINGAPORE REPUBLIC OF SINGAPORE IN THE MATTER OF A TRADE MARK REGISTRATION BY HEETEA PTE. LTD. AND APPLICATION FOR DECLARATION OF INVALIDITY THERETO BY[EB/OL].[2021]https://www.ipos.gov.sg/docs/default-source/resources-library/hearings-and-mediation/legal-decisions/2021/shenzhen-meixixi-catering-management-v-heetea-2021-sgipos-12.pdf?sfvrsn=2f4d7c59_0.

15. 张兴华.商务部服贸司负责人解读《关于促进餐饮业高质量发展的指导意见》[EB/OL].[2024].https://www.gov.cn/zhengce/202403/content_6942052.htm.

后　记

孩童时期父亲对我的学业和未来进行拷问时，总是在茶桌旁，连带让我对茶心生恐惧，并觉得茶都带着苦涩；而母亲总是在宁静的午后浸泡好新鲜的茶叶后，呼唤我共饮，她与我的交谈温和平静，让我体会到茶中也有丝丝甘甜。由此，我对茶叶的印象是甘苦参半。随着年龄的增长，极致的苦或是极致的甜都无法打动我。一杯微甜的新中式茶饮完美、平衡地调合了茶的苦，切中我心。其调性也同我在丛林社会中习得的处世之道相似——中庸。

在梳理新茶饮在全球范围内的发展脉络时，我发现自己经常会陷入很多复杂的情绪。那些隐藏在唐人街里看似不起眼的奶茶门店，一些看似简单的配方背后，绝不仅仅是一个简单的谋生故事，它背后可能有着一个家庭、一代人的人生故事。随着一众新茶饮品牌在2020年之后陆续启动出海，一个更宏大的命题是，以中式茶饮为代表的中国品牌如何在海外落地生根、中国品牌的世界影响力如何构建。我关注这些宏大叙事的力量，但也为细微个体感动。动笔之时，我还好奇，除了中国对世界味蕾影响力的剧增，中国品牌的自信和昂扬，对奶茶在全球范围内发展脉络的追溯，是否能支撑起其作为观察移民群体全球迁移和流动的动态窗口的作用，以及移民群体如何在非母语语境下达成阶层流动的可能。

即使穷尽笔力描摹新中式茶饮在全球范围内的出海盛景，可能也只是匆匆掠影。本书完稿时间与引用的数据截止于2024年年底，待出版时，奶茶市场依旧一派喧嚣与热闹，或许奶茶出海在各地区的落地方式、最新的行业趋势以及各奶茶品牌的起起落落会与之呈现巨大差异，市场永远是动态的，但出海的总体趋势不会改变，对这一点，我始终坚信不移。

有一些很想要说郑重说出口的话。比如，真的很感谢在本书资料收集、走访写作过程中和我交谈、分享过想法的所有人，以及为这本书出版前后各个环节作出支持的东方出版中心领导与付出努力的所有工作人员。尤其想要感谢我的编辑黄驰，他对一个年轻作者给予的宽容、信任和鼓励，让我坚持下来。

最后，这本书献给我的母亲。在我人生中所有迷茫无措的时刻，谢谢她坚定地告诉我："你可以不聪明不优秀，但你一定要做你热爱并愿意为之奋斗一生的事情。"写作于我，就是如此。